LA REINE

CAROLINE-MATHILDE

ET

LE COMTE STRUENSÉE,

PAR

G.-B. DE LAGRÈZE,
COMMANDEUR DU DANEBROG,
COMMANDEUR AVEC PLAQUE DE L'ÉTOILE POLAIRE, DE WASA ET DE CHARLES III,
CHEVALIER DE LA LÉGION D'HONNEUR, ETC.

PARIS,
LIBRAIRIE DE FIRMIN-DIDOT ET Cie,
IMPRIMEURS DE L'INSTITUT, RUE JACOB, 56.
1887.

CAROLINE-MATHILDE

ET

STRUENSÉE.

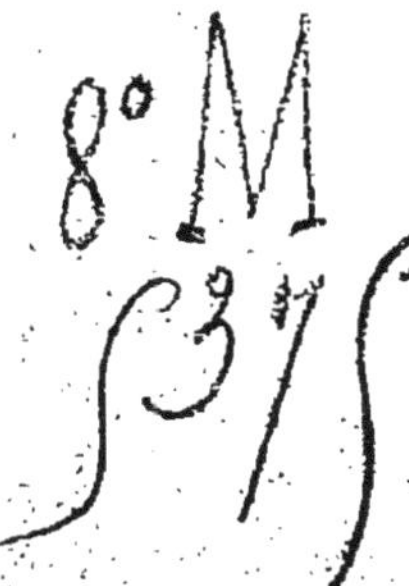

PRINCIPAUX OUVRAGES DU MÊME AUTEUR :

Pompéi, les Catacombes, l'Alhambra, In-8° avec grav. ; Firmin-Didot.
Henri IV, vie privée, détails inédits, 1885 ; Firmin-Didot.
La Société et les Mœurs en Béarn, 1886 ; Pau.
Le Château de Pau, 1885, 5e édition ; Pau.
L'Histoire de Lourdes, 4e édition 1877 ; Tarbes, Croharé.
L'Histoire religieuse de le Bigorre.
Le Droit dans les Pyrénées (Impr. impériale), 1868 ; 1 vol. in-8°.
La Navarre française 1882, 2 vol. in-8. (Impr. nationale).
Oscar Ier, roi de Suède et de Norvège, 1882 ; Plon.
Légendes et Poèmes scandinaves, par S. M. Charles XV, traduit du suédois.
Saint-Savin et les Normands, poème, 1878.
De Pau à Tolède, 1865, Pau.
Rome et Naples, 1864, Pau.
Les Catacombes, avec 75 grav., 1887 ; Firmin-Didot.
Une Visite à Pompéi, avec 90 grav., 1887 ; Firmin-Didot.
Le Saut du Procureur (scènes de mœurs pyrénéennes).
La Féodalité dans les Pyrénées.
Essai sur le droit du seigneur.
Le Comte de Moret.
Le Parlement de Navarre, in-8°.
Essai sur l'histoire monétaire du Béarn.
Essai sur la littérature du Béarn.
Antiquités du Béarn, par Marca, in-8°.
Les Pèlerinages des Pyrénées.
Monographies de Saint-Orens, de Saint-Savin, de l'Escaledieu et de Saint-Pé.
Précis des règles relatives à la rédaction des actes de l'état civil, in-8°.
Sciences morale du Jury, in-8°.
Études sur la revision du Code forestier, in-8°.
Observations sur les lacunes du Code pénal, etc.

TYPOGRAPHIE FIRMIN-DIDOT. — MESNIL (EURE).

LA REINE

CAROLINE-MATHILDE

ET

LE COMTE STRUENSÉE,

PAR

G. B. DE LAGRÈZE,

COMMANDEUR DU DANEBROG,
COMMANDEUR AVEC PLAQUE DE L'ÉTOILE POLAIRE, DE WASA ET DE CHARLES III,
CHEVALIER DE LA LÉGION D'HONNEUR, ETC.

PARIS,
LIBRAIRIE DE FIRMIN-DIDOT ET CIE,
IMPRIMEURS DE L'INSTITUT, RUE JACOB, 56.
1887.

INTRODUCTION.

Un de nos écrivains les plus éminents et les plus sympathiques, M. Xavier Marmier, de l'Académie, a dit dans ses souvenirs de voyage en Danemark :

« Chaque fois que je retrouve quelque part le nom de Caroline-Mathilde, il m'émeut, il m'attendrit. J'ai lu tout ce qui a été écrit sur elle en danois, en anglais, en allemand, en français. Son histoire n'est pas encore faite comme elle doit l'être. Si je n'étais un de ces pauvres vieux rêveurs auxquels les longs ouvrages font peur, je l'entreprendrais ; un autre plus habile et plus heureux que moi accomplira cette tâche (1). »

Un écrivain danois en parlant d'un savant et récent ouvrage allemand sur Struensée s'exprime ainsi : « L'histoire moderne de Danemark ne renferme peut-être pas une époque qui ait autant attiré l'attention que celle du ministère Struensée. C'est d'ailleurs, avec juste raison, car quelque courte qu'elle soit, cette époque est supérieure à beaucoup d'autres par les révolutions et les événements de toute sorte dont elle a été témoin. En lisant l'histoire de Struensée on croirait

(1) *Souvenirs d'un voyageur*, Paris, 1887, p. 244.

lire un conte oriental; tant sa vie paraît tenir du merveilleux (1). »

Struensée a gouverné le royaume comme ministre souverain, investi d'un pouvoir tel que jamais ministre avant, ni après lui n'en a exercé de pareil en Danemark.

Des auteurs ont étudié d'une manière approfondie, l'opportunité et l'utilité des réformes que dans sa toute puissance, il a voulu brusquement introduire dans un État où le gouvernement le plus despotique maintenait les institutions féodales les plus surannées.

Un écrivain allemand, se servant pour ainsi dire de la méthode psychologique, a cherché surtout à expliquer le développement intime de l'âme de Struensée.

L'histoire du ministère de l'homme d'État peut être détachée de l'histoire de la reine, mais la vie de Caroline-Mathilde ne peut être séparée de celle de Struensée qui lui dut son élévation et qui l'entraîna dans sa chute. Aussi les deux noms sont-ils associés en tête de notre livre.

Les Danois se sont occupés beaucoup de Struensée, et sur ce sujet ils étaient plus compétents que les savants des autres pays.

(1) C. F. Bricka, *Revue historique*, t. XV, p. 199. 1881.

Pour bien comprendre la portée des vues de l'homme d'État, et juger son œuvre, il est nécessaire de connaître à fond les institutions anciennes qui existaient en Danemark pour les comparer à celles qu'il voulait leur substituer.

Caroline-Mathilde a moins occupé les auteurs danois que les auteurs étrangers ; elle a déjà eu deux bons historiens : l'un a écrit sa vie en allemand ; l'autre en anglais.

Je serai son premier historien en français.

J'arriverai un peu tard pour satisfaire ma passion de l'inédit et j'apporterai peu de faits nouveaux, mais j'aurai le choix dans les documents qui ont été recueillis parfois avec trop d'abondance, et trop peu de critique.

Il n'est pas nécessaire de tout dire, mais nous n'avons aucun intérêt à rien cacher. Nous ne négligerons ni la légende, ni les détails de vie intime qui peuvent servir à faire mieux saisir la physionomie des personnages dont nous tracerons les portraits.

Les vieillesc hroniques danoises ont fourni à Shakespeare des héros de tragédie auxquels son génie a imprimé le sceau de l'immortalité.

L'histoire moderne de Danemark n'offre peut-être pas d'épisode plus intéressant que celui que nous allons en détacher. Dans la cour de Copenhague au dernier siècle que d'intrigues secrètes donnent lieu à des scènes romanesques et terribles, étranges et mystérieuses !

On a choisi la vie de Struensée pour sujet de roman et de tragédie. Cet homme d'État n'est pas un héros de tragédie, malgré tout ce qu'il y a d'éclatant dans sa courte carrière et d'épouvantable dans sa fin tragique.

Le choc des ambitions, la chute d'un ministre, les revers d'un médecin parvenu n'ont pas le don de frapper, d'impressionner les esprits, comme un malheur foudroyant qui fait passer tout à coup une reine, jeune et belle, des splendeurs du trône aux horreurs de la prison. Peut-on imaginer un roman plus intéressant que l'histoire de Caroline-Mathilde, sans rien ajouter à la réalité des faits et à ce qu'ils ont, dans leur simplicité, d'émouvant et de dramatique?

Issue du sang des rois d'Angleterre, élevée au foyer familial, dans la pratique des vertus austères, douée d'une rare beauté, d'un esprit remarquable, d'une grâce infinie, des plus nobles sentiments, Caroline épousa Christian VII presque aussi jeune qu'elle. La jeune reine, qui avait été l'idole de sa famille en Angleterre, devint bientôt l'idole de ses sujets en Danemark.

La reine douairière Julienne, qui avait paru lui être hostile, s'était retirée dans un château solitaire, loin de la cour, et tous les nuages qui avaient assombri les premiers temps du ménage royal étaient dissipés.

Caroline-Mathilde restait maîtresse du cœur de son époux et maîtresse du pouvoir absolu à l'aide d'un ministre habile et dévoué.

Au sortir d'un bal, où elle avait été admirée et comblée d'hommages qui semblaient unanimes, elle vit tout son bonheur brisé en un instant et la nuit commencée dans une fête s'acheva dans une prison.

Vaincue par la reine ennemie, elle est jugée, condamnée, répudiée, détrônée, elle perd tout... même l'honneur.

Au moment où lui souriait l'espoir de reconquérir son époux, ses enfants, sa couronne, sa réputation ; elle meurt à 24 ans en adressant à Dieu une touchante protestation d'innocence !

Heureuse et paisible sur le trône, elle eût peut-être laissé peu de souvenirs dans l'histoire ; elle n'avait pas de goût pour les affaires de l'État ; elle n'aimait que la vie de famille ; elle n'avait jamais rêvé de devenir une grande reine ; le titre de *mère des pauvres* suffisait à son ambition.

Elle doit à son malheur la célébrité qui s'est attachée à son nom, et à ses persécuteurs l'espèce d'auréole d'infortune qui l'entoure. Peu de reines ont autant occupé l'opinion ; elle l'occupe encore, et, au moment où j'écris, la question est de nouveau posée en France :

Cette jeune et belle reine, désertant tout à coup les principes de vertu dans lesquels elle avait été élevée, a-t-elle oublié, pour un homme de génie, ses devoirs envers un époux tombé dans l'imbécillité, ou bien cette noble et vertueuse princesse, a-t-elle eu l'horrible douleur d'être frappée dans son honneur par ceux qui pour lui enlever la couronne sont parvenus, à l'aide de la calomnie, à faire juger qu'elle était indigne de la porter ?

On doit être étonné qu'une question si souvent débattue ne soit pas encore résolue par l'histoire ; aujourd'hui surtout que toutes les pièces du procès sont connues et que toutes les passions de la cour de Danemark du dernier siècle ont eu le temps de s'éteindre.

En arrivant à Copenhague la jeune reine Caroline-Mathilde trouva au palais de Christiansborg une autre reine, Julienne, belle-mère de son mari Christian VII.

Les deux reines ne tardèrent pas à devenir d'irréconciliables ennemies.

Les partisans de Julienne la représentent comme une femme de haute vertu, d'intelligence supérieure et de grande habileté dans l'art de gouverner.

Les partisans de Caroline-Mathilde représentent au contraire Julienne comme une *marâtre* dans la plus mauvaise acception du mot ; comme une femme vindicative, ambitieuse, ne reculant devant aucun moyen, même devant un crime, pour faire arriver au pouvoir son propre fils.

L'antagonisme des deux reines n'existe plus entre leurs descendants. Le fils de Caroline, Frédéric VI, a eu pour successeur légitime le petit-fils de Julienne, Christian VIII.

Le bruit court en Danemark, que des documents importants, d'où résulterait la preuve évidente de l'innocence de Caroline, ne sont point publiés par ménagement pour la mémoire de Julienne. On dit que ces pièces sont en Hollande ; nous croyons savoir qu'elles sont à Copenhague en de bonnes mains. Le haut personnage qui possède ces papiers secrets, mettra tout au jour, quand le moment sera venu et rien ne sera perdu pour l'histoire.

Les rois sages n'ont jamais redouté la vérité. Aussi est-ce avec une entière liberté de tout dire que nous allons raconter les plus émouvantes, les plus tragiques, les plus romanesques aventures.

Nous avons vu les lieux qui furent le théâtre des événements que nous avons à retracer ; nous avons eu l'honneur de connaître les descendants de ceux qui y ont joué les principaux rôles.

Les rois de Danemark possédaient naguère des États qui s'étendaient d'Altona près de Hambourg aux régions polaires de la Norvège. Plus la monarchie danoise a été mutilée, plus le génie national a acquis de vigueur; plus l'antique famille royale a perdu en puissance, plus elle a grandi en considération. Le roi actuel Christian IX peut être fier de sa famille qui a droit d'être fière de lui. Il a trois fils et trois filles. Le prince royal a été fort apprécié à Paris et est adoré à Copenhague. Le second fils est roi, le troisième, le prince de Valdemar, a été jugé digne de l'être.

L'aînée des filles est impératrice de Russie, la seconde princesse de Galles; la troisième duchesse de Cumberland.

La princesse royale et la princesse Valdemar descendent en ligne directe de deux grands rois, nés dans la même ville française à Pau : Charles XIV roi de Suède et de Norvège, et Henri IV roi de France et de Navarre.

Un des plus précieux souvenirs de ma vie, c'est l'honneur que j'ai eu d'être reçu à Charlottenlund et d'avoir pu apprécier moi-même tout ce que le prince royal et la princesse royale ont de distinction dans l'esprit et d'élévation dans les sentiments.

La princesse Louise, fille de Caroline-Mathilde, épousa Christian, duc de Schleswig-Holstein, dont elle eut trois enfants : 1° *Amélie-Caroline* mariée à Christian VIII roi de Danemark; 2° Son Altesse royale Christian-Auguste, duc de Schleswig-Holstein; 3° le prince de Schleswig-Holstein.

J'ai eu l'honneur de connaître d'une manière particulière les cinq enfants du duc : 1° la princesse *Louise-Augusta* décédée à Pau où j'ai prononcé un discours sur sa tombe ; 2° la princesse *Amélie* qui m'honore de sa bienveillance et qui a bien voulu me fournir quelques détails sur la reine sa bisaïeule ; 3° Son Altesse Royale le duc Frédéric dont la fille Victoria a épousé le prince royal de Prusse ; 4° le prince Christian, gendre de la reine d'Angleterre ; 5° la princesse Henriette, fort aimée aussi à Pau.

Nous rechercherons consciencieusement la vérité ; qu'on nous excuse si nous laissons à l'histoire des pages qui lui appartiennent par l'authenticité des faits, mais qui semblent appartenir au roman par l'originalité des détails.

On a peine aujourd'hui à comprendre les difficultés, les lenteurs, les périls d'un voyage à Paris à Copenhague avant l'invention de la vapeur et des chemins de fer. Ils étaient rares les voyageurs qui pour leur plaisir s'aventuraient dans le Nord ; aussi Regnard pouvait-il, dans ses récits de voyage, se permettre des licences poétiques comme dans ses comédies.

Les pays les moins visités conservaient le mieux leur physionomie particulière, leurs mœurs, leurs traditions, leurs usages.

Les rois de France et de Danemark avaient entre

eux, quoique de loin, les relations les plus cordiales. Henri de Béarn, roi sans royaume, commençait avec les rois de Danemark et de Norvège une affectueuse correspondance, qu'il continua lorsqu'il fut devenu roi de France et de Navarre (1).

La France et le Danemark se prêtaient des généraux, des artistes, des savants. Un danois, le comte de Rantzau devint maréchal de France. Un français, le comte de Saint-Germain, fut ministre de la guerre à Copenhague et puis à Paris.

Le comte de Rantzau-Aschberg, qui joue un rôle important dans les scènes dramatiques que nous avons à dérouler, eut les plus étranges aventures. Après avoir servi dans l'armée française et dans l'armée danoise où il parvint au plus haut grade, il vint chercher un asile en France et y acheva sa vie.

Il semblerait qu'en faisant une étude de la cour de Copenhague, nous n'aurions rien à dire de celle de Versailles, et cependant notre sujet nous fournit une échappée de vue sur la cour de Louis XV et j'allais dire sur celle de Voltaire, grand louangeur des rois du Nord. Christian VII fit un séjour de plusieurs mois à Londres et à Paris où Caroline-Mathilde aurait tant voulu le suivre!

(1) Dans mes recherches aux Archives royales de Copenhague, j'ai été frappé de cette correspondance d'Henri IV, et je regrette qu'elle n'ait pas été publiée en entier.

Souvent il arrive qu'en cherchant ce qui s'est passé à l'étranger, on trouve de précieux renseignements sur ce qui s'est passé chez nous.

La monarchie française a, durant tant de siècles, occupé une si grande place dans le monde qu'il est resté partout des traces de son indélébile empreinte.

Notre histoire nationale a été de nos jours explorée par des écrivains qui compteront parmi les gloires de notre époque.

Ne serait-ce pas le moment de faire des excursions sur le domaine de l'histoire étrangère?

Les archives les plus secrètes, le plus longtemps fermées aux curieux du passé, sont aujourd'hui ouvertes partout, et n'ont plus de secrets pour personne.

Les dépêches diplomatiques de nos ministres de France à l'étranger nous offrent sur les pays lointains des documents trop longtemps négligés. Le comte de Barthélemy vient de rendre un vrai service historique en mettant au jour la correspondance du marquis de Blosset, ministre à Copenhague, relative au ministère et à la chute de Struensée.

A l'étranger aussi, j'ai trouvé des rapports précieux sur les affaires de France, et de sages appréciations des hommes et des choses de notre pays.

De nos jours, des écrivains français plus distingués que nombreux, notamment MM. Marmier et

Geffroy, de l'Institut, ont dirigé leurs recherches vers le Nord longtemps inaccessible et peu connu. Les peuples scandinaves, guidés par des rois sages et éclairés, ne sont restés en arrière pour aucun progrès de la civilisation moderne et, déposant leur vieilles antipathies, jouissent des bienfaits de la paix et du développement de toutes les sources de prospérité nationale.

CAROLINE-MATHILDE

ET

STRUENSÉE.

CHAPITRE PREMIER.

LA COUR DE FRÉDÉRIC V, ROI DE DANEMARK ET DE NORVÈGE.

Frédéric *le Bon*. — Ses deux mariages. — Ses deux fils. — Le prince royal Christian. Les dangers qu'il court. Son esprit. — Décadence intellectuelle et mort du roi Frédéric.

Sous le règne de Christian VII, mari de Caroline-Mathilde, dont l'histoire est le sujet de cet ouvrage, les rois de Danemark jouissaient d'un pouvoir absolu. Leurs États comprenaient deux royaumes : le Danemark et la Norvège ; deux duchés : le Schleswig et le Holstein ; deux comtés : celui de Delmenhorst et celui d'Oldenbourg.

Frédéric V, père de Christian VII, était monté sur le trône le 6 août 1746. Ses sujets le surnommèrent le *Bon*, et ne lui retirèrent jamais leurs profondes sympathies, même quand, à la fin de son règne, il ne répondit plus aux espérances que ses débuts avaient fait concevoir.

Notre géographe français, Maltebrun, danois de naissance, dit que sous le sceptre de Frédéric le *Danemark prit un aspect plus riant.*

Les savants danois se mirent à parcourir, dans un pur intérêt scientifique, l'Égypte, l'Arabie et des contrées lointaines, qui n'avaient encore été visitées que dans un intérêt commercial.

Les littérateurs, favorisés par la cour, après avoir admiré et cherché à imiter les grands génies du siècle de Louis XIV, continuaient leurs sympathies aux écrivains du siècle de Louis XV, à Voltaire surtout, et aux philosophes dont les idées se répandaient dans le Nord plus facilement que dans le Midi.

Dans les régions scandinaves, l'imitation de l'art français fut longtemps en faveur aux dépens des progrès de l'art national, qui a surtout brillé en Danemark et en Suède sous la protection éclairée des princes de notre époque.

Frédéric V avait épousé la princesse Louise, fille de Georges II, roi d'Angleterre. Cette reine, aussi bonne que belle, partagea bientôt la popularité dont jouissait le roi : elle s'était faite danoise en apprenant le danois et en adoptant les mœurs du pays.

Le 29 janvier 1749, elle mit au monde un héritier du trône, Christian, le *kronprintz*, le prince royal. Frédéric, auprès du berceau d'un fils qui naissait sous les plus heureux auspices, sentit redoubler sa tendresse pour son auguste et digne compagne. On raconte qu'il ne lui avait jamais fait qu'une infidélité. Il s'était laissé séduire par une prima dona, nommée la Scalabrini ; la reine douairière, mère du roi, lui fit voir que sa maîtresse le trompait ; il la chassa, fit enfermer son rival dans une forteresse, et jamais aucun nuage ne vint plus troubler l'horizon conjugal.

La reine Louise éprouva un accident dont elle négligea de faire connaître assez tôt les suites à son médecin. Une douloureuse opération devint nécessaire, et lui coûta la vie. Elle mourut à la fleur de l'âge, en 1751.

Ce fut une grande perte pour son époux, pour son fils, pour le Danemark, et si elle eût vécu, tous les événements dramatiques et tragiques que nous allons raconter ne se seraient point passés dans la cour de Copenhague.

Frédéric montra un grand désespoir au premier moment. Il ordonna que le deuil serait porté à la cour une année entière et que durant ce temps tous les divertissements publics seraient interdits. La jeune reine fut pleurée dans la cabane du pauvre, comme dans le palais du riche : si la désolation de Frédéric fut d'une grande violence, elle ne fut pas de longue durée. L'an du deuil n'était pas à demi écoulé que le roi contractait un second mariage avec une noble princesse, Marie-Julienne fille de Ferdinand-Albert, duc de Brunswick-Wolfenbuttel et sœur de la reine de Prusse, femme de Frédéric le Grand.

La nouvelle reine devint mère d'un fils, qui fut appelé Frédéric, prince héréditaire.

Les fils de Louise et de Julienne grandirent ensemble, Christian était doué d'une jolie figure, d'un caractère aimable, d'un esprit fécond en saillies.

Frédéric, né chétif, disgracieux, ne rachetait pas ses difformités physiques par des qualités morales ; il était revêche, intraitable ; son intelligence médiocre manquait de spontanéité et eut toujours besoin d'être conduite ; il resta toute sa vie sous la tutelle de sa mère, qui agissait en son nom.

Le roi ne cachait pas sa prédilection pour son fils aîné, le futur héritier de sa couronne.

La reine, dévouée à son fils, était ambitieuse pour lui, pour elle-même peut-être, et on lui supposait une haine secrète contre le prince royal qui barrait à son cher enfant le chemin du trône.

Sa haute intelligence et la dignité de sa vie ne sont contestées par personne, mais les portraits qu'on a faits d'elle sous d'autres rapports sont divers.

On l'a représentée comme une marâtre cruelle pour le prince royal, et comme une femme sans pitié pour ceux qui faisaient obstacle à ses projets d'avenir pour son fils.

Un historien danois, moderne et impartial, se borne à dire que, Marie-Julienne ambitieuse et dominatrice, était à tous autres égards meilleure que sa réputation (1). »

La vérité, c'est ce que nous rechercherons, et, au lieu de la cacher en partie, comme d'autres l'ont fait, nous la dirons tous entière. Nous raconterons les anecdotes de cour, en disant où nous les avons puisées, et en faisant ressortir ce qu'on peut dire pour et contre leur vraisemblance.

Voici une terrible histoire rapportée par un contemporain, un Anglais, Brown, qui passe pour bien informé. Nous la copions textuellement sans y rien ajouter et sans en rien retrancher :

« Le jeune prince eut une légère indisposition. La cruelle marâtre lui fit de fréquentes visites, sous le spécieux prétexte de l'amitié qu'elle lui portait. Un jour elle trouva la nourrice favorite du prince préparant une tisane qu'elle faisait bouillir sur la flamme d'une lampe d'argent.

« Il n'y avait pas d'autre domestique dans la chambre.

(1) Allen, *Histoire du Danemark* traduit, par A. Beauvois. Copenhague, 1879 ; 2 vol. in-8°, t. II, p. 204.

La reine dit à la nourrice d'aller chercher quelque chose qu'elle lui indiqua, et dès que cette femme fut sortie, elle s'approcha de la lampe et jeta dans le vase qui contenait la tisane un poison minéral si actif, qu'il eût suffi d'une cuillerée de la décoction pour donner la mort à la victime infortunée. La nourrice dont il est question s'appelait *** ; elle était Norvégienne, et jouissait, depuis plusieurs années, de la confiance de la famille royale.

« Elle avait assisté la reine Louise à la naissance du prince Christian, et s'était efforcée d'adoucir l'amertume de ses derniers moments. Cette femme éprouvait réellement, pour les enfants de la reine, toute l'affection d'une mère. Ce n'était pas d'aujourd'hui qu'elle soupçonnait les intentions de Julienne ; aussi n'avait-elle pas cessé de surveiller attentivement la conduite de cette reine envers le jeune prince.

« Dans le moment où celle-ci entra dans la chambre, le crime dans le cœur, le poison à la main, il est probable que, malgré sa circonspection et tout le pouvoir qu'elle avait sur elle-même, il y eut quelque chose de particulier dans l'expression de ses traits, de son œil, ou dans le son de sa voix, qui alarma la fidèle et vigilante matrone : au lieu donc de se rendre à l'appartement de la reine, qui s'étendait le long de la grande façade du palais, elle ne fit que quelques pas, et revint se placer doucement à la porte.

« De là elle aperçut distinctement Julie qui vidait un cornet de papier dans la casserole d'argent et qui remuait ensuite la tisane.

« Ayant fini cette opération, la reine replaça la casserole sur le réchaud qui était en forme de lampe, et tout se retrouva dans la même position où la nourrice l'avait laissé. A cet aspect, le sang de la nourrice se glaça d'horreur. Si la reine avait offert au prince la tisane, elle se serait précipitée dans la chambre, et la lui aurait arrachée des mains ; mais Julienne se mit à parcourir l'appartement d'un pas pressé et inégal ; ses mains étaient serrées, et l'expression d'une profonde douleur qu'elle cachait avec peine se peignait dans tous ses traits.

« Dans ce moment la nourrice aperçut dans la galerie un domestique nommé Wolf ; elle lui fit signe d'approcher, et lui dit à l'oreille d'aller porter sur-le-champ au comte Moltke une bague qu'elle lui remit, en le priant de se rendre sans tarder à l'appartement du prince royal. La nourrice savait qu'en envoyant ce signe, il fixerait son attention, et que ce seigneur ne manquerait pas d'acquiescer immédiatement à la prière qu'elle lui faisait.

« Elle rentra aussitôt après dans la chambre ; mais l'émotion pénible qui régnait dans son cœur se peignait sur son visage. La reine sans remarquer que la nourrice était revenue plus tôt qu'elle ne l'aurait dû faire, si elle avait exécuté sa commission, lui dit de donner au prince la tisane qui avait bouilli assez longtemps, et qui sans doute lui ferait du bien.

« La nourrice, en prenant la casserole, frémit d'horreur. « Pourquoi ne la portez-vous pas au prince ? » lui dit Julie. « Pardonnez-moi, Madame, » répondit l'honnête femme, « il est de mon devoir de vous désobéir. » A ces mots, la reine, lançant un regard terrible à la nourrice, s'écria : « Comment osez-vous répliquer à mes ordres ? » La nourrice ne répondit rien, mais jeta un regard significatif sur la tisane, tandis que ses yeux se remplissaient de larmes. Elle secoua douloureusement la tête. La reine, hors d'elle-même de colère, lui ordonna de quitter la chambre à l'instant ; mais la nourrice resta immobile comme une statue, tenant toujours la casserole à la main. Alors la reine, bouleversée à la fois par la rage et par la crainte, voyant son infâme projet renversé, tandis que la perte et l'infamie étaient suspendues comme par un cheveu sur sa tête, ainsi que l'épée de Damoclès; la reine, disons-nous, toujours fertile en ressources, prit la résolution désespérée d'accuser la nourrice du crime qu'elle seule avait imaginé. Dès qu'elle fut décidée, son geste fut plus prompt que l'éclair; elle s'élance sur la sonnette, et, la tirant avec force, voit entrer sur-le-champ un gentilhomme de la suite du prince, qui, dans le silence de l'étonnement, contemple la scène qui se présente à ses regards. « Allez, » dit Julienne, « chez M. Guldberg, et dites-lui de venir à l'instant me trouver. »

Le gentilhomme salue et se retire. « Maintenant, misérable ! » s'écrie la reine furieuse et dont les yeux lançaient la foudre, « maintenant tu vas éprouver tout le poids de ma vengeance.

« Tes membres seront brisés sur la roue, pour avoir voulu empoisonner le prince : la preuve de ton forfait est dans ta main.

— Dieu veuille vous pardonner votre crime, ô ma reine, » dit la femme étonnée, « comme je pourrais vous pardonner ma mort, si je suis assez heureuse pour sauver la vie au fils de ma maîtresse chérie. »

« Dans ce moment le comte Moltke entra dans la chambre. « Voyez, » lui dit la reine pâlissant de colère, « voyez dans cette femme coupable une malheureuse que je viens d'arrêter à l'instant où elle allait donner du poison au prince royal! Qu'on appelle les gardes! Quand le roi reviendra, il la fera mettre à la question la plus horrible pour la forcer d'avouer quel est le scélérat qui l'a portée à commettre un crime aussi abominable. »

« Le comte garda, pendant le discours de la reine, un respectueux silence; puis, s'adressant à elle d'un ton grave et sévère, il lui dit : « Je désirerais parler à Votre Majesté en particulier. La suivrai-je dans son appartement, ou dirai-je à Mme *** de se retirer? » Ne sachant pas que ce ministre avait depuis longtemps l'œil sur sa conduite, et qu'il avait déjà acquis d'autres preuves de ses coupables intentions que celles que pouvait lui fournir la nourrice, qui conservait un regard serein au milieu du trouble de la reine, Julienne s'écria :

« Eh quoi! comte, êtes-vous aussi un ennemi du prince royal, et le complice de cette femme criminelle?

— Comment pourriez-vous le croire, Madame?» répondit froidement le comte; « si le prince royal n'existait plus, ce ne serait pas mon fils qui succéderait à la couronne. »

« Le comte Moltke était un homme d'une grande pénétration et un courtisan achevé. Ses regards disaient plus que ses paroles. La reine coupable et confuse fut saisie de respect, et lui répondit :

« Si Votre Excellence le désire, cette femme peut se retirer. » Le comte prit alors la casserole des mains de la nourrice qui passa dans la chambre à coucher du prince. On ne peut que former des conjectures sur la conversation du comte Moltke et de Julienne; mais, au bout d'une heure, il se rendit auprès du prince; et après lui avoir présenté ses respects, il lui annonça que sa nourrice favorite devait partir pour la Norvège.

« Le jeune prince fut si affecté de cette nouvelle, que jetant les bras autour du cou de la fidèle nourrice, il dit en pleurant : « Je veux donc l'accompagner en Norvège; vous ne m'ôterez pas ma mère. »

« Ce fut en vain que le comte s'efforçait de le calmer.

« Non, » répétait le prince avec humeur, « j'en parlerai à mon père ; je suis sûr qu'il ne permettra pas que cette mère me soit enlevée. »

« Le comte, embarrassé, se retira ; mais il ne tarda pas à revenir ; puis, passant avec la nourrice dans une antichambre, il fit ce qu'il put pour la convaincre qu'elle s'était trompée, et que la reine n'avait fait que remuer la tisane pour l'empêcher de brûler.

La nourrice secoua la tête et dit : « Votre Excellence me permettrait-elle de montrer la tisane au pharmacien du prince ?

— Sans doute, » répondit l'adroit ministre.

« Elle courut aussitôt prendre la casserole qu'elle trouva vide et nettoyée. Plus alarmée qu'auparavant, et craignant que le comte ne s'entendît avec la reine et ne partageât lés desseins funestes qu'elle avait formés contre le prince royal, la nourrice résolut en elle-même d'avertir le roi du danger que courait son fils bien-aimé.

« Le rusé courtisan lut sur sa physionomie ce qui se passait dans son âme : il commença par la louer de son courage et de sa fidélité, puis il lui dit qu'il n'avait voulu l'envoyer en Norvège que pour la mettre à l'abri du pouvoir de la reine ; mais qu'il avait changé d'avis, qu'il désirait qu'elle restât, et que si elle voulait s'engager par un serment sacré à garder le secret sur ce qui s'était passé, elle pourrait être tranquille, et qu'elle resterait au service du prince. En même temps il lui jura, de son côté, de la manière la plus solennelle, que le prince ne courrait aucun danger. La fidèle nourrice consentit à tout, pourvu qu'on ne l'éloignât pas de son élève (1). »

(1) *Les Cours du Nord*, traduit de John Brown, par S. Cahen, t. I, p. 5.

Cette triste histoire est-elle vraie? Tous les historiens de Caroline-Mathilde en font mention, mais plusieurs s'abstiennent de la raconter et la repoussent comme démentie par son invraisemblance.

Il est évident que cette scène de palais devait rester secrète. Moltke avait ordonné qu'on gardât le silence et personne n'avait intérêt à le rompre. Aucun personnage de la cour n'aurait osé s'exposer à déplaire à la reine et au ministre roi.

Dans certaines cours, on ne se faisait guère scrupule de faire disparaître ceux qui par leur prétention au trône pouvaient contrarier l'ambition du plus fort.

J'ai ouï souvent vanter l'humanité de sultans, très avancés dans nos idées de civilisation moderne, sans que personne songeât à leur reprocher la suppression systématique, traditionnelle et sans exception des enfants mâles de leurs frères puînés qui pourraient aspirer à la couronne.

Brown a recueilli à Copenhague beaucoup de détails intimes qu'il n'a osé mettre au jour que parce qu'il était étranger. Il a puisé en général aux meilleures sources les renseignements pris sur les lieux. Il est donc difficile de croire que le récit que nous avons rapporté soit de pure invention. Mais s'il y a du vrai dans ce qu'il a raconté, tout est-il vrai? Ne peut-il pas y avoir eu quelque scène entre la reine et la nourrice qui a pu s'alarmer à tort?

L'ordre de garder le secret d'un fait mystérieux éveille la curiosité, provoque les indiscrétions, empêche de savoir l'exacte vérité, mais n'empêche pas de suppléer par l'imagination aux lacunes de détails qu'on ignore.

Le roi, d'après Brown, voulut savoir ce qui s'était passé, et procéda lui-même à une espèce d'information qui l'émut vivement, car il aimait beaucoup son fils aîné.

A côté de la triste scène de la nourrice nous en rapporterons une autre qui n'est pas contestée (1).

Lorsque la cour résidait au palais de Fredensborg où elle allait parfois passer quelques semaines, un des divertissements ordinaires était de faire des promenades sur le lac du château.

Christian se promenait un jour sur l'eau avec un chambellan nommé Brocdorf. L'enfant était agité, capricieux et le chambellan, aux manières un peu rudes, ne pouvant obtenir qu'il restât tranquille, le saisit, le balance en l'air et le menace de le noyer s'il n'est pas sage. Le prince royal tombe dans l'eau. Un marin norvégien parvient à le retirer sain et sauf du fond du lac.

Brocdorf l'avait-il laissé échapper de ses mains involontairement ou voulait-il le faire périr ?

Le roi chassa le chambellan ; la reine Julienne au contraire l'attacha à sa maison, ce qui fit croire qu'au lieu d'un accident, il y avait eu un crime prémédité.

Le premier mouvement de Julienne, d'après Brown, fut de faire appeler Guldberg lorsqu'elle eut une altercation avec la nourrice du prince royal. Nous aurons souvent occasion de parler de cet homme très capable, et entièrement dévoué à Julienne qui lui avait confié l'éducation du prince son fils.

Frédéric V adorait Christian, mais ses facultés mentales avaient subi un affaiblissement de jour en jour plus sensible. Il était mené par ses ministres, plus qu'il ne les dirigeait. Les ministres qui avaient pris l'habitude de gouverner l'État sous un roi faible, ne sentaient pas la

(1) *Authentische aufklarungen*, ouvrage tiré des manuscrits du prince Charles de Hesse, beau-frère de Christian.

nécessité d'avoir un roi fort qui voulût gouverner lui-même.

Dès que Son Altesse royale (c'est ainsi qu'on appelait le prince royal) eut atteint sa sixième année, le 31 mars 1755, elle eut sa maison. Berkentin, son gouverneur, était un gentilhomme âgé, qui ne cherchait qu'à vivre tranquille, et à jouir de tout le confort possible. Il laissa la charge de l'éducation du prince au chambellan Dotley de Reventlow. Ignorant et dur, celui-ci éleva le jeune prince avec une rigueur excessive. Si le pauvre enfant cherchait à toucher par ses larmes Mme de Reventlow, elle était plus impitoyable encore que son mari.

L'esprit voltairien, impie et sarcastique, s'était propagé partout et surtout dans la cour de Copenhague où les mœurs étaient fort corrompues. Reventlow avait l'habitude de tourner en dérision dans ses propos le clergé et la Bible. Il eût voulu faire détester la religion par son élève qu'il n'aurait pu trouver de meilleurs moyens que ceux qu'il employait pour la lui faire aimer.

Le prince était obligé d'assister aux sermons, de répéter ensuite ce qui avait été prêché et la moindre faute était si sévèrement relevée, que c'était pour lui un supplice d'aller à l'église. Christian, n'ignorant pas que son maître si rigide se moquait sans se gêner des choses saintes, aima mieux suivre ses exemples que ses leçons. Il excellait à parodier les sermons, et à tourner en ridicule ce qu'il aurait dû respecter.

Le comte de Bernstorff, ministre des affaires étrangères possédait et méritait la confiance du roi ; il comprit la nécessité de donner au prince qui grandissait une instruction digne de la haute position à laquelle il était destiné. Le choix d'un précepteur n'était pas facile ; un grand poète allemand refusa cette mission, qui fut donnée à Nielsen. Recommandation lui fut faite de gagner l'affection du royal élève afin que celui-ci prît plaisir à s'instruire auprès de lui.

Un plan d'instruction littéraire et religieuse fut arrêté sous la direction d'hommes supérieurs. Ce plan, très bien fait, fut mal exécuté.

L'élève négligea, et on lui laissa négliger, des études qui lui auraient été utiles, et les maîtres souvent, par insuffisance ou autrement, s'acquittèrent fort imparfaitement de leur tâche.

Dans les États du roi de Danemark des langues diverses étaient en usage. Chaque contrée tenait à l'idiome local. Les Danois étaient d'autant plus passionnés pour leur langue, qu'elle était peu répandue hors de leur pays. L'allemand était la langue officielle du royaume et le français la langue diplomatique.

Les Danois furent blessés d'apprendre que les professeurs du prince, au lieu de lui enseigner l'histoire nationale dans les auteurs danois, lui faisaient étudier l'histoire de Danemark composée par Mallet, auteur français.

En 1766, Reverdil, Suisse d'origine, homme sage et de grand mérite, avait été chargé de l'enseignement de la langue et de la littérature française. Voltaire a dit de lui : *On peut avoir autant d'esprit que Reverdil, mais pas davantage.* Reverdil a écrit des Mémoires que nous citerons souvent. Voici les détails qu'il donne sur Christian à l'âge de douze ans : « Le prince était charmant de figure ; il avait de l'esprit et d'heureuses saillies. Il s'exprimait avec facilité et élégance. Il parlait le danois, l'allemand et le français. C'était un danseur remarquable. Si, quand il faisait bien, il faisait mieux qu'un autre ; quand il faisait mal, il faisait pire. Il avait quelques commencements de manie; il se croyait plus fort qu'il n'était. Il enviait la force des paysans dans les champs, ou des gamins dans la rue. Il regardait toujours ses mains ou sa poitrine pour voir s'il arrivait à une perfection de vigueur qu'il avait rêvée. » Les mauvais traitements de son terrible mentor Reventlow ne seraient pas croyables si Reverdil ne les avait pas attestés. L'enfant était terrifié par son maître qui lui refusait tout ce qui aurait pu lui être agréable et semblait prendre plaisir à le faire souffrir sans nécessité.

Frédéric V s'était abandonné à des excès de boisson et de bonne chère qui altérèrent gravement sa santé et son intelligence. En 1757 et en 1758, il eut des attaques de pleurésie qui furent regardées comme des conséquences de la vie qu'il menait.

Ses défauts ne nuisaient qu'à lui-même. Pendant qu'affaibli par les maladies et une décrépitude précoce, le roi s'acheminait vers la tombe, il avait des ministres qui administraient avec sagesse le royaume. Le comte Adam de Moltke jouissait de toute sa confiance et la méritait. Le roi l'avait toujours soutenu contre les efforts tentés par Julienne pour mettre Guldberg à sa place. Moltke était le vrai souverain du pays et on l'appelait le roi Moltke *Konung Moltke*. A 14 ans, les rois de Danemark étaient aptes à régner. Le prince royal à cet âge était tenu en dehors du gouvernement et il était laissé dans l'ignorance complète des affaires politiques. Il avait trop d'esprit pour ne pas comprendre l'état d'effacement où il était relégué.

Un jour qu'il se trouvait avec son père et le comte de Moltke, Frédéric V lui dit de remplir de vin son verre et celui du comte. Le Prince royal, à l'idée de servir le ministre, rougit et parut hésiter. « Remplissez aussi votre verre, ajouta le roi avec bonté. » Christian obéit, il remplit le verre du ministre jusqu'au bord, celui de son père à moitié, et ne versa que quelques gouttes dans le sien.

« Que signifie cela ? » dit Frédéric.

« Sire, il faut servir les gens eu égard à leur autorité. Moltke est roi et ministre, il gouverne ; je l'ai servi en conséquence. Vous êtes le plus grand personnage de l'État, après lui ; je vous ai servi à moitié ; quant à moi je ne suis rien, je ne prends rien. »

Le père embrassa son fils avec une larme dans les yeux et ne fit aucune observation.

Un autre jour, dans un excès de générosité folle, dans un moment d'ivresse, Frédéric donna à son favori le beau château royal de Hirschcholm avec son splendide ameublement.

Le prince royal va chercher un plan du château, et le porte à Moltke en lui disant : « Contentez-vous de ceci que je vous donne ; quant au château de Hirschcholm ; vous ne le posséderez jamais avant d'être devenu roi de Danemark. »

La décadence des facultés physiques et morales du roi s'accentuait chaque jour davantage. Des symptômes de maladies graves alarmèrent les ministres et les médecins du palais. On consulta à l'étranger les maîtres de la science médicale sur l'état du malade dont on cachait le nom. On montra au roi les consultations qui disaient qu'un changement complet de vie était le seul moyen de conjurer les maladies que produit l'intempérance.

Le roi vit bien qu'il était trop tard pour refaire ses habitudes. Il devint inquiet, préoccupé. Mille projets roulaient dans sa tête. Il parlait sans cesse d'augmenter l'armée, et sa dernière préoccupation fut, pour assurer le bonheur du prince royal, de le marier avec sa cousine Caroline-Mathilde, sœur de Georges III, roi d'Angleterre. Le comte Bernstorff mena à bonne fin les négociations préliminaires de ce mariage. Un jour le jeune Christian trouva sur sa table le portrait de la princesse anglaise et fut ravi de sa beauté.

Le mariage était arrêté lorsque l'état de Frédéric V vint à empirer.

Le 13 janvier 1766, le bon roi rendit le dernier soupir. Dans sa vie privée il se montra toujours ami sincère, fils dévoué, époux tendre, excellent père et maître généreux.

CHAPITRE II.

CHRISTIAN VII.

Avènement de Christian au trône. — Son portrait. — La famille royale. — Le roi veut gouverner lui-même. — Ses mœurs. — Son mariage.

Dans la matinée du 14 janvier 1766 le conseiller privé Bernstorff parut sur le balcon du palais royal de Christianborg, et annonça au peuple l'avènement au trône du prince royal selon le cérémonial d'usage. « Le roi Frédéric V est mort ! Le roi Christian VII vit et règne ! » Le peuple répondit : « Que le nouveau roi vive longtemps, mais surtout qu'il règne bien comme son père. »

Les Danois étaient attachés à leurs souverains. Ils acclamaient avec bonheur un prince jeune et affable qui voulait tenir lui-même les rênes du gouvernement. Ils préféraient avoir pour maître un roi qu'un ministre.

Christian avait une figure douce et agréable ; sa taille plutôt petite que grande était bien proportionnée. Il était doué d'une grande agilité et d'une force dont il était fier. Il avait des cheveux très blonds, un beau front, un nez aquilin, des yeux bleus, une jolie bouche, des dents superbes, une peau très douce et très blanche ; il s'habillait avec un goût parfait et une rare élégance ; il avait des manières affables et gracieuses.

On remarqua sa bonne tenue après la mort de son père qu'il regrettait vivement ; il regardait la couronne comme un fardeau bien lourd. Reverdil dût remonter son courage. et le nouveau roi, dans les réceptions de cérémonie, charma toute la cour.

La famille royale en ce moment se composait de deux reines : Sophie-Madeleine, et Julienne-Marie, veuves des deux derniers rois ; de Frédéric, prince héréditaire, fils de Julienne ; de la princesse Amélie sœur de Christian VI ; et de deux sœurs du roi. Une troisième sœur était déjà mariée à Guillaume Ier électeur de Hesse-Cassel.

Christian ne tarda pas à s'occuper de l'établissement de ses sœurs qui n'étaient pas mariées : la plus jeune épousa le prince Charles de Hesse, et l'aînée le prince royal de Suède, le futur Gustave III. Ce dernier mariage avait été arrêté, lorsque les fiancés étaient encore en bas âge. La reine de Suède, sœur du roi de Prusse, tenta plus tard d'empêcher la réalisation du projet d'alliance pour faire épouser à son fils un prince de sa maison. Les États du Danemark s'opposèrent à la rupture des fiançailles et le roi déclara à la Suède qu'il regarderait cet affront comme un cas de guerre.

La reine Sophie et la reine Julienne étaient toutes les deux au courant des affaires de l'État et aimaient à s'en mêler. Le jeune roi n'avait rien oublié ; son aïeule avait été toujours bonne et pleine de tendresse pour lui ; il était affectueux et respectueux pour elle.

C'est pour lui plaire, qu'il nomma Reventlow, qu'il ne chérissait guère, grand chambellan et chevalier de l'ordre insigne de l'Éléphant.

Reverdil était plus sympathique au roi que Reventlow, il était plus sage et plus capable ; sa nomination comme secrétaire du cabinet fut un excellent choix.

Le comte de Moltke et le comte de Bernstorff, principaux ministres, formaient avec Reventlow le conseil privé. Chaque semaine le roi présidait le conseil, mais il s'aperçut bien vite, qu'au lieu de lui expliquer les arguments pour et contre, afin de lui laisser le soin de juger lui-même, ses conseillers s'entendaient et ne lui soumettaient jamais qu'un avis unanime. S'il voulait faire une objection, tous prenaient l'air sérieux et menaçaient de se retirer; c'était un parti pris pour imposer leur volonté à ce jeune prince encore timide.

Christian n'aimait pas Moltke que son père aimait trop, et il le croyait porté à tout sacrifier à son intérêt personnel. Il avait détesté Reventlow quand il était sous sa férule et lui gardait rancune. La suffisance du comte de Bernstorff lui déplaisait.

La cour de Copenhague, où la volonté du maître était absolue et souvent changeante, entretenait un foyer d'incessantes intrigues. Le favori du jour était en butte aux attaques secrètes de celui qui voulait être le favori du lendemain.

Sophie-Madeleine n'avait pas plus de sympathie que Christian pour le comte de Moltke, aussi n'eut-elle pas grand'peine à décider Christian à le congédier. L'ex-ministre-roi se retira dans une terre que Frédéric V lui avait donnée.

La vieille reine aurait voulu le remplacer par Danneskiold Samsöe, le rival de Bernstorff; le roi nomma celui-ci surintendant de la marine avec un traitement de 8,000 dollars.

La famille de Danneskiold Samsöe, toujours très considérée en Danemark, est issue d'un fils naturel de Christian V. Cette maison a fait d'illustres alliances notamment avec celle des ducs de Holstein-Augustembourg.

Le jeune roi, humilié de voir que les ministres tenaient peu de compte de son opinion au conseil privé, résolut de gouverner lui-même et de prendre les rênes de l'État; il n'avait pas la main assez ferme pour les tenir. Il était trop jeune pour avoir l'expérience des affaires, trop inconstant pour suivre une idée sérieuse, trop changeant pour n'être pas accessible à l'influence des passions qui s'agitaient autour de lui.

Parmi ses ministres il en est un qui mérite une mention particulière parce qu'il était français : le comte de Saint-Germain, brave général que l'on a confondu avec le comte de Saint-Germain, célèbre aventurier, précurseur de Cagliostro, qui trouvait des Parisiens assez bêtes pour leur faire croire qu'il avait vécu du temps de Jésus-Christ et qu'il possédait *l'élixir de la vie.*

Le général de Saint-Germain avait acquis une grande réputation militaire et il serait trop long de dire tous ses hauts faits. Il était fort apprécié du maréchal de Saxe qui le fit créer lieutenant général et lui fit donner le cordon rouge. Il fut plus admiré sur le champ de bataille qu'aimé à la cour, où sa franchise trop grande et la causticité de son esprit lui firent des ennemis dont il s'exagérait le nombre. Il quitta en 1762 la France et accepta du service en Danemark, où Frédéric V, qui était en lutte avec la Russie, l'appela pour lui confier le commandement de son armée. Le comte fut heureux dans ses débuts, mais la mort de Pierre III, conjura les menaces d'une grande guerre, et il rentra à Copenhague. Le roi avait apprécié son courage, son habileté à battre l'ennemi avec des soldats indisciplinés et des officiers sans expérience. Le comte de Saint-Germain fut nommé chevalier de l'Éléphant, et ministre de la guerre chargé de la réorganisation de l'armée danoise.

La faveur dont il jouissait à la cour de Copenhague finit avec le règne de Frédéric V. Christian VII ne lui retira son ministère que pour le donner à Rosenkranz. Il alloua au comte de Saint-Germain sept mille écus comme pension de retraite et quand le comte prit congé de Sa Majesté le roi lui *fit promettre de revenir aussitôt qu'il serait mandé.*

Il fut rappelé en effet plus tard comme nous le verrons. Quand il quitta la seconde fois Copenhague, sa pension fut convertie en un capital de cent mille écus. Un banquier de Hambourg dépositaire de cette somme fit banqueroute et le comte tomba dans la misère. Après diverses aventures, il fut appelé à Paris par Louis XVI qui le nomma secrétaire d'État au ministère de la guerre. Il déploya de hautes qualités dans la direction de ce ministère, qu'il quitta pauvre et mourut bientôt après le 15 janvier 1778.

Rosenkranz ne garda pas longtemps la haute position enlevée à Saint-Germain et sa chute ne causa pas de grands regrets.

Le comte de Danneskiold Samsöe surintendant de la marine, qui était très capable, fut bientôt remplacé par un de ses cousins qui ne l'était guère.

Reverdil, l'homme sage et à bon conseil, finit aussi par être congédié et renvoyé en Suisse.

Le jeune roi était doué d'un caractère aimable. Sa colère s'allumait vite, mais s'éteignait aussitôt. Il ne lui en coûtait pas quand il avait eu un moment d'emportement de reconnaître ses torts et de les réparer.

Il était enfant ; il se plaisait à jouer des tours à son aïeule et aux dames de son entourage, puis il riait de si bon cœur qu'on n'avait pas le courage de se fâcher.

Nous lisons dans Brown : « La reine douairière Julienne ayant échoué dans ses tentatives pour ôter la vie à l'héritier présomptif, avait adopté une méthode moins cruelle pour assurer la perte de ce prince jeune et imprudent. Ce fut par son influence, que durant la vie de son père, les portes du palais furent ouvertes et que le prince put s'abandonner, sans obstacle à son goût pour les femmes dissolues ; ce fut Julienne qui par l'entremise de Guldberg l'entoura d'une foule de jeunes courtisans gais et voluptueux dont la société corrompit ses principes et affaiblit sa constitution. Il lui arrivait parfois dans les orgies nocturnes de frapper les garçons de cabaret, de casser les vitres et les meubles, et d'attaquer les gardes de nuit ; il fut plus d'une fois conduit au corps de garde (1). » Christian n'avait pas besoin d'être poussé au vice par Julienne. Wraxall (2) rapporte que Christian avait auprès de lui un ancien page nommé Sperling, qui avait gagné l'amitié du maître qu'il *exploitait* à son avantage.

Sperling, joli homme, peu intelligent, mais fort aimable, était très débauché et bien triste fut son influence sur le jeune prince. Il lui apprit les secrets du vice, excita son imagination et corrompit son cœur. Reverdil s'exprime ainsi dans ses *Mémoires* : « Nous jeterons un voile sur les désordres où Sperling put l'entraîner ; il en est un qui a pu contribuer aux progrès de la démence. Il en convenait et y retombait toujours. »

Ce n'est pas lorsque Christian fut devenu monarque absolu et maître de s'entourer de favoris de son choix qu'il songea à se corriger. Sa scandaleuse conduite excita les murmures du peuple, et à la cour, il se trouva quel-

(1) *Les Cours du Nord*, t. I, page 19.

(2) *Life and times of Her Majesty Carolina Mathilda, queen of Denmark and Norway*, by C.-F. Lascelles Wraxall, Bart. London, 1864, t. I, page 7.

ques personnes honnêtes et dévouées qui eurent le courage d'avertir Christian. On lui fit comprendre que la reine Julienne s'était opposée au projet d'union conçu par son père et que rien ne pouvait mieux convenir à celle-ci que la vie qu'il menait. Le désir de la contrarier ne fut pas étranger à la résolution qu'il prit de hâter la conclusion de son mariage avec la princesse Caroline-Mathilde, fille du prince de Galles et sœur de Georges III.

CHAPITRE III.

CAROLINE-MATHILDE, PRINCESSE D'ANGLETERRE.

Enfance de Caroline-Mathilde. — Son éducation. — Mariage par procuration. — Long voyage pour arriver en Danemark.

Frédéric, prince de Galles, un soir du mois de mars 1751, fut frappé jeune encore d'une mort soudaine, et c'est dans le bras d'un Français, M. Desnoyers, maître de danse, qu'il rendit le dernier soupir.

La princesse de Galles, Augusta de Saxe-Cobourg, n'avait que trente-deux ans lorsqu'elle devint veuve. Elle avait eu sept enfants ; elle en avait perdu un avant la mort de son mari, et, depuis, elle en mit au monde un autre : Caroline-Mathilde, née le 11 juillet 1751.

La princesse de Galles était une femme sérieuse, qui s'occupait de bien élever ses enfants ; elle les adorait ; mais de peur d'affaiblir son autorité sur eux, elle leur cachait sa tendresse sous des dehors sévères.

On raconte qu'un de ses fils, le duc de Glocester, tout petit encore, se montra un jour si pensif que sa mère inquiète de sa tristesse, lui demanda à quoi il pensait. « Je pense, répondit-il, que lorsque je serai grand, si j'ai un fils, je ne le rendrai pas aussi malheureux que je le suis. »

La princesse de Galles ne devait pas être d'un caractère toujours aimable. Elle n'avait pas su se faire aimer de son mari ni du roi son beau-père.

Son fils aîné George III eut un long règne. Sa mère ne manquait pas d'ambition et songeait à entourer le prince, même avant son avènement, de personnes qui fussent dévouées à ses idées à elle.

Lord Bute jouissait auprès de la princesse d'une telle faveur qu'on a prétendu qu'ils s'aimaient. Il paraît que s'ils nouèrent souvent ensemble des intrigues, c'étaient des intrigues politiques plutôt que galantes.

Mais dans la nombreuse famille de la princesse de Galles, c'est la dernière fille, Caroline-Mathilde, qui seule doit nous occuper. Sa sœur aînée Augusta avait quatorze ans de plus qu'elle. Caroline-Mathilde était douée d'une rare beauté et d'une grâce charmante. C'était l'idole de la famille. Aussi comme elle rendait à ses frères et sœurs toutes les tendresses qu'on lui témoignait !

Lorsque l'adversité pesait sur sa vie tourmentée par d'affreux orages, sa pensée se reportait vers son enfance, vers le pays natal. Elle écrivait que *ses quinze premières années s'étaient écoulées douces et heureuses.* Revenir dans sa patrie et dans sa famille était son vœu le plus cher. Son cœur était ouvert aux plus nobles sentiments et son esprit aux aspirations les plus généreuses. Elle avait la passion du travail ; cette passion fit le charme de sa jeunesse et la consolation de ses derniers jours.

Caroline avait le don d'apprendre avec facilité les langues étrangères et parlait le français, l'allemand, l'italien ; le peuple à Copenhague fut aussi ravi qu'étonné de l'entendre si vite parler danois.

Son ardeur pour l'étude des chefs-d'œuvre des littératures étrangères lui fit faire de rapides progrès ; rien ne lui manqua, ni la bonne direction, ni les grands maîtres, ni les dispositions naturelles, ni l'amour du travail.

2

Elle se délassait des travaux de l'esprit par les arts d'agrément et jouait du clavecin et de la harpe. La musique, un peu négligée lorsque la jeune reine était sur le trône, fut sa grande distraction dans les jours de tristesse.

Jeune et brillante, elle se fit remarquer dans les bals par la grâce et la perfection avec lesquelles elle dansait. Le jeune roi son époux était aussi très habile dans l'art de la danse, et le couple royal excitait une véritable admiration dans les grandes fêtes de la cour.

Les détails intimes sur la première jeunesse de Caroline-Mathilde ne manquent pas dans les auteurs anglais, surtout dans Melcombe et Walpole, mais malgré ce qu'il y aurait de curieux à pénétrer dans l'intérieur familial de la princesse douairière de Galles, cette excursion ne nous apprendrait pas grand'chose; l'histoire de Caroline-Mathilde, jeune fille pieuse, laborieuse, admirée au foyer domestique, mais ignorée encore du monde, est moins intéressante à raconter que celle d'une reine faisant parler l'Europe entière de ses aventures et de ses infortunes.

Les jours heureux sont ceux dont il n'y a rien à dire, où l'on espère dans l'avenir sans mêler à ses espérances aucune prévision de désillusion future.

Une des passions de la jeunesse de Caroline fut l'amour de la littérature française. Elle aimait à écrire et écrivait bien. Nous puiserons souvent dans sa correspondance, parce que, pour elle, surtout, le style c'est la femme. Voici une lettre adressée à Lady C. F. Le commencement est en français.

« Madame,

« J'ai commencé un cours de belles-lettres en français, à la portée d'une personne qui veut passer pour avoir de la lecture sans avoir la manie d'être savante. Les ouvrages que j'ai choisis sont ceux de Voltaire, Crébillon le fils, Marivaux et Fontenelle, qui selon moi ont tous un mérite original dans leur genre... »

Puis elle dit *Enough of french,* ce qui veut dire : *Assez de français!* et elle continue sa lettre en anglais en y ajoutant, selon son habitude, quelques expressions françaises, que nous soulignerons : « Puissé-je, dit-elle en finissant sa lettre, avoir comme vous le talent de dire *de jolis riens* et de parler avec raison et un esprit éclairé sans aucune prétention scientifique. » La peur de passer pour bas-bleu la préoccupe toujours.

Dans une autre lettre de Caroline, adressée à sa sœur aînée, Augusta, mariée au prince héréditaire de Brunswick, on remarque surtout son amour pour son pays; elle plaint les princesses d'être forcément condamnées à un exil perpétuel de la patrie pour suivre leurs époux à l'étranger.

La jeune fille en écrivant à sa sœur fixée dans le Brunswick ne se doutait pas qu'un jour toutes deux vivraient très près l'une de l'autre et se verraient souvent.

C'est dans un pays d'un abord peu facile, en Danemark, que Caroline semblait destinée à passer sa vie. Nous avons dit que Frédéric V avait demandé sa main pour son fils aîné, le prince royal de Danemark. Frédéric est mort le 14 janvier 1766 ; Georges III, le 10 janvier de la même année annonçait officiellement à la chambre des lords et à celle des communes que la main de sa sœur la princesse Caroline-Mathilde avait été demandée par son cousin Christian, prince royal de Danemark et que le mariage serait célébré aussitôt que les fiancés auraient l'âge convenable.

Les Chambres applaudirent à ce projet d'alliance propre à resserrer les liens qui unissaient les deux maisons royales de la Grande-Bretagne et du Danemark.

Caroline n'avait jamais vu Christian; elle n'avait pas même été consultée. Dans une lettre qu'elle écrit à sa tante la princesse Marie de Hesse-Cassel en réponse à des félicitations sur son prochain mariage, nous citerons ces lignes : « Je ne sais vraiment si nous sommes plus dignes de compassion que d'envie lorsque la politique nous marie avec des princes que nous n'avons jamais vus. »

La jeune princesse, dont le plus long voyage avait été de Londres à Windsor, s'effrayait d'aller chercher si loin un mari inconnu.

La mort de Frédéric au lieu de retarder le mariage n'avait fait que l'avancer.

Les Chambres allouèrent à Caroline-Mathilde, princesse d'Angleterre, une dot de deux millions cinq cent mille francs.

Le 1er octobre 1766, le mariage fut célébré par procuration à 7 heures et demie du soir, à la chapelle du palais de St-James. Le duc d'York avait reçu mandat du roi de Danemark pour le représenter.

Le lendemain à 6 heures et quart l'auguste mariée faisait ses adieux (hélas, pour toujours!) à ses amis, à son pays natal, et entreprenait pour aller s'établir dans une nouvelle patrie, un voyage très long et qui passait alors pour périlleux. Trois voitures de la Cour, avec une brillante escorte de gardes, contenaient les personnages qui accompagnaient la jeune reine : c'étaient sa mère, le prince de Galles, de nobles seigneurs anglais et danois. Sa Majesté Caroline arriva à 4 heures et quart le même jour à Harwick où l'amiral Keppel l'attendait avec un yacht royal.

Johnston raconte la tristesse de la reine au moment de s'embarquer : « Elle fut, dit-il, plongée dans de sombres préoccupations et regarda souvent la bague que sa mère lui avait donnée comme talisman avec cette inscription : *Bring me happiness* (porte-moi bonheur). Les éléments semblaient s'opposer à son voyage, non seulement les vents furent contraires, mais une tempête assaillit le navire et ce n'est qu'après six jours de lutte contre les flots et l'orage que la reine put débarquer. »

Elle s'était embarquée le 3 octobre, ce n'est que le 9 à neuf heures du matin qu'elle arriva à Rotterdam. Là elle fut reçue par le prince d'Orange, le prince et la princesse de Nassau et le prince Louis de Brunswick. Elle continua ensuite sa route par Osnabruck, Lingen, Utrecht et Hambourg. Enfin elle fit son entrée le 18 octobre à Altona, où le vice-roi du duché de Shleswig-Holstein, le baron von Dehn, salua au nom du roi, la bienvenue de la reine dans ses États.

Caroline-Mathilde fut reçue en souveraine. Elle descendit du bâtiment, sur un pont décoré de draperies écarlates, passa à travers une double haie de dames d'un côté, d'hommes de l'autre, tandis que des jeunes filles vêtues de blanc semaient des fleurs sous ses pas. La chronique locale dit que la magnificence des illuminations fut telle qu'il est impossible de s'en faire une idée.

Le 22 octobre, la jeune reine accompagnée du baron van Dehn se mit en route pour Copenhague.

Christian VII, accompagné de son frère Frédéric, prince héréditaire, et de son beau-frère, le prince Charles de Hesse, était allé au-devant de la reine et l'attendait à Roeskilde. C'est là qu'eut lieu la première entrevue du jeune roi et de la jeune reine. Christian fut tellement ravi de la beauté de Caroline-Mathilde, qu'oubliant toute étiquette, il l'embrassa devant le public. Les augustes fiancés partirent aussitôt pour le palais de Fréderiksberg, près de Copenhague, où ils séjournèrent jusqu'au 8 novembre.

Nous trouvons dans une lettre de Caroline-Mathilde à son frère le duc d'York, en date du 25 septembre, ses impressions de voyage.

Elle ne s'est pas trouvée trop à l'aise sur mer durant la traversée. Elle n'aura aucune envie d'envahir l'empire de Neptune, à moins que ce ne soit pour retourner un jour aux Iles Britanniques. Elle n'a pas été charmée de l'Allemagne. « J'y ai vu, dit-elle, beaucoup de terres incultes et peu de cultivées; çà et là de maigres troupeaux, des forêts inhospitalières, des châteaux avec des tours crénelées et à demi habités par des comtes et des barons; de tristes habitations, beaucoup de soldats, peu de cultivateurs; orgueil et étiquette d'un côté, esclavage et abjection de l'autre. »

« Toutes les deux ou trois heures, dit-elle, j'entrais dans les États d'un nouveau petit souverain. Je passais souvent auprès de la résidence d'une altesse sans demander son nom. A voir l'antiquité de ces châteaux tombant en ruines, il était facile de juger que les maîtres devaient être d'illustre et vieille race. Il y a plus d'élégance et de confort dans la villa d'un bourgeois de Londres que dans ces sombres manoirs ornés intérieurement de tapisseries usées, où Son Altesse Sérénissime *meurt d'ennui* (1)... Les hommes et les femmes recherchent plus la richesse des costumes que l'élégance ; les femmes

(1) C'est l'expression soulignée en français dans sa lettre écrite en anglais.

d'Altona et de Hambourg ont des toilettes un peu fantastiques... Les petits princes allemands, ridiculement entichés de leurs titres, de leur noblesse, ont peu de souci d'encourager les arts utiles... Les routes sont presque impraticables. Les équipages de la noblesse sont infiniment pires que les voitures communes d'Angleterre. Les auberges manquent de tout.

« La curiosité de voir une nouvelle reine avait attiré la foule sur mon passage, et cependant en se promenant par un beau jour, de *Charing Cross* à *Royal Exchange*, on voit beaucoup plus de monde que je n'en ai vu d'Altona à Copenhague... Les duchés de Holstein et de Schleswig sont bien arrosés, et produisent du blé en abondance... Certaines parties du Jutland sont couvertes d'arides montagnes, mais les vallées sont très peuplées et fertiles en fruits. L'aspect du pays est assez agréable, mais s'il y a de belles forêts, il n'y a pas de beau fleuve comme la Tamise. Le printemp et l'automne ne sont guère connus ici. Aux brûlantes chaleurs du mois d'août succède brusquement un hiver très rude; le froid dure huit mois, presque sans interruption. On dirait que le sol n'est guère favorable à la végétation, car ce qui a été servi sur ma table coûtait cher et ne valait rien. Comme le gibier et le poisson abondent, ces deux articles me conviendraient, mais la cuisine moitié danoise, moitié allemande, n'est pas agréable pour un palais anglais... »

La lettre de Caroline est longue et nous l'abrégeons pour ne pas interrompre le récit de son voyage : racontons son entrée solennelle dans la capitale de ses États.

CHAPITRE IV.

CAROLINE-MATHILDE, REINE DE DANEMARK.

Entrée de Caroline-Mathilde à Copenhague. — Son portrait. — Son couronnement. — Les trois reines. — Mort du duc d'York. — Intrigues de la cour. — Le comte Holck. — Naissance de Frédéric, prince royal. — Le Danemark au dernier siècle.

Le mariage du roi avec une princesse d'Angleterre, richement dotée et renommée par sa beauté, flattait l'orgueil national; il causait une véritable satisfaction aux amis du monarque inquiets de la vie qu'il menait, et le peuple danois attendait avec impatience et curiosité l'arrivée de sa jolie souveraine.

Aussi Caroline-Mathilde fut-elle acclamée avec enthousiasme lorsqu'elle fit son entrée royale et solennelle le 8 novembre 1766 dans la capitale de ses États.

Elle-même raconte dans sa lettre à son frère le duc d'York la réception qu'on lui fit à Copenhague, qui n'était pas une grande ville, mais dont l'aspect, surtout de loin, la charma.

« Toute l'artillerie, dit-elle, du château et des forts, toute les musiques des gardes et des bourgeois en uniforme, annoncèrent mon arrivée dans la capitale. Je fus accompagnée par les acclamations de la foule au palais, où le roi, les reines douairières, et Frédéric, prince héréditaire, entourés des seigneurs et des dames de la noblesse, déployant leurs plus superbes costumes, m'accueillirent avec des honneurs extraordinaires en observant le cérémonial d'usage. »

Le château de Christiansborg était une des plus belles résidences royales de l'Europe. Frédéric V l'avait encore embelli. Il l'avait dégagé notamment des grosses chaînes de fer qui lui donnaient l'aspect d'une forteresse du moyen âge. Ce vaste et splendide palais a été depuis peu incendié pour la troisième fois !

La première impression faite par la nouvelle reine lui fut des plus favorables. Elle n'avait que quinze ans mais sa taille très élevée était majestueuse et élégante. Elle avait de la dignité dans le maintien, de la régularité dans les traits, un teint admirable, des yeux bleus pleins d'expression, des dents d'une blancheur extrême, la lèvre supérieure un peu saillante. Sa chevelure, d'une abondance extraordinaire, avait une couleur cendrée qui brillait comme de l'argent.

Caroline-Mathilde par son affabilité ne tarda pas à gagner toutes les sympathies. Douce, gaie, spirituelle, elle était fière avec les grands, simple et gracieuse pour les petits. Nous avons vu dans sa correspondance intime comme elle raille la noblesse allemande et comme elle plaint les pauvres laboureurs.

Les premiers jours de son arrivée au palais de Christiansborg se passèrent en fête. On lui donna des bals superbes. Sa belle-sœur avec son mari le prince Charles de Hesse conduisirent la *Kehraus;* Christian et Caroline dansèrent ensemble, déployèrent tout leur talent merveilleux pour la danse et furent fort admirés.

En l'honneur du mariage on frappa une médaille d'argent à l'effigie des deux époux ; au revers, une figure allégorique de femme, appuyée sur une ancre de vaisseau et la main pleine de fleurs avec l'exergue : *Recurrentibus signis.*

En commémoration de son mariage, le roi accorda des

titres et distribua des décorations. L'auteur danois de l'*Histoire secrète,* peu suspect de flatterie pour Caroline-Mathilde, raconte ainsi ce qu'il a vu lorsque la jeune reine posa le pied sur le sol du Danemark : « Je ne me joins guère aux bruits de la multitude ; mais je fus charmé de son apparence ; tout en elle était grandeur et gaieté. Elle fut reçue comme une divinité et presque adorée, surtout par les hommes. L'animation de ses beaux traits, l'éclat de ses yeux bleus répandaient un charme autour d'elle. »

Lorsque le bruit des fêtes se fut apaisé, la jeune reine se trouva au palais obligée de vivre avec deux autres reines, Sophie-Madeleine et Julienne. Sophie, veuve de Christian VI, aïeule de Christian VII, était âgée de soixante-six ans ; elle avait sur le roi un ascendant qu'elle craignait de perdre, et aimait à exercer une influence sur la direction des affaires ; aussi ne put-elle se défendre d'un sentiment de jalousie en voyant arriver une princesse, qui par la séduction de la beauté et de l'esprit, pouvait exercer plus d'empire qu'une vieille reine sur le jeune monarque.

Julienne avait vu avec déplaisir le mariage précoce du prince royal, et s'était opposée, du temps de Frédéric V, au projet d'union avec Caroline.

Au premier moment, elle sut cacher sous des dehors affectueux ses sentiments pour la nouvelle reine.

Julienne et Caroline avaient des goûts et des intérêts contraires.

Julienne était très maigre et de haute taille, son air sérieux et sa physionomie sévère annonçaient plus d'intelligence que de bonté. Elle eût voulu dominer et sentait que Christian avait pour elle aussi peu de sympathie qu'elle en avait pour lui. Faire arriver son fils Frédéric au pouvoir fut le rêve de toute sa vie.

Caroline avait un caractère enjoué, et à cette reine de quinze ans les fêtes et les plaisirs auraient mieux convenu que les intrigues d'une cour qu'elle ignorait encore. Elle manquait complètement de goût et d'expérience pour les affaires de l'État.

Les deux reines ne s'entendirent pas. Était-ce la faute de Julienne, ou celle de Caroline? ce fut peut-être la faute des deux.

Au milieu des hommages dont la reine régnante était enivrée, dans l'ignorance d'un monde nouveau, avec l'orgueil britannique qu'elle avait rapporté du pays natal, Caroline ne sut pas conserver de bonnes relations avec Julienne et bientôt surgit entre elles une haine qui alla toujours en s'aggravant.

Christian ne fit rien pour les mettre d'accord. Il ne vit là qu'un motif de plus pour se séparer de la reine douairière, et il lui donna pour résidence un autre château que ceux qu'il habitait d'ordinaire, le château de Fredensborg.

La disgrâce de la reine Julienne éloigna beaucoup de courtisans, mais elle sut bientôt attirer à elle tous les mécontents.

Hors du palais royal, elle fut plus libre de ses actions. Tous ceux qui, dans leur ambition ou leur vanité recevaient un échec à la cour, étaient sûrs d'être bien accueillis chez elle. Son salon était un foyer d'opposition.

Elle parlait peu et faisait beaucoup parler les autres. Très habile et très dissimulée, elle savait attendre les événements.

Caroline dit dans ses lettres, que tout son désir était de ne pas devenir une cause de désunion dans la famille royale. Elle était parfois mortifiée de la manière dont la reine Sophie traitait Christian. « Il semble aussi, dit-elle dans une de ses lettres, que le roi veuille enseigner à ses sujets la doctrine de l'obéissance passive. Il ne traite pas les courtisans en gentlemen, et les dames de la cour, dans le salon, restent inanimées comme des figures de cire dans l'abbaye de Westminster. »

Épouse gracieuse, dévouée, Caroline-Mathilde ne cherchait à acquérir de l'influence que sur le cœur de son mari et ne montrait nul souci de la direction des affaires publiques.

Le roi, au mois d'août 1767, fut atteint d'une fièvre scarlatine. La reine, avertie que la maladie était contagieuse, soigna elle-même l'auguste malade, restant la nuit et le jour auprès de son lit, dont on ne put l'éloigner que lorsque le danger fut passé.

Le 1er mai 1767, la cérémonie du couronnement de Leurs Majestés fut solennellement célébrée dans la chapelle du palais de Christiansborg, par l'évêque du Séeland. Le vieux cérémonial fut observé. Le roi ne permit à personne de toucher à la couronne royale qu'il posa lui-même fièrement sur sa tête.

Les rois scandinaves, selon un ancien usage, choisissent, le jour du couronnement, une devise : Christian choisit celle-ci : *Gloria ex amore patriæ.*

Les deux jeunes époux étaient à l'âge où l'on aime la danse, les bals masqués, les concerts. Aussi les fêtes se succédaient sans cesse au palais royal. Les mécontents murmurèrent contre ces dépenses qui appauvrissaient le trésor. Le roi était naturellement généreux, souvent même, il faut l'avouer, un peu trop. Mais ce n'est pas aux plaisirs mondains qu'il consacrait le plus d'argent. Il favorisait les grands artistes. Il dota une société de Beaux-Arts, qu'on fondait à Copenhague, d'une rente annuelle de 10,000 couronnes sur le trésor royal, afin qu'on pût accorder des prix aux artistes distingués et des secours aux nécessiteux.

Étrangère dans une cour lointaine, trop jeune pour avoir l'expérience du monde, Caroline-Mathilde aurait eu besoin d'avoir près d'elle de sages conseils.

Les deux reines qui auraient dû la diriger n'avaient aucun désir de lui en donner de bons. La grande maîtresse du palais, Mme de Plessen, en croyant la bien conseiller, la conseillait mal. Elle lui recommandait d'être digne, réservée pour son mari, tandis qu'au contraire si Caroline se fut emparée de l'esprit faible de son jeune époux, cela eût mieux valu pour lui et pour elle.

Christian, doux et bon, était facile à conduire. Il avait de bonne heure laissé apercevoir de l'étrangeté dans ses idées; Bernstorff en parlait un jour au comte de Saint-Germain qui lui dit : le roi a une singulière et rare maladie; en France, cela se s'appelle *être fou de cœur*.

Le cœur, ou pour mieux dire, le vice, dont il avait fait un précoce apprentissage, l'entraîna dans des folies. Il n'avait pas la force de rompre avec ses habitudes, et au lieu de le pousser au bien, on le poussait au mal.

Il lui fallait toujours un favori et il avait fait un mauvais choix dans le comte Conrad de Holck. Ce courtisan, du même âge que le roi, séduisant de manières, d'une amabilité parfaite, passait pour être dans une cour dissolue, le plus corrompu de tous.

Les ministres savaient l'influence considérable qu'il prenait sur le jeune monarque, et loin de l'arrêter ils la favorisèrent. Holck ne leur portait pas ombrage; il avait aussi peu de goût pour les affaires sérieuses que d'ardeur et d'entrain pour les amoureuses folies.

Holck n'a pas corrompu le roi, mais il a réveillé en lui tous les instincts d'immoralité : on a dit qu'il n'avait pas entraîné le roi au mal, mais qu'il s'était laissé entraîner par son maître parce qu'il trouvait son plaisir à le suivre. C'est une triste excuse ; il savait ce qu'il faisait.

Déjà on commençait à parler de Holck et de ses progrès dans l'affection du roi, lorsque Christian manifesta l'intention d'aller visiter ses États de Holstein. La reine témoigna à son auguste époux le vif désir de l'accompagner. C'est le premier refus qu'elle reçut de lui, et elle fut très mortifiée de ne pouvoir faire ce voyage. Reverdil chercha à dissiper ce premier nuage qui troublait le bonheur conjugal, il fit entendre à la reine que son état de grossesse était la seule cause du refus et obtint, sur la demande de Caroline, que le comte Holck n'accompagnât pas Sa Majesté.

Durant l'absence de Christian, la reine éprouva un malheur de famille dont elle fut profondément affectée.

Elle aimait beaucoup son frère le duc d'York. Ce jeune prince vint visiter au mois d'août la France, où il reçut un brillant accueil. Sa sœur lui écrivit pendant qu'il était à Paris :

« Monsieur et cher frère,

« Vous êtes maintenant dans le royaume que j'aime-
« rais à voir de préférence à tous ceux de l'Europe. Je
« suis bien sûre que ma curiosité à ce sujet ne sera ja-
« mais satisfaite. Vous attribuerez peut-être mon désir
« à l'analogie que l'on peut trouver entre la légèreté
« de notre sexe et l'esprit frivole des Français. Non, mon
« motif vrai serait la satisfaction que j'éprouverais à voir

« chez lui ce peuple qui depuis tant de siècles est notre « rival pour les arts et pour l'armée. Je vous prie de me « donner de bons détails sur Paris. »

Le duc d'York avait parcouru le midi de la France quand la mort le surprit à Monaco le 17 septembre où, après quatorze jours de maladie, il succomba à une fièvre maligne.

Caroline n'avait autour d'elle aucun des siens; elle épancha sa douleur dans une touchante lettre écrite à sa mère.

Lorsque le roi rentra du Holstein, il fut convenu que la reine irait au-devant de lui à sept ou huit lieues de Copenhague. Dès que Christian aperçut Caroline, il monta dans son carrosse et la meilleure intelligence parut régner entre les deux époux.

Le roi retomba dans le vice et chacune de ses fautes était rapportée à la reine de la manière la plus adroite et la plus propre à la blesser.

Holck procura au roi une femme très jolie et bien connue dans le monde diplomatique. Elle avait été la maîtresse de plusieurs personnages, notamment d'un ministre anglais à Stokholm, ce qui lui avait fait donner le nom de *Milady*.

Holck, qui l'avait déjà conduite chez le Roi, l'amena un jour au théâtre et la plaça dans une loge, réservée aux demoiselles d'honneur, en face de la loge de la reine. Reverdil fut choqué de cette audace; il crut de son devoir d'avertir le roi du tort qu'il se faisait en permettant qu'une vile créature vînt en public braver une noble reine.

Comme récompense de ses bons conseils, Reverdil reçut l'ordre de quitter Copenhague dans les vingt-quatre heures et Holck fut nommé maréchal de cour. Depuis lors la faveur, dont celui-ci jouit auprès du jeune monarque, fut sans bornes. Il devint l'organisateur de toutes les fêtes publiques et de toutes les folies secrètes. Il ne quitta plus le roi, et son château de Blaagard, situé hors la ville, fut le théâtre d'orgies dont nous supprimons les détails qui abondent dans la *Chronique scandaleuse* du temps.

Au moment où le faible roi s'éloignait de sa femme, un heureux événement de famille aurait dû l'en rapprocher.

Le 28 janvier 1766, mille bouches à feu, placées sur les forts de la ville et sur les vaisseaux de la flotte, retentirent à la fois, et annoncèrent la naissance d'un prince, héritier de la couronne, d'un *kronprinz,* d'un prince royal.

Les applaudissements du peuple répondirent aux salves d'artillerie. Les palais et la ville entière furent illuminés. La joie éclatait partout... excepté au château de Julienne. Elle cacha son dépit et fut marraine du nouveau-né dont son fils Frédéric fut le parrain. Le prince royal reçut le nom de Frédéric.

On observa tout le cérémonial usité à la cour de Danemark ; la grande maîtresse, les dames du palais, les femmes des chevaliers de l'ordre de l'Éléphant veillèrent nuit et jour auprès du lit de la reine accouchée. Les titres conférés, les décorations distribuées à cette occasion et les faveurs prodiguées aux amis de Holck prouvèrent bien tout le crédit dont il jouissait. Il reçut lui-même plus tard la plaque de l'ordre du Danebrog.

Le favori, qui l'avait précédé auprès du roi, von Sperling, fut nommé à un emploi de bailli dans le Schleswig avec ordre de partir pour son poste dans les 24 heures.

Holck et la fameuse *Milady* semblaient rechercher plutôt qu'éviter le scandale. Ils enivraient le roi et puis le promenaient la nuit dans les rues en l'exposant ainsi aux huées de la populace. Un soir Milady déguisée en officier, avec Holck et quelques jeunes gens masqués, eut la fantaisie d'aller faire du bruit dans les mauvais lieux et de jeter dehors à coups d'épée les nymphes de l'endroit.

Le roi riait de toutes les folies de Milady ; elle aspirait à avoir un hôtel à elle, un titre de baronne et à être traitée comme certains rois de Danemark avaient traité leurs maîtresses en titre.

Les ministres souffraient de voir la majesté royale compromise ; ils finirent par obtenir un ordre pour renvoyer l'impure étrangère.

Elle partit pour Hambourg ; là elle se fit mettre en prison pour ses désordres, et Reverdil nous apprend que ce fut à Struensée qu'elle dut sa mise en liberté.

Christian VII passait d'un accès de gaieté à un accès de mélancolie. Holck savait l'amuser selon son goût. Après l'avoir fait rire des mystifications faites aux gardes de nuit, il lui faisait jouer le rôle lugubre d'un condamné expirant sur la roue. Rien n'était plus propre à troubler l'imagination déjà un peu bizarre du roi.

Mme de Plessen, la grande maîtresse du palais, était une femme sage et distinguée qui était l'amie sincère de la reine. Elle plaisait au roi par son esprit, et, en l'amusant par ses saillies, elle crut pouvoir lui donner des conseils. Ses conseils sur les dangers d'une vie désordonnée étaient si bien reçus qu'elle osa en donner sur les affaires du gouvernement. Elle avertit Christian que ses ministres laissaient prendre une trop grande prépondérance à l'envoyé de Russie en Danemark. C'était un sage conseil ; le roi comprit la justesse de cette observation, mais il eut le tort d'aller raconter qu'elle venait de Mme de Plessen. L'envoyé du czar, homme brutal, habitué à imposer sa volonté, exigea le renvoi immédiat de la grande maîtresse. Les ministres étaient du parti russe. Holck marchait avec eux ; il savait qu'il contrarierait la reine, mais il éprouvait une certaine satisfaction à la blesser parce que la reine l'avait blessé lui-même en disant qu'il était capable de tout pour retenir la faveur du roi.

Il est évident que Caroline-Mathilde ressentait autant d'antipathie que de dégoût pour l'homme qui détournait son mari de ses devoirs, et le plongeait dans tous les vices.

La grande maîtresse, malgré les efforts tentés pour la retenir par la reine qui la regardait comme une amie, fut congédiée et exilée dans ses terres le 27 février 1768.

Mme de Berkentin la remplaça, mais peu de temps ; dans la soirée du 5 mars, elle reçut l'ordre de quitter le palais royal la nuit même, et Copenhague dans les trois jours. La reine eut le désagrément de se voir imposer pour grande maîtresse Mme de Lühe, sœur de Holck son ennemi. Les intrigues de cour, les plaisirs extravagants absorbaient une grande partie du temps que le roi aurait pu mieux utiliser dans l'intérêt de l'État.

Lorsque Christian, si jeune encore, monta sur le trône, il se figura qu'il pourrait devenir un héros, un grand roi. Mais ces beaux rêves de gloire s'évanouirent au moment où il aurait pu songer à les réaliser et ses idées se laissèrent entraîner dans un autre courant.

Cependant, parfois il fit, *proprio motu*, des actes de bonne administration. Ainsi le 15 avril 1768 il fondait *la commission générale d'agriculture*, qui dépendait directement du roi, qu'elle devait éclairer sur les progrès de l'agriculture, *source*, est-il dit, *la plus vive de la prospérité nationale*.

Christian combattit des préjugés enracinés dans les classes ignorantes. Citons-en un fort répandu en Danemark. Un raisonnement fort étrange était celui-ci : un condamné à mort a le temps de se préparer à paraître devant Dieu, et par conséquent il est sûr de son salut.

Pour s'assurer d'être prêt à comparaître devant le tribunal de Dieu, et pour connaître le jour, sans risquer d'être pris à l'improviste, des malheureux commettaient des assassinats afin d'aller de l'échafaud au ciel. Cette erreur populaire fut la cause de beaucoup de crimes.

Le roi ordonna que ceux qui auraient agi sous l'influence de ce préjugé ne seraient pas exécutés mais marqués au front avec un fer rouge, enfermés dans les prisons et fouettés publiquement tous les ans, le jour anniversaire de leur crime.

Frédéric V avait eu l'idée de compléter l'éducation du prince royal par un voyage dans les principales cours de l'Europe. Sa mort prématurée, et le mariage de Christian VII, avaient fait mettre de côté toute idée de pérégrinations lointaines et coûteuses.

L'heure de perfectionner son éducation était passée pour le roi, l'heure de régner avait été avancée ; elle était venue.

Si Christian eut été, tel qu'il aurait dû être, aidé par de bons ministres, il aurait pu faire beaucoup de bien dans ses États et vivre heureux auprès de sa noble compagne et du berceau de son fils.

Le Danemark à cette époque goûtait les douceurs de la paix. La vie y était douce, facile, et à un bon marché qui m'a étonné, quoique le renchérissement de toutes choses effraie les anciens du pays. Au dernier siècle *régnait*, dit Allen (1) *une joyeuse et bonne humeur*. Sans s'inquiéter outre mesure de l'avenir, on jouissait du présent gaiement et sans souci ; le bien-être et l'aisance se faisaient partout sentir, le commerce apportait chaque année sur les côtes de Danemark de vraies richesses qui répandaient sur ce petit royaume des ressources jusqu'alors inconnues. Cette opulence nouvelle donnait à toutes les classes le goût des plaisirs et les moyens de le satisfaire. Les finances de l'État pouvaient se refaire par une sage administration.

D'où vint au jeune roi l'idée de reprendre un projet de voyage depuis longtemps abandonné ? Bernstorff voyait Christian engagé dans une mauvaise voie ; il espérait qu'en le séparant de son entourage, en rompant de mauvaises habitudes, il pourrait obtenir une salutaire diversion à ses idées et une révolution dans sa conduite.

L'idée du voyage souriait à la jeune reine, mais elle brûlait d'en faire partie. Revoir Londres et voir Paris, rien au monde ne lui eût fait plus de plaisir. Embrasser sa mère, retrouver son frère sur le trône, était le plus doux rêve de son cœur, comme le plus doux rêve de son imagination était de faire connaissance avec la cour de Louis XV, dont elle admirait tant les élégances et avec Voltaire, dont elle savait par cœur tant de beaux vers.

La présence de la reine eût dérangé le but secret que se proposait le roi. Il partait, disait-il, pour aller étudier, chez les nations les plus civilisées de l'Europe, les améliorations et les progrès qu'il pourrait introduire dans ses États ; mais il ne songeait en lui-même qu'au bonheur de pouvoir jouir de toute sa liberté et de pouvoir faire *incognito* des choses contraires à la dignité royale.

(1) *Histoire de Danemark*, par Allen, trad. en français par Beauvois, Copenhague, 1879, t. I, page 270.

Sourd aux plus tendres sollicitations, il ne voulut pas être accompagné par la reine qui aurait pu le ramener à bien, et préféra pour compagnon de route, le comte Holck qui ne pouvait que l'entraîner de plus en plus dans le mal.

Le voyage fut arrêté par le roi et les ministres. Il sera intéressant d'en raconter les détails. En nous éloignant un instant de la cour de Copenhague, nous recueillerons de curieuses révélations sur les cours étrangères au dernier siècle.

Trois personnages, vont occuper une si grande place dans nos récits, qu'il est utile, avant de nous mettre en route avec le roi, de les présenter au lecteur.

CHAPITRE V.

RANTZAU, BRANDT ET STRUENSÉE.

Le comte de Rantzau-Achsberg. — Son illustre origine. — Ses aventures. — Ses prodigalités. — Sa haute position.

Enevold Brandt. — Page du roi. — Sa lettre contre le comte Holck. — Son exil.

Struensée. — Son origine. — Son portrait. — Ses idées philosophiques. — Il est appelé comme médecin auprès du roi pour l'accompagner dans ses voyages.

Les trois personnages que nous allons faire connaître, vont commencer à paraître sur la scène, où ils joueront de grands rôles : détachons de leur entourage, ces figures qui méritent d'être étudiées à part. Nous ne traçons ici qu'une esquisse, les derniers coups de pinceau ne pourront être donnés que plus tard.

Le premier, c'est le comte de Rantzau. Sa noble famille remontait haut ; elle tirait son nom du château de Rantzau dans le Holstein, elle possédait de grandes et nombreuses seigneuries. C'était la maison la plus considérable des duchés.

Aucun genre d'illustration ne lui a manqué.

Jean de Rantzau, né en 1492, fut le plus fameux général de Frédéric Ier. Par ses conquêtes du Jutland, de la Fionie, du Séeland et de Copenhague, il assura à son maître la couronne de Danemark.

Le fils de Jean, Henri de Rantzau, fut gouverneur de Holstein. Il devint aussi célèbre dans les lettres, que son père dans les armes. « Henri de Rantzau, surnommé *le*

Savant, était, dit Allen (1) renommé dans toute l'Europe pour ses richesses, sa science et sa bibliothèque considérable pour le temps (elle était composée de 7,000 volumes), et pour la quantité de statues, de peintures et d'inscriptions qui ornaient tous ses châteaux. Il employait sa grande fortune non seulement à l'encouragement des sciences, mais aussi à l'exécution d'autres entreprises d'intérêt général ; il construisait des ponts, traçait des routes, établissait de belles fontaines et des jets d'eau, fondait des imprimeries, des huileries, des poudreries, des scieries, des papeteries, des forges et des fonderies de cuivre. » Nous ne dirons pas toutes les gloires militaires et littéraires de cette illustre maison, qui fournit notamment à la France un de ses plus braves généraux. Rien de plus connu que la bravoure de Josias de Rantzau, qui obtint, le 16 juin 1645, le bâton de maréchal de France. Il perdit dans les batailles, où rien n'arrêtait sa valeur, un jour un œil, un autre jour une jambe ; il fut blessé à une main et il était si mutilé qu'on disait de lui qu'il ne lui était rien resté d'entier que le cœur.

Frédéric IV acquit en 1735 le comté de Rantzau, mais l'illustre famille, qui devait son nom à ce comté, a continué et continue encore à produire plusieurs branches dont l'éclat se maintient.

Ces détails généalogiques expliquent la haute position de Shack-Carl de Rantzau dont nous allons parler. Son père avait été élevé à la dignité de comte du saint-empire par l'empereur Charles VII. Il possédait de grandes terres, notamment celle d'Achsberg, dont il portait le nom.

Le comte de Rantzau-Achsberg naquit le 11 mars

(1) *Histoire du Danemark*, t. II, p. 35.

1717. A dix-huit ans il était capitaine; en 1746, chambellan; en 1750, colonel du régiment du prince royal; en 1752, major général.

Arrivé à cette haute position dans l'armée danoise, il donna le surlendemain sa démission, pour servir dans l'armée française sous le maréchal de Lowendal. Un beau jour il quitta son régiment pour suivre une cantatrice italienne.

Nous ne raconterons pas l'odyssée de ses folles amours et les vicissitudes de sa vie agitée. Tantôt nous le trouverions incognito dans une troupe de comédiens; tantôt à Rome sous une robe de moine; tantôt employant tous les expédients pour avoir de l'argent; tantôt jetant l'or à pleines mains. C'était un grand seigneur, un gentilhomme accompli, admiré dans toutes les cours.

En 1761, à la mort de l'impératrice Élisabeth, il offrit ses services au czar Pierre III. Son offre fut dédaignée; pour se venger, il prit part à la conspiration qui fit périr Pierre III et se mit en rapport avec Catherine et le comte Orloff. Lorsqu'après l'assassinat de Pierre, Catherine monta sur le trône, le comte de Rantzau-Achsberg n'obtint pas la récompense qu'il espérait. Furieux de l'ingratitude de l'impératrice, il jura de s'en venger et rentra dans sa patrie. Le comte de Saint-Germain, ministre de la guerre, le nomma en 1766 lieutenant général et, l'année suivante, commandant en chef de l'armée de Norvège.

Lorsque le comte de Saint-Germain fut congédié, on accusa Rantzau d'avoir conspiré avec le ministre de Prusse pour amener au pouvoir le parti hostile à la Russie. Un complot dans ce but fut découvert.

Le comte vint en Danemark en 1768 pour présenter ses hommages au jeune roi. A peine avait-il touché terre en Danemark qu'un page de la cour, Enevold Brandt, lui apporta un ordre du cabinet lui enjoignant de ne pas entrer dans Copenhague et de rester au moins à un mille de la capitale.

Privé de son commandement, exilé de la cour, Rantzau se retira dans le Holstein.

Son père lui avait laissé une grande fortune : il fit un mariage d'intérêt ; il épousa la fille et héritière de son oncle, le comte de Rantzau-Oppendorf, afin de réunir les terres des deux branches de la famille.

Il avait toujours eu plus de respect que d'affection pour sa cousine. Leurs grands domaines furent unis, mais leurs cœurs ne le furent pas. La pauvre femme ne pouvait supporter la vie scandaleuse d'un mari qu'elle aimait, et sa mélancolie devint si profonde qu'elle dégénéra en démence.

Le comte, à l'âge où il aurait dû écouter la voix de la raison, retomba dans toutes ses folies de jeunesse. Il se battait à chaque instant en duel, et plusieurs fois ses coups furent mortels. Il avait séduit une jeune fille ; le père désolé vint lui en demander raison ; le comte se battit avec lui et le tua.

Si Rantzau a été, souvent avec raison, l'objet des critiques les plus vives, et traité de la manière la plus violente, il faut convenir aussi que, s'il commettait d'inexcusables fautes, il restait toujours au fond de son cœur de gentilhomme assez de nobles sentiments pour se repentir de ce qu'il avait fait de mal, et pour tâcher loyalement de le réparer.

Après avoir refusé au père qui le menaçait de sa vengeance toute autre satisfaction que celle des armes, il gémit profondément des malheurs qu'il avait causés à une honnête famille ; il chercha à les réparer en lui assurant des moyens d'existence et en épousant de la main gauche la fille qu'il avait séduite.

La générosité de Rantzau allait jusqu'à la prodigalité. Il aimait à faire ostentation de ses richesses, à éclipser tous les grands seigneurs par le luxe des équipages, la magnificence de ses châteaux et l'affectation d'un extraordinaire dédain pour l'argent. On l'a vu allumer sa pipe avec des billets de banque. Sa pipe ou pour mieux dire ses pipes d'écume de mer (*meerschaun*) étaient montées en or et en argent, et renommées pour leur beauté artistique. Il faisait venir son tabac de Cadix.

Le comte de Rantzau avait dans le monde des relations polies avec le comte Holck, mais au fond du cœur il le détestait et eût été heureux de le supplanter dans la faveur du roi.

Voici le second personnage dont nous avons à parler : Enevold Brandt né à Copenhague en 1738. Son père le conseiller Brandt était secrétaire particulier et intendant de la reine Sophie Madeleine. Il mourut avant la naissance de son fils et sa veuve se remaria avec le baron de Sohlenthal. Brandt reçut une éducation soignée et suivit les leçons d'un jurisconsulte célèbre Kofod Ancher. Le 18 juillet 1755, il fut nommé page de cour et entra dans la noble académie de Soröe où il passa de brillants examens pour le droit le 26 septembre 1756. Le 12 mai 1759, il fut nommé assesseur à la chancellerie, et le 26 mai 1760 *page de la chambre*. A la cour de Danemark, les chambellans ont rang des majors-généraux ; les pages de chambre, de lieutenants colonels, et les pages de cour, de capitaines. Au mois de septembre 1767, il alla faire un voyage sur le continent et se plut beaucoup à Paris. A son retour à Copenhague il reçut bon accueil du roi. Il n'était pas beau, il avait même quelques ridicules : il aimait à chanter et à danser quoiqu'il n'eût pas de voix et qu'il n'eût guère appris la danse.

Mais il avait beaucoup d'esprit, et savait amuser le roi. Comme page, il était de toutes les fêtes du château et il avait l'art d'inventer ou d'organiser des divertissements. On joua *Zaïre* au palais, et il aida beaucoup les acteurs à bien jouer cette tragédie.

Au moment où il croyait avoir conquis les bonnes grâces du maître, il s'aperçut que le jeune monarque subissait complétement l'influence du comte de Holck. Il n'eut plus qu'une seule idée, celle de perdre le comte dans l'esprit de Christian pour prendre sa place de favori du roi.

Il ne se servit pas d'autre arme que de son intelligence, il alla droit au but sans songer que la haine est une mauvaise conseillère, et qu'on se perd souvent en voulant perdre les autres.

Il écrivit au roi directement une lettre, véritable acte d'accusation contre son favori. En voici l'analyse.

Holck est ingrat envers son maître. Il sacrifie les plaisirs du roi à ses propres plaisirs. Il y a peu de temps qu'il n'a pas craint de causer à Sa Majesté un profond chagrin en le privant d'un objet aimé. Il se plaint constamment du roi, et Brandt lui-même lui a entendu tenir ces propos : *Le roi est insupportable, il ennuie ceux qui l'approchent, en répétant toujours les mêmes choses, en rabâchant les mêmes idées ; il change de volonté à chaque instant.* — Holck, sans autre souci que celui de son intérêt personnel exploite la faveur dont il jouit pour faire payer ses plaisirs par le roi. Il est comblé des bontés de son maître, et l'affection qu'il lui témoigne n'est que fausseté et hypocrisie.

D'autres personnages de la cour ont fait les mêmes remarques que Brandt, mais lui, Brandt, croit qu'il est temps de sonner la cloche d'alarme. Le roi au moment de faire un long voyage pourrait amener avec lui le comte et le présenter aux cours de l'Europe comme son ami, comme l'homme le plus distingué du Danemark; mais Holck serait vite jugé à l'étranger et cela nuirait à la bonne opinion qu'on a de Sa Majesté. Il doit être puni de son audace, lui qui n'est capable de rien et ne rougit de rien.

« O vous ! le plus chér et le meilleur des Rois, dit Brandt en finissant sa lettre, soyez libre ! Ne compromettez pas devant les plus grands États de l'Europe le respect qu'on vous porte. Votre étoile vous promet l'admiration du monde entier. Mon esprit me donne cette assurance et mon cœur me donne de plus douces espérances encore. »

Le roi communiqua à son favori la lettre de Brandt et Holck fit faire par un jurisconsulte une réponse à cette dénonciation si raide. On disait, en résumé, que le comte Holck était sans doute un jeune homme qui aimait les plaisirs, mais qu'il n'avait jamais eu besoin de recourir à la bourse du roi pour s'en procurer. Entièrement dévoué à son maître, il avait été toujours et en tout prêt à lui obéir. Brandt avait à son égard manqué aux devoirs de la reconnaissance, de l'amitié et de l'honneur en attaquant un ami, mais ses armes seront retournées contre lui, puisque c'est Sa Majesté elle-même qui doit juger.

Brandt avait à la cour plus de partisans que Holck. La reine Caroline le soutenait et eût été heureuse de voir éloigner le favori qu'elle accusait d'être le mauvais génie du ménage, mais le roi poussé par ses ministres et par sa propre affection pour le comte lui donna raison.

Une lettre en français, signée de Christian, déclara à

Brandt que sa conduite était atroce, que ses plaintes adressées à tout le monde avaient inspiré au roi le plus profond mépris pour lui, qu'en conséquence Sa Majesté lui donnait l'ordre de quitter la capitale dans les vingt-quatre heures, et le royaume dans huit jours sous peine du châtiment le plus sévère s'il osait reparaître dans le royaume.

Brandt venait de perdre le baron de Sohlenthal son beau-père, et il avait dépensé sa fortune à Paris ; aussi se trouva-t-il fort embarrassé lorsqu'il lui fallut quitter Copenhague où il avait une belle position au château et un siège honorable à la cour suprême.

Nous verrons que Brandt fut rappelé auprès du roi... hélas !

Le troisième personnage, longtemps ignoré de la cour, y joua le premier rôle ; il se nommait Jean Frédéric Struensée, il était né à Halle le 5 août 1737.

Son nom lui venait, dit Held, d'un aïeul, pilote à Lubeck, qui fit entrer une flotte dans le port malgré une affreuse tempête. On le nomma depuis lors Struensée (*stormy sea, mer orageuse*).

Adam Struensée, père de Frédéric, au lieu de continuer un commerce de draps que faisait sa famille, se livra à de fortes études religieuses et scientifiques. Il a composé de savants ouvrages et s'est fait un nom parmi les théologiens allemands.

C'était un homme de mœurs austères. Il épousa Marie Dorothée fille unique du docteur Cazl, femme instruite mais très portée aussi au mysticisme.

Adam se fit remarquer par sa piété extrême et son savoir peu commun. Après avoir occupé une chaire de théologie à Halle, il devint en 1757 prévôt de l'église d'Altona, et, en

1757, surintendant ecclésiastique des duchés de Schleswig et de Holstein.

Il avait des fils qui annonçaient de grandes dispositions; il ne négligea rien pour cultiver leur intelligence, et en faire des hommes distingués.

Son fils Frédéric est celui qui doit surtout nous occuper.

L'auteur d'une *Vie de Struensée,* publiée à Copenhague, fait ainsi son portrait. « Il était grand avec de larges épaules; il avait la taille des gardes. Sa physionomie était gracieuse, son nez un peu grand, son regard agréable. Ses yeux avaient quelque chose de doux et d'expressif. Son port était dégagé et il excellait à monter à cheval; très naturel dans tous ses mouvements, distingué sans affectation, ses manières devant le roi étaient celles d'un gentilhomme élevé à la cour. On remarquait en lui toutes les qualités physiques et intellectuelles propres à faire un bon courtisan, un homme d'État capable, il ne lui manquait que d'avoir le cœur meilleur. »

Il manifesta de bonne heure une ambition sans bornes. Il ne pouvait parvenir que par le travail; il travailla beaucoup et avec succès. Admis à l'université de Halle à quatorze ans, il obtenait à vingt ans le diplôme de docteur en médecine.

Si Frédéric donnait à ses parents des satisfactions par son amour de l'étude, il les affligeait par sa conduite en s'abandonnant sans frein à ses passions. Il renia ouvertement les sentiments religieux que son père lui avait inspirés pour s'adonner aux doctrines impies de nos philosophes français qui gênaient moins ses goûts pour les plaisirs. Unissant les expériences de Haller avec les principes d'Helvétius, il en vint à admettre cette théorie, que nos organes produisent seuls la pensée, et qu'avec l'unique réserve de ne nuire à personne on pouvait mépriser tous les préceptes de morale et braver l'opinion.

Adam Struensée fut désolé de voir le fils qu'il aimait, et dont il était tendrement aimé, s'engager dans les voies de l'impiété et ne cessait de prier pour lui.

Lorsque Struensée fut dans les grandeurs, il n'entendit point parler de son père, mais la voix de ses parents pénétra jusque dans sa prison quand le malheur vint le frapper.

C'est près de son père à Altona que Frédéric Struensée s'était établi pour exercer la médecine. Des cures heureuses répandirent bientôt sa renommée. Son habileté très appréciée et le charme de son esprit contribuèrent à lui attirer une brillante clientèle. On disait que la séduction de ses manières était telle que les femmes, pour l'indisposition la plus légère, et parfois même pour de feintes maladies, se plaisaient à le consulter.

Bientôt il lui fut permis d'avoir une maison montée et de vivre grandement.

Il trouva dans sa profession de médecin, la fortune qu'il avait cherchée ailleurs. La corruption de son cœur avait gagné son esprit. Fanatique des idées voltairiennes, il était le plus ardent adepte de la philosophie impie qui en détruisant la religion ôtait toute sanction à la morale.

Il voulut se faire dans le nord le vulgarisateur des théories nouvelles des encyclopédistes français.

Avec Panning, qui avait une réputation dans les lettres, il fonda en 1763 une Revue intitulée : *Journal mensuel pour l'instruction et l'amusement.*

Il vit bientôt que cette revue, malgré ses dissertations médicales, littéraires et philosophiques, lui donnait plus de travail que de profit, et il l'abandonna pour ne s'occuper que de sa clientèle.

Il aimait à recevoir chez lui et avait une bonne table ; il invitait chaque jour six amis à dîner et quatre à souper.

Un jour il réunit quatre convives, qui se détestaient. Quand ils se rencontrèrent ils firent une mine qui amusa Struensée. Après avoir ri de leur embarras du premier moment, il déploya tant d'adresse et d'esprit, que les convives finirent par se réconcilier.

Struensée eut à Altona l'occasion de faire de grandes connaissances. Il recherchait les hauts personnages et leur rendait de petits services. Il travaillait à leur plaire et il y parvenait ; après avoir gagné la faveur du comte Hans de Rantzau, père de celui dont nous avons parlé, il obtint facilement les bonnes grâces du fils.

Le général était à Altona avec sa femme lorsque la comtesse fut atteinte de la petite vérole qui se présentait avec les symptômes les plus alarmants. Le comte de Rantzau voulut faire appeler les médecins les plus célèbres de Copenhague. Sa femme s'y opposa et ne voulut être soignée que par Struensée, qui eut le bonheur de lui faire recouvrer promptement la santé.

Ce n'est pas le seul service qu'il rendit à Rantzau, il lui en rendit d'autres d'une nature différente et ses mystérieuses complaisances ne furent pas celles dont le grand seigneur lui tint moins de compte.

La réputation du docteur grandissait de jour en jour dans les duchés. L'administrateur général du Schleswig et du Holstein, le baron de Sohlenthal, beau-père de Brandt, le prit en grande estime et Brandt devint son ami intime. Struensée trouva le moyen de se lier avec le comte Holck, avec le capitaine Falkenskiold et d'autres personnages ; Mme de Berkentin et quelques dames de la cour prirent le séduisant docteur sous leur protection et l'engagèrent à venir se fixer à Copenhague.

Struensée, qui n'avait pas assez ménagé sa santé, crut devoir pour la rétablir chercher un climat plus doux que celui de Danemark. Il avait lu beaucoup de descriptions de l'Inde qui avaient monté son imagination. Il rêva d'aller chercher la santé et la richesse dans un pays d'où tant d'autres avaient rapporté des trésors.

Tandis qu'il songeait à se créer une position au loin, la fortune vint s'offrir à lui tout près, et son ambition trouva une occasion de réaliser toutes ses espérances en les dépassant.

Un roi absolu, comme celui de Danemark, distribuait les honneurs et l'argent au gré de son caprice, et il suffisait de lui plaire pour arriver à tout. Christian VII allait visiter les principales capitales de l'Europe. L'accompagner, être constamment auprès de lui dans un long voyage où une certaine familiarité finit par s'établir entre personnes qui sont toujours ensemble, surtout entre un médecin et un jeune homme qui avait souvent besoin de soins, c'était la position la plus recherchée. Comment Struensée, malgré toute son ambition, a-t-il osé aspirer à un honneur convoité par les premiers médecins de la cour?

Il dut sa nomination au comte de Rantzau, qui la fit demander par le comte Holck. Rantzau aimait Struensée; il connaissait son habileté, mais il n'était pas mu seulement par la pensée de lui rendre service. « Le comte de Rantzau, dit Brown (1), fit placer Struensée auprès de la personne de Christian VII. Il est probable que son véritable but était d'obtenir des renseignements prompts et

(1) *Les Cours du Nord*, t. I, p. 76.

certains sur la conduite du comte Holck, de Bernstorff et surtout du premier dont il voulait déjouer les projets, afin de gagner la faveur de la reine. Soit que Struensée eût reçu des instructions secrètes ou non, il est du moins certain qu'il ne négligea rien pour saper le crédit du comte Holck. »

Qui eût dit à Holck, lorsqu'il fit choisir Struensée pour accompagner le roi dans ses voyages, que lui le favori tout puissant, l'un des plus grands seigneurs de Danemark, serait un jour congédié par un simple bourgeois, un docteur de petite ville, devenu plus puissant que lui, et le premier du royaume ?

CHAPITRE VI.

VOYAGE DU ROI.

La suite du roi. — Le départ. — La duchesse de Brandebourg. — Visite de Christian à sa sœur à Hanau. — Les bords du Rhin. — Cologne. — Amsterdam. — Bruxelles. — Dunkerque et Calais.

Les voyages de Copenhague à Londres et à Paris étaient difficiles, longs et coûteux. Voyager avec le roi, à ses frais, et être royalement accueilli partout, c'était une faveur que les plus hauts personnages se disputèrent.

Christian VII était bien censé devoir garder l'incognito, mais il voulait voyager et être reçu en roi.

Quand il se mit en route, sa suite se composait de cinquante-six personnes; citons les noms les plus notables : M. de Bernstorff, le comte de Moltke; le maréchal de cour, comte de Holck, surintendant de la garde-robe; le baron de Bülow, chambellan; le baron de Schimmelmann, trésorier; M. le conseiller Schummacher, secrétaire particulier; le baron de During, aide-de-camp; MM. Remmler et Sturts, conseillers d'ambassade aux affaires étrangères.

Le docteur Frédéric Struensée vint rejoindre le roi près de Hambourg.

Christian VII avec sa suite s'embarqua à Korsoer; il traversa ensuite les îles, le Jutland et le Schleswig, puis il s'arrêta à Gottorp. Il s'empressa de rendre une visite à la douairière de Brandebourg-Kulmbach. « C'était, dit un auteur (1) qui la connaissait, une femme admirable et

(1) *Mémoires de mon temps.*

d'un grand esprit, beaucoup de lecture et beaucoup de monde. » Son mari était mort et venait d'être remplacé comme vice-roi par le landgrave Charles, mari d'une sœur de Christian VII.

Le 28 mai 1768, le roi repartit et rencontra près de Flensbourg deux ministres de Russie, Salden et Philosophow qui l'accompagnèrent au Schleswig où l'arrivée du souverain fut célébrée par de brillantes fêtes.

Plusieurs grands seigneurs qui avaient suivi Christian jusqu'à la limite de ses États, rentrèrent à Copenhague, et la suite très nombreuse du monarque danois se trouva ainsi réduite. Des négociations avec la Russie avaient réussi, le roi conféra à Salden et à Bernstorff le titre de comte.

Christian VII fut salué à Kiel par le prince-évêque de Lubeck, qui était venu lui présenter ses hommages. Le 6 juin 1768 il quitta ses États et prit le titre de comte de Travendal.

Pendant que sa suite prenait la route d'Amsterdam, le roi prit celle de Hanau, et, accompagné seulement de Bernstorff et de Holck, il alla faire une visite à sa sœur la princesse Louise, mariée au landgrave Charles. C'était une agréable surprise qu'il voulait faire à une sœur qu'il aimait. Il arriva sans être annoncé, et passa là une semaine entière en fêtes et festins. Il y avait eu des malentendus entre les deux beaux-frères ; nous n'avons pas à le raconter (1), il nous suffira de dire qu'après des explications franches et cordiales, ils devinrent les meilleurs amis du monde.

De Hanau le roi se rendit à Francfort-sur-Mein, puis

(1) Voir les détails dans les *Mémoires de mon temps*, p. 49.

il fit dans un yacht le charmant voyage des bords du Rhin et s'arrêta à Cologne où il passa deux jours.

Guillaume V, prince d'Orange, stadhouder héréditaire, cousin du roi de Danemark, lui envoya une invitation qui fut acceptée. Guillaume était récemment marié à une princesse de Prusse. Il n'était guère capable de se passer de conseils, mais on lui a reproché d'avoir trop suivi ceux de sa femme. L'accueil fait au jeune roi fut brillant. Les promenades sur terre et sur eau, les bals et diverses sortes de divertissement remplirent toutes les journées.

Mais les fêtes princières, qui se ressemblent partout, avaient moins de saveur pour Sa Majesté danoise que les plaisirs grossiers qu'on trouve chez le peuple. Aussi, dit-on, que la nuit échappant à la surveillance de Bernstorff et conduit par Holck, le jeune prince allait s'initier aux mystères de la vie hollandaise.

Brown se complaît à suivre le jeune prince dans des lieux suspects et raconte des aventures qui lui arrivèrent à Amsterdam ; mais nous ne pouvons répéter dans un ouvrage sérieux toutes ces scandaleuses anecdotes (1).

Malgré son désir de se cacher, le comte de Travendal, s'était un soir, dans un moment de précipitation, contenté de mettre sur sa veste de soie un costume de matelot. Son déguisement fut découvert, et honteux d'avoir été reconnu dans une maison où il n'aurait pas dû entrer, il s'enfuit avec Holck à toutes jambes, jetant après lui des ducats afin que le désir de les ramasser arrêtât la curiosité des personnes qui s'étaient mises à sa poursuite.

Après avoir passé six jours à Amsterdam, où il avait rejoint sa suite, le roi de Danemark s'arrêta dans son

(1) *Les Cours du Nord*, t. I, p. 46.

4

voyage, à la Haye, puis à Bruxelles où il fit un séjour assez long. Il suivit ensuite la route de Bruges, d'Ostende et de Dunkerque.

Dès qu'il toucha le sol de la France, Christian VII fut complimenté par les princes de Croy et de Rebecq chargés par Louis XV de le recevoir et de l'accompagner jusqu'à la ville de Calais.

Là, le capitaine Campbell, envoyé par Georges III, roi d'Angleterre, attendait le beau-frère de son maître pour le porter dans le yacht royal *la Mary* à Douvres, où le comte de Travendal devait cesser de garder l'incognito.

CHAPITRE VII.

CHRISTIAN VII A LONDRES.

Christian VII chez Georges III. — Curiosités de Londres. — Fêtes splendides. — Bal d'adieu donné par Christian. — Départ du roi de Danemark. — Chronique scandaleuse.

Dans la soirée du 10 août 1768, les canons des forts de Douvres, du château, et de tous les vaisseaux en rade saluèrent l'arrivée de Sa Majesté danoise qui fut accueillie avec tous les honneurs dus à un souverain.

Christian envoya aussitôt un chambellan à la cour pour l'annoncer. D'après Brown (1) les équipages et les gens du roi d'Angleterre attendaient à Douvres le roi de Danemark pour le conduire à Londres avec sa suite, mais telle aurait été l'impatience du jeune monarque danois de voir la capitale de la Grande-Bretagne, qu'il aurait refusé de monter dans les carrosses de la cour et préféré, pour aller plus vite, une simple chaise de poste.

Il ne paraît pas que Georges III ait eu autant d'attentions délicates pour son beau-frère que celui-ci en a reçu de Louis XV.

D'après Horace Walpole aucune voiture n'avait été envoyée à Douvres, aucun ordre n'avait été donné au maître des écuries du roi.

Si les équipages du roi d'Angleterre eussent attendu Christian à Douvres, Bernstorff l'aurait décidé à ne pas les laisser repartir vides. Le jeune roi avait peu de goût pour

(1) *Les Cours du Nord*, t. I, p. 47.

les réceptions officielles; il eût voulu éviter toutes les harangues et visites, qui allaient l'assaillir partout sur son passage. Il demanda à Bernstorff s'il ne pourrait pas recevoir tous les honneurs *par procuration*. Son sage Mentor, dont il écoutait les conseils, lui fit comprendre qu'un souverain ne pouvait se soustraire aux hommages qu'on lui rendait en pays étranger.

Rien d'étonnant que Georges III n'ait pas songé à envoyer ses chevaux et ses gens au-devant de son beau-frère, quand on voit l'accueil qu'il lui fit à Londres.

Il avait donné des ordres pour que Christian fût logé au palais de Saint-James, mais au lieu de l'attendre, de le recevoir lui-même, Georges, une heure avant l'arrivée de Sa Majesté danoise, alla faire une promenade à Richemond et ce ne fut que le lendemain à trois heures et demie de l'après-midi qu'il reçut enfin son beau-frère et cousin. L'entrevue des deux rois fut cordiale; ils s'embrassèrent longtemps, causèrent d'affaires publiques et passèrent une heure ensemble; puis Georges III s'en alla faire une autre promenade à Richemond.

Christian VII fit, aussitôt après avoir quitté le roi, sa visite à la princesse de Galles, sa belle-mère.

La mère de Caroline-Mathilde adorait ses enfants, avons-nous dit, mais elle n'était pas toujours pour eux d'humeur très aimable.

Christian ne manqua pas de lui faire le plus grand éloge de sa fille et de lui témoigner la plus grande affection pour Caroline-Mathilde, qu'il trouvait parfaite sous tous les rapports. Il ne l'avait quittée quelques jours que dans l'intérêt de ses sujets auxquels son voyage devait être profitable puisqu'il avait l'intention d'introduire dans ses États toutes les améliorations inspirées par ce qu'il aurait vu et étudié chez les nations les plus civilisées de l'Europe.

La princesse, au lieu de chercher à plaire à son gendre qu'elle voyait pour la première fois, l'assomma de questions sur sa fille qu'elle chérissait tant, sur Holck son ennemi, sur la grande maîtresse qu'on avait imposée à la reine. Elle pria Christian de lui rendre Mme de Plessen, et le jeune roi ne sentit pas sa tendresse de gendre fort rechauffée par la connaissance personnelle qu'il fit de sa belle-mère.

Le comte de Hertford et lord Falmouth avaient été attachés à la personne du roi de Danemark pendant son séjour en Angleterre. Christian ne manqua pas de rendre visite au comte de Hertford, Horace Walpole y assista. Cet écrivain dont on vante *l'humour*, n'a pas pour un jeune souverain étranger en visite à Londres l'amabilité que Voltaire et nos poètes témoigneront à Sa Majesté danoise venant admirer les merveilles de Paris.

Voici le portrait peu flatteur qu'il en fait : « Je viens de voir le roi de Danemark. Il est si petit, si petit que l'on dirait qu'il est sorti d'un noyau d'amande, comme dans les contes de fées. Il n'est pas mal conformé, quoi qu'il soit si exigu ; il n'a pas l'air malade, quoique son visage soit pâle. Il a avec lui un jeune fat nommé Holck, qui a une assez jolie figure, mais qui ne tardera pas, je crois, à faire la culbute. Son premier ministre M. de Bernstorff est un homme distingué et de bonne façon. »

Horace Walpole dit dans une autre lettre : « Le roi de Danemark se montre gracieux et accessible, mais sans discernement et sans dignité. Plusieurs de ceux qui se sont rendus dans les appartements de Saint-James pour le voir dîner l'ont pris pour une jeune fille habillée en homme. »

4.

Walpole dit encore. « Le grand roi si petit a la fière attitude d'un roitelet et les clairs yeux bleus de sa parenté maternelle. Il pense faire un acte assez original en voyageant, car il ne s'intéresse à rien. Le peuple de Londres l'adore, et ce n'est pas sans raison, le roi lui jette l'argent par les fenêtres. Aux prochaines élections il sera sans doute le candidat de Middlesex ! »

Enfin Walpole raconte que le roi de Danemark, chez la comtesse d'Hertford, ne se fit pas appeler *sire,* mais se contenta du titre d'altesse, *mezzo termine* dont il plaisante. Il représente les seigneurs danois applaudissant à chaque mot de leur potentat et se courbant devant lui comme s'il était le sultan Amurat. Il s'étonne que Bernstorff, homme grave et capable, hanovrien de naissance, grand propriétaire au Mecklembourg, ait voulu courir l'Europe sous les ordres d'un gamin et que son ambition soit satisfaite d'administrer un petit royaume peuplé de pauvres (1).

On fit visiter à Christian tout ce qu'il y a de curieux à Londres, mais les lords qui l'accompagnaient allaient vite sans s'occuper de savoir si un jeune prince, qui venait pour s'instruire, aurait grand profit à tout voir en courant.

Ainsi dans un seul jour, le 19 août, Christian visita au pas de course Westminster, le tour de Londres, l'arsenal, la banque, l'hôtel de la Monnaie et la vaste cathédrale de Saint-Paul ! C'était une rude journée. Mais de tant de choses si rapidement entrevues, que pouvait-il rester dans la tête du jeune visiteur qui ne prit jamais une note ? Le même soir, 19 août, la princesse Amélie donna une grande fête

(1) Walpole avait écrit au roi de Danemark qui ne lui avait pas répondu ; son dépit, plus que son esprit, brille dans ce qu'il écrit de Sa Majesté danoise.

en l'honneur de Sa Majesté danoise, dans son palais de Gennersbury. Le duc de Glocester et trois cents invités y assistaient. Il y eut grand souper et grand bal. Aujourd'hui le souper vient après le bal; autrefois c'était l'inverse; on commençait par bien manger et l'on dansait ensuite. Au souper on servit cent vingt plats. Le nombre des lampes allumées était de quatorze mille Les dames étalèrent des parures de très grand prix. Le diadème de la comtesse Talbot était estimé 80,000 livres sterling.

Le 30 août, Christian visita Cambridge, et le lendemain York, et rentra à Londres par Manchester. Certainement le jeune monarque aurait pu, au point de vue industriel surtout, recueillir l'idée de beaucoup de progrès à introduire dans ses États, mais les lords qui l'accompagnaient étaient plus propres à amuser le jeune homme qu'à l'instruire. Ils allaient toujours vite, et lui firent faire 6 milles dans sept jours.

Le 8 septembre, Christian alla à l'Opéra et se hâta ensuite de se rendre au bal de Mme Cornelis. Deux mille bougies éclairaient les salons. Le roi dansa avec la duchesse de Lancaster. Il rencontra parmi les invités le général Philosophow, et l'on ne dit pas le motif de la présence à Londres de ce Russe intrigant.

Le duc et la duchesse de Northumberland donnèrent, le 12 septembre, une superbe fête au prince étranger. L'éclairage des salons fut splendide; quinze mille lampes de diverses couleurs produisirent un effet féerique.

Le 17 septembre, Christian arrivait à Oxford, et tous les docteurs de l'Université, en robe, défilèrent processionnellement devant lui. Après de beaux discours en latin, on conféra (sans examen) le diplôme de *Doctor Juris civilis* au roi, à Bernstorff, à Holck, à Bülow, à During, à Shemmelmann, et le diplôme de docteur des sciences physiques à Struensée. Après Oxford, le roi dut visiter Buckingham et tout fut rapidement terminé.

L'*Annual register* fait une observation très juste. « A moins d'être doué de qualités extraordinaires, ce jeune homme est tellement promené d'un lieu à un autre, et on fait si rapidement passer tant de choses sous ses yeux qu'il ne doit rester dans sa tête que des idées confuses. »

Les grands seigneurs donnaient des fêtes à Christian VII; Georges III montra peu d'empressement à lui en offrir. Il avait royalement traité son beau-frère au point de vue financier. Il le logeait au palais de Saint-James et payait ses dépenses. Il avait fixé d'avance les sommes qu'il lui avait allouées : 84 guinées par jour pour la table, sans compter les vins; toute la suite fut logée aux écuries du palais de Saint-James, et la dépense fixée à 3,000 livres sterling.

Lorsque le comte Holck vit qu'on lui donnait un logement aux Écuries, il s'écria en entrant : « Je n'aurais jamais cru qu'on pût loger un chrétien ici. »

Ce n'est que le 19 septembre, que le roi et la reine de la Grande-Bretagne donnèrent enfin une grande fête en l'honneur du roi de Danemark, leur hôte depuis plus d'un mois. La princesse douairière de Galles et le duc de Glocester figuraient parmi les invités; à neuf heures du soir, Christian ouvrit le bal avec la reine. Georges III dansa un moment avec la duchesse de Lancaster. Sa Majesté danoise ne se retira qu'à quatre heures et demie du matin.

Le lord maire, au nom de la ville de Londres, donna au roi de Danemark un dîner qui fit grande sensation, et dont la presse anglaise a recueilli les moindres détails. L'*Annual register* nous a donné le menu de ce gigantesque repas ; c'est une longue nomenclature de toutes sortes de gibier et de poissons, sans indiquer la sauce. J'aimerais mieux le menu de quelque souper fin fait à Paris.

Le lord maire reçut Christian avec une magnificence digne de la grande ville qu'il représentait. Après de longues harangues, on se mit à table à midi. Vers huit heures les toasts sans nombre, la distribution de tasses de thé et de café cessèrent pour permettre aux convives d'aller, avant de danser, visiter la splendide illumination de la ville entière, car la population avait voulu y prendre part, et les lampions brillaient à toutes les fenêtres.

Le bal qui termina la fête du lord maire fut très animé. Le jeune roi excita une véritable admiration comme danseur, et l'on remarqua qu'il paraissait fort charmé de la comtesse Talbot avec laquelle il dansa souvent. Le roi reçut le titre d'honneur de *Bourgeois de Londres.*

Les plaisirs se succédaient sans relâche. Le 24 septembre, Christian fut invité par Georges III à une brillante fête au château de Richemond. Un petit temple grec, décoré de fleurs et de peintures emblématiques, avait été élevé en l'honneur du roi de Danemark. Les feux d'artifice tirés dans la soirée étaient les plus beaux qu'on eût jamais vus en Angleterre. Quinze mille lampes vénitiennes brillèrent sur la route de Londres à Richemond, depuis trois heures de l'après-midi jusqu'au lendemain matin.

La princesse de Galles ne montra pas un grand empressement à fêter son gendre. Ce n'est que le 1er octobre qu'elle lui donna un dîner de gala. Il y eut trois tables : à la première, le roi et la reine d'Angleterre et la princesse de Galles ; à la seconde, le roi de Danemark et cinquante convives. La troisième table était présidée par le prince de Galles.

Christian ne voulut pas quitter Londres sans répondre aux politesses nombreuses qu'il avait reçues. Il donna un grand bal masqué à la salle de l'Opéra le 10 octobre. Trois mille invitations furent faites par le roi; plus d'un gentleman paya jusqu'à 25 guinées la carte d'entrée cédée par quelque invité.

Christian VII fut le seul qui ne portât pas de masque. Georges III, déguisé en ours, n'ôta le sien qu'au souper qui fut splendide. Le *Gentleman's magazine* a donné une gravure de ce bal et des détails dans le goût anglais. Il ne fait pas la description des beautés qui furent remarquées, de l'élégance ni de la forme des déguisements, mais il estime les pierreries et les diamants étalés sur les blanches épaules des ladies 50 millions, comme on estimerait les bijoux étalés sous la vitrine d'un marchand. La note à payer par Christian s'élevait à 70,000 francs. On ne dit pas le nombre exact des bougies, et des lampes comme dans les autres fêtes dont nous avons parlé.

Le 11 octobre, le roi de Danemark tint un lever au palais de Saint-James, et les visiteurs qui vinrent prendre congé de Sa Majesté furent très nombreux.

Le 12 octobre, le roi vint faire ses adieux à la famille royale d'Angleterre.

Georges III menait la vie d'un bon époux, et d'un excellent père de famille. Ses vertus domestiques, qui lui avaient valu le surnom dérisoire de *farmer Georges*, étaient tournées en ridicule par les jeunes lords d'une cour aussi corrompue que celle de Copenhague. Christian VII riait aussi avec Holck des qualités de son beau-frère comme *homme de ménage*.

Si la première visite qu'il avait faite à sa belle-mère ne lui avait inspiré qu'un sentiment d'antipathie pour elle, ce sentiment alla toujours en s'aggravant.

La princesse douairière de Galles avait eu vent sans doute de quelque manquement d'égards de Christian pour sa femme, de ses amours grossières et de ses folles prodigalités ; au lieu de le ramener par la douceur elle ne faisait que l'ennuyer par ses remontrances.

Aussi le jeune roi ne l'épargnait-il pas, lorsqu'il était avec son ami Holck, auquel il disait en bon français : « *Chère maman m'embête terriblement.* »

La belle-mère, qui n'était jamais très aimable pour son gendre, lui lançait parfois quelques traits piquants, mais Christian était prompt à la réplique.

Un jour elle s'amusait à tirer les cartes avec une dame de la cour, à laquelle, disait-on, Sa Majesté danoise, avait offert des diamants pour prix de quelques faveurs.

« Chère mère, dit Christian, sous quel nom me désignez-vous ?

— Milady que voilà vous appelle *King of diamonds* (ce qui veut dire en anglais roi de carreau, ou roi des diamants). »

Christian fut blessé du jeu de mots et rougit.

« Comment appelez-vous le comte Holck ?

— On donne à cet aimable libertin le joli nom de *Roi de cœur.*

— Et quelle est la couleur de lord Bute ? »

Ce trait échappé au jeune roi fit monter le rouge au visage de la princesse. Rien ne l'irritait plus profondément que le bruit qu'on faisait courir que lord Bute la consolait de son veuvage.

Nous avons dit que Georges III avait fixé une somme pour défrayer son beau-frère de ses dépenses au palais de Saint-James. Ces dépenses furent quintuplées par le jeune roi qui tirait de Hambourg pour plus de cent mille écus par mois.

Christian VII distribua en partant de nombreux cadeaux ; il donna à lord Talbot et à lord Steward deux bagues de la valeur de 1500 livres sterling chacune ; au comte d'Herfort et à lord Chamberlain de superbes diamants, et fit distribuer mille guinées aux serviteurs du palais.

Il fit appeler le fameux acteur Garrick et lui donna une boîte d'or entourée de diamants. Il allait souvent au théâtre. Un soir, il entend quelques mumures au parterre impatienté de l'avoir attendu ; le roi examine sa magnifique montre, entourée de brillants, et pour montrer qu'elle l'avait trompé sur l'heure, il la jette au parterre où éclatèrent de vifs applaudissements. Nous ne voyons pas que Christian ait recherché les littérateurs anglais, ni qu'il en ait été recherché. Larcelles Wraxall cite des vers qui furent faits à l'occasion de son départ. Après avoir dit qu'il n'y en avait pas de plus mauvais, il se rétracte en disant qu'il y en a encore de pires dans un poème intitulé : *la Mascarade*.

Comme adieux à Sa Majesté danoise, un feu d'artifice fut tiré à son départ. Christian VII visita la flotte anglaise le 13 octobre et le 14 à Douvres, et monta sur le yacht la *Mary* qui le reportait à Calais.

Après avoir raconté la vie que le roi de Danemark menait publiquement à Londres, faut-il rapporter tout ce que l'on dit des mystères de sa vie cachée ?

On s'est plu à rappeler les galanteries éhontées de la cour de Louis XV ; ce n'est pas nous qui essayerons de chercher une excuse à ses scandaleuses amours avec la marquise de Pompadour et Mme Dubarry.

Mais sous un roi moral, comme Georges III, les mœurs de la noblesse anglaise n'étaient-elles pas encore pires que celles de la noblesse française sous un roi trop galant ?

On a constaté que le chiffre des divorces prononcés durant seize ans de règne de Georges III dépassait le chiffre de tous les divorces prononcés depuis l'origine de la monarchie anglaise. Les nababs de l'Inde, qui avaient apporté d'immenses richesses, des lords dont l'excentricité dépassait toutes les bornes, de nobles ladies qui ne rougissaient pas de s'associer aux clubs les plus infâmes, ont fourni aux écrivains anglais des détails d'immoralité inouïe.

Lady Worseley, plaidant contre une demande en divorce intentée contre elle, faisait entendre trente-deux jeunes gens nobles pour prouver que c'était son mari qui lui procurait des amants. Lord Baltimore voyageait sur le continent avec son harem composé de huit femmes.

Une digression sur ce sujet nous entraînerait loin ; bornons-nous à rappeler le mot de lord Cherberfield à miss Chudleigh qui lui disait : « Quelle horreur ! on m'accuse d'avoir eu deux enfants !

— Pour moi, Mademoiselle, je ne crois que la moitié de ce que l'on dit. »

Si nous descendons dans les bas-fonds de Londres et de Paris, il serait difficile de dire, et dégoûtant de rechercher, où se trouvait le plus de vices. Après les fêtes où brillaient plus de diamants et de lampes que de gaité, le jeune roi de Danemark se hâtait de sortir pour courir, déguisé avec Holck, les nocturnes aventures. Brown dans les *Cours du Nord* en raconte plusieurs qui toutes ne sont pas bonnes à répéter. Au besoin, Christian ne laissait à personne le soin de rendre les coups de poing qu'il rece-

5

vait de grossiers compagnons. Le jour sous le nom de Frédéricksohn, il se promenait avec Holck. Ils allaient souvent chercher des fonds chez un négociant de la Cité avec lequel ils s'étaient liés ; celui-ci les fit suivre, et on les vit entrer au palais Saint-James par une petite porte qui conduisait aux appartements du roi de Danemark. Le négociant s'imagina que Frédériksohn alors était chargé mystérieusement de fournir de l'argent au jeune roi dont la prodigalité était notoire. Il lui demanda un jour s'il était vrai que les fonds qu'il venait prendre fussent pour Christian. « Vous ne vous trompez pas, répond le prétendu Frédériksohn. — On dit, répliqua le banquier que le jeune roi est d'une prodigalité excessive et qu'il ne fait pas plus de cas de l'argent qui si on le ramassait dans les ruisseaux. Quel est votre emploi auprès de lui ? — J'habille Sa Majesté, je m'occupe de ses divertissements et personne n'a plus d'influence que moi sur son esprit. — Comment le roi dispose-t-il des sommes que je vous compte pour lui. — Il les donne parfois en argent ou en billets de banque, le plus souvent en bijoux et autres objets précieux qu'il achète pour en faire des cadeaux. — Eh bien, dit finement le banquier, confiez-moi le soin d'acheter les cadeaux et je vous apprendrai le moyen de gagner cinquante pour cent sur le capital. » Dans ce moment un page de la princesse douairière de Galles vint porter une lettre au roi qu'il fit ainsi reconnaître. Christian rit beaucoup de la mystification du banquier qui pour le tromper s'adressait à lui-même. Il eut cependant pitié de sa confusion et lui dit gracieusement en lui faisant un cadeau, que le roi de Danemark ne s'offensait nullement de ce qu'on pouvait dire à M. Frédériksohn.

Brown dit qu'il croit cette anecdote authentique. Il

en raconte bien d'autres. En voici une qui mérite d'être citée.

Le roi et Holck entrèrent un soir dans une taverne fréquentée par les marins suédois et danois de passage à Londres. Ils prêtèrent l'oreille à ce qu'ils disaient ; la conversation roulait sur les magnifiques fêtes données au roi de Danemark.

Holck, en allemand, demanda à un vieux capitaine danois, s'il n'était pas fier des honneurs rendus à son maître par les Anglais. — Je pense, dit froidement le vieux marin, que notre roi sera heureux s'il sort sain et sauf d'entre les mains du comte Holck. — Connaissez-vous le comte ? dit Holck. — De vue non, de réputation beaucoup. On lui attribue d'être la cause de la froideur que notre roi témoigne à sa femme, et tout Copenhague plaint notre jeune reine.

« Mon ami, dit Christian en lui donnant une poignée de main, il faut toujours dire la vérité, advienne que pourra. » Il parlait si bien le danois que le vieux capitaine après l'avoir écouté et bien regardé le reconnut. D'une voix respectueuse et émue, il lui dit : « Pardonnez-moi, Sire. Je ne puis retenir mes larmes quand je vous vois exposé à toutes les tentations de cette ville impie, et conduit par le seigneur le plus dissolu de votre royaume. »

Il se leva, salua profondément le roi et jeta, en se retirant, un regard provocateur à Holck.

De retour au palais de Saint-James, Christian raconta à Struensée cette scène qui l'avait impressionné. Le médecin, avec tous les ménagements que la prudence lui commandait envers le favori tout puissant, ne cacha pas au roi les funestes conséquences que pouvait avoir sur sa santé la vie qu'on lui faisait mener.

Un auteur bien informé rapporte que pendant son séjour à Londres, Christian fut aimable, gracieux, mais qu'il compromit sa dignité. Il ne se cachait pas assez pour faire des dîners avec des personnes de mœurs légères, notamment avec une jolie fille, habillée en homme, dont la conversation très leste plaisait fort au jeune monarque.

De ce voyage en Angleterre. Le roi de Danemark ne rapporta rien d'utile à son pays.

Brown (1), qui n'épargne pas le roi, après avoir dit qu'il éparpillait l'or, plutôt qu'il ne le donnait, ajoute cependant : « En attendant, il faut avouer, à sa louange, que chaque fois qu'une misère réelle frappait ses yeux, sa main se dirigeait vers sa poche ; si elle était vide, il donnait, au lieu d'argent, sa bague, sa montre ou le premier objet de prix qui tombait sous sa main. Un jour il rencontra un pauvre marchand que deux records faisaient entrer dans un fiacre pour le conduire en prison après l'avoir arraché des bras de sa femme et de sa famille éplorée. Il ordonna aussitôt à Holck de suivre la voiture jusqu'à la maison d'arrêt. Là, il paya la dette du prisonnier avec les frais, le libéra même des poursuites de tous les autres créanciers et lui donna 500 écus pour tenter encore fortune. En général, le roi distribua de fortes sommes parmi les pauvres débiteurs détenus dans les diverses prisons de la capitale. »

(1) *Les Cours du Nord*, t. I, p. 66.

CHAPITRE VIII.

CHRISTIAN VII A PARIS.

Accueil fait au roi de Danemark par la cour et la ville. — Représentations théâtrales. — Grandes fêtes. — Visite des monuments et royales surprises. — Le palais et Gerbier. — Les Académies. — Voltaire et les poètes. — Popularité de Christian VII. — Son retour dans ses États.

Dans un ouvrage sur la cour de Danemark, nous sommes heureux que le voyage de Christian VII nous procure l'occasion d'écrire un chapitre sur la cour de France.

Nous aurions dû faire un parallèle des sociétés de Copenhague, de Londres et de Paris, mais le lecteur pourra facilement le faire lui-même, quand il aura sous les yeux les renseignements que nous avons pris plaisir à recueillir dans nos auteurs du dernier siècle.

Aujourd'hui toutes les cours se ressemblent pour la distinction, la courtoisie et les grandes manières ; au dernier siècle chacune gardait sa physionomie particulière, et les voyages étaient si longs, qu'on ne savait guère dans un pays ce qui ce passait dans l'autre.

Christian VII fut reçu d'une manière fort différente par Georges III, son beau-frère et par Louis XV.

L'arrivée d'un roi de Danemark venant faire un assez long séjour à Paris était un événement.

Aucun souverain du nord n'avait paru en France depuis le czar de Russie, Pierre le Grand, dont le souvenir encore vivant fut souvent évoqué devant Christian VII.

De grands préparatifs furent faits longtemps d'avance pour recevoir dignement un jeune et brillant monarque.

La France voulut soutenir sa réputation d'être la nation la plus hospitalière, d'avoir la cour la plus chevaleresque, la société la plus brillante, les monuments les plus admirables, le théâtre le plus remarquable et les poètes les plus célèbres depuis Corneille jusqu'à Voltaire, dont la renommée remplissait l'Europe.

Le patriarche de Ferney s'était déjà mis en correspondance avec Christian VII ; il avait demandé et obtenu des secours pour la famille Sirven. Il avait fait grand bruit des bienfaits de Sa Majesté danoise et d'une lettre qu'il en avait reçue.

Il avait écrit à Bernstorff pour le remercier et *lui témoigner sa reconnaissance pour la lettre du Roi dont il lui a valu la faveur.*

Le Philosophe, souvent si sarcastique, était fort louangeur quand il voulait et ne ménageait pas l'encens. Voici ce qu'il écrivait directement à Christian VII.

« La lettre dont Votre Majesté m'a honoré m'a fait répandre des larmes de tendresse et de joie. Si ma caducité et ma maladie me permettaient de suivre les sentiments de mon cœur, j'irais me jeter aux pieds de Votre Majesté ? »

A sa prose, plus tard il ajoutait ce quatrain :

« Pourquoi, généreux Prince, âme tendre et sublime,
Pourquoi vas-tu chercher dans de lointains climats
Des cœurs infortunés que l'injustice opprime ?
C'est qu'on n'en peut trouver au sein de tes États (1). »

(1) *Œuvres de Voltaire*, éd. de Bouchet, t. LXIV, p. 9.

Voltaire, d'Alembert et les Encyclopédistes étaient prêts à faire honneur au roi de Danemark.

Le séjour à Paris d'un monarque jeune et prodigue avait été tellement répandu, que voici ce que nous lisons dans Bachaumont : « Les filles qu'on appelle *du bon ton,* fondèrent de grandes espérances sur la prochaine arrivée du roi. Elles se préparaient de longue main à captiver le jeune monarque et l'on n'en finirait pas de détailler toutes les ruses qu'elles avaient mises en usage pour paraître à ses yeux les premières. Les unes ont été au-devant de Sa Majesté dans de superbes équipages à quatre et à six chevaux ; d'autres sont venues s'installer dans les environs de son hôtel. Quelques-unes à force d'argent avaient obtenu des tapissiers de placer leurs portraits dans les cabinets et boudoirs de son hôtel, enfin Mlle Gandi, de l'Opéra, accoutumée à s'enrichir des dépouilles des étrangers et dont la cupidité dévorerait un royaume, eut l'audace d'envoyer sa figure en miniature à ce prince.

« Il paraît que tous les charmes de ces nymphes ont échoué contre la sagesse de ce moderne Télémaque. Il se conduit avec une décence qui fait un honneur infini à la pureté de ses mœurs et à sa tendresse conjugale (1) ».

La scène française ne voulut rien négliger pour soutenir sa renommée d'être la première du monde et les plaisirs du théâtre, dont Christian n'avait guère joui à Londres, lui furent prodigués à Paris.

On se préoccupa longtemps d'avance du choix des pièces à jouer.

Poinsinet avait composé une pièce intitulée *Ernelinde*

(1) *Mémoires secrets*. Londres, 1784, t. IV, p. 135.

dont le drame roulait sur la réunion des trois couronnes scandinaves avant Gustave Wasa.

Le directeur de l'Académie de musique eut l'idée de faire représenter cette pièce à l'Opéra, pensant, dit Bachaumont, que si les vers ne charmaient pas les oreilles, le sujet toucherait le cœur du prince. Quant à la musique, elle avait de chauds partisans et l'on disait qu'elle était dans un genre qui pouvait plaire aux étrangers. Marmontel, le beau génie en vogue, se chargea de retoucher ou de refaire certaines parties de l'opéra.

Quand tout fut réglé avec l'Académie de musique, des difficultés imprévues surgirent. Poinsinet se sentit blessé de voir Marmontel remanier son œuvre sans le consulter.

M. de Gleichen, ministre du roi de Danemark à Paris, s'opposa au choix d'une pièce où un souverain danois jouait un vilain rôle et était représenté en prison dans les fers. Le comte de Florentin ordonna qu'Ernelinde resterait dans l'obscurité où elle était déjà entrée. Grimm (1) dit à ce sujet : « On a préféré Phaéton dont l'histoire n'a de liaison avec celle de Danemark, qu'autant qu'il peut y avoir des cochers maladroits partout. »

Le baron de Gleichen était un homme d'esprit et de tact. Il fut assailli de questions sur son jeune maître. Une dame de la cour, au milieu d'un cercle, à Compiègne, l'apostrophant tout à coup, lui dit : « Monsieur l'envoyé, on prétend que votre roi est une tête... » « couronnée », répondit aussitôt M. de Gleichen avec son air doux et fin et en la saluant profondément.

Lorsque le roi de Danemark arriva à Paris, le duc de Choiseul se rendit chez Sa Majesté aussitôt pour saluer

(1) *Correspondance de Grimm*, Paris, 1829 ; Furne, t. VI, p. 37.

sa bienvenue et l'inviter de la part du roi de France à venir le voir au château de Fontainebleau où se trouvait la cour.

Le duc de Duras fut attaché à la personne de Sa Majesté danoise pendant toute la durée de son séjour à Paris.

Le souverain étranger ne voulait pas se montrer en public avant d'avoir fait sa visite au souverain du pays. Mais à peine arrivé à Paris il eut grande envie de voir le théâtre, et, *incognito*, dans la petite loge de Mme de Villeroy, il assista, à la Comédie française, à une représentation de *Warwick*, par Laharpe, où il admira fort Lekain qui jouait le principal rôle.

On avait tant parlé de l'arrivée de Christian VII, qu'il y eut une foule inouie aux *fêtes foraines* de Torré parce qu'on avait fait courir le bruit que le prince devait honorer la représentation de sa présence.

Ce Torré était en vogue et passait pour avoir le génie de l'invention en fait d'amusements. Il venait d'inventer, à l'occasion de la fête du roi, *le divertissement du mât de cocagne.* Ce mât, au dessus duquel se balançaient des jambons, des saucisses, de grosses pièces, était très lisse ; les concurrents étaient nombreux, mais peu exercés ; aussi leurs glissades amusaient fort les Parisiens et il y avait foule à ce spectacle qui avait l'attrait de la nouveauté.

Le roi de Danemark, accompagné de toute sa suite, s'empressa de se rendre au château de Fontainebleau pour répondre à l'invitation du roi de France.

La réception fut solennelle et cordiale.

Sa Majesté danoise fut reçue au bas de l'escalier de marbre par le duc d'Orléans, et au haut de l'escalier par le dauphin qui la conduisit lui-même au salon, où le roi de France, entouré de ses ministres et de sa cour, attendait son frère de Danemark.

Les deux rois s'embrassèrent et Louis XV invita Christian VII à s'asseoir sur un fauteuil placé à côté du sien. Christian VII refusa cet honneur et demanda à rester debout.

Il exprima à Louis XV sa satisfaction de voir le plus grand potentat de l'Europe. Le roi de France répondit aux paroles aimables du jeune monarque avec une courtoisie parfaite. Il rappela qu'à l'âge de sept ans il avait vu à Paris le czar Pierre le Grand (1) et que le roi de Danemark ne serait pas moins bien accueilli. Il lui parla de son deuil récent (il avait perdu la reine Marie Leczinska) et s'excusa de ne pouvoir l'accompagner lui-même au théâtre. Il avait donné ses ordres et l'on ne jouerait devant Sa Majesté danoise que les pièces qu'elle aurait choisies.

Après avoir fait sa visite au Dauphin vers 8 heures du soir, Christian VII se rendit au souper du roi. Il fut étonné du brillant choix de convives ; il se trouva là avec vingt-quatre dames ravissantes. Le jeune prince fut aimable et galant. Il dit au roi qu'il n'avait jamais vu une réunion de tant de grâces et de charmes. Il causait avec esprit et ses réponses étaient heureuses.

Louis XV lui parlant de la disproportion d'âge qui existait entre eux, lui dit : « Je pourrais être votre grand-père. — Vous ne l'êtes pas, et c'est ce qui manque à mon bonheur, répondit Christian.

M. de Gleichen avait exprimé au duc de Choiseul le

(1) Le czar arriva en France en 1717. Louis XV, accompagné de M. de Villeroi, son gouverneur, vint lui faire visite. Un jour, le czar, effrayé de la foule qui l'entourait lorsque le monarque enfant était avec lui, prit le roi dans ses bras et le porta quelque temps.

désir du roi de Danemark de voir Louis XV, en tête à tête, sans leur suite. Le duc répondit que c'était contraire à l'étiquette et que le roi de France ne restait jamais seul.

Louis XV mit de l'empressement à rendre sa visite à Sa Majesté danoise et arriva chez lui accompagné des princes du sang et de sa cour.

Christian alla au-devant du roi, le prit par la main, le fit marcher vite, et dès qu'ils furent entrés, il ferma la porte en laissant la suite dehors, riant d'avoir ainsi un tête à tête qu'on lui avait refusé.

Le lendemain de son arrivée à Fontainebleau, il accepta à dîner avec toute sa suite chez le duc de Choiseul : Bernstorff qui avait été ambassadeur à Paris, était dans d'excellents rapports avec le duc, ancien ministre des affaires étrangères, et était fort apprécié de Louis XV. Mme de Chabannes demanda un jour en causant avec le roi de France, si le roi de Danemark dont la générosité était vantée, était riche. « Ses finances, répondit le roi, étaient dérangées ; son ministre les a mises sur un bon pied. — Ah ! Sire, répondit Mme de Chabanne, vous devriez bien débaucher ce ministre là ».

Christian dîna chez le roi et quitta le jeudi Fontainebleau où il avait reçu, dans la cour la plus spirituelle et la plus aimable, un plus cordial accueil que chez son beau-frère et sa belle-mère.

Le roi de France, à cause de son deuil, témoigna à Christian son regret de ne pouvoir l'accompagner nulle part ; mais nous verrons qu'il avait donné des instructions pour lui ménager partout les plus charmantes surprises.

Louis XV prit surtout des mesures pour que le jeune prince jouît du plaisir du théâtre. Chaque fois que

Christian devait y assister : l'affiche portait : *par ordre du roi* et la foule avertie, y accourait pour voir le souverain étranger. Dès qu'il paraissait, il était salué par des applaudissements et il répondait au public par de *gracieuses révérences.*

Le soir même de sa rentrée à Paris, le duc de Duras le fit assister à la *Partie de chasse d'Henri IV.*

Le roi de Danemark parut très souvent dans les divers théâtres à l'Opéra, à la Comédie italienne et à la Comédie française ; il prit surtout grand plaisir à entendre Sophie Arnould, Geliotte, Clairon, Lekain et les célébrités du jour.

Christian fit jouer trois fois *Castor et Pollux* par Sophie Arnould. Il envoya à la célèbre actrice, par le comte de Holck, un éventail payé 2,000 livres au peintre Boucher.

La Comédie italienne donna à Sa Majesté danoise une représentation de la pièce de Sedaine les *Sabots.* Le roi, qui avait une prédilection marquée pour la musique italienne, ne goûta pas beaucoup celle de Dupuy.

La Comédie française joua les *Fausses Infidélités* par Barthe. L'auteur fut présenté au roi qui lui dit des choses aimables et Barthe lui répondit : Le haut rang de Votre Majesté la dispose à l'indulgence.

Lekain, surtout dans le rôle de Tancrède, excitait l'admiration de Sa Majesté danoise.

Le roi de France ne pouvant, à cause de son deuil donner de grandes fêtes, avait fait préparer, aux Menus, un charmant théâtre où toutes les célébrités de la scène française vinrent se faire entendre devant le prince étranger.

Le prince de Condé l'invita au château de Chantilly et l'on y représenta le *Bourgeois gentilhomme* qui fut joué par les premiers sujets de l'Opéra et des deux Comédies.

La duchesse de Villeroy invita souvent Christian à venir voir jouer la Clairon sur son petit théâtre.

Celle-ci fut fort admirée surtout dans le rôle de Didon et dans celui de Roxane de la tragédie de Bajazet. Le jeune roi charmé de la Clairon qui lui fut présentée, ôta de son doigt une bague qu'il lui donna (1).

La duchesse de Mazarin eut l'honneur de recevoir le souverain danois à son château de Chilli et fit jouer pour lui une pièce de M. de Chabannes. *Hylas et Sylvie* qui avait l'attrait du fruit défendu ; la représentation publique avait été interdite parce que cette pièce blessait les mœurs.

On abusa du goût que Christian montrait pour le théâtre : « On trouve, dit Bachaumont (2) qu'on le fatigue trop de spectacles et l'on admire sa complaisance à se prêter à toutes les galanteries qu'on veut lui faire en ce genre. On juge de cette complaisance par les baillements qui lui échappent et qui annoncent qu'il ne prend pas tout le plaisir qu'on voudrait lui procurer. On a remarqué entre autres excès de cette espèce, qu'on lui a fait voir en un seul jour 17 actes tant en prose qu'en vers, en déclamation, en chant, en musique italienne et française. »

Les grands dîners, et surtout les fins soupers en petit comité, à Versailles avec Louis XV, firent apprécier à Christian les délicatesses de la cuisine française à tel point, qu'il se laissa aller parfois à des excès. Il était annoncé un soir aux Italiens et sur l'affiche on lisait *par ordre*. « Sa Majesté, dit Bachaumont (3), n'a pu s'y rendre. On a appris, avec

(1) *Correspondance de Grimm*, t. VI, p. 76.
(2) *Mémoires secrets*, t. IV, p. 137.
(3) *Mémoires*, t. IV, p. 145.

douleur qu'elle était incommodée d'une indigestion. Le peuple, dont il est l'adoration, s'est porté en foule vers son hôtel pour avoir de ses nouvelles. On ne saurait rendre comme il est aimé par tous les indigents. Il distribue un argent étonnant. Il voudrait qu'on donnât aux pauvres le prix des fêtes qu'on lui prépare. »

Ces fêtes ne furent pas moins magnifiques que celles que les lords anglais avaient offertes au prince danois.

Une de celles qui parut intéresser le plus le jeune monarque, ce fut la fête de Saint-Hubert, patron des chasseurs, célébrée, à son intention, avec plus de pompe que jamais.

Les plus brillants chasseurs de France et les piqueurs en riche costume s'élevaient au nombre de 3,000. L'on compta plus de 1,500 voitures remplies de dames et de personnages.

A un dîner royal de Versailles, grande fut la surprise du roi de Danemark, lorsque tout à coup un rideau se lève et laisse apercevoir, comme une apparition féerique, son beau château de Christiansborg.

Le roi de France qui regrettait que son deuil l'empêchât de donner une fête digne de la splendeur de sa cour ; la fit donner, aux frais de sa cassette, au superbe château de Chantilly, par son cousin le prince de Condé.

Cette fête sans égale fit un grand bruit en Europe, et Grimm en adressa une exacte description à l'impératrice de Russie.

Le prince de Condé invita Christian VII à venir passer trois jours dans son château de Chantilly. Les plus célèbres personnages et les femmes les plus remarquables par la naissance, l'esprit, et la beauté furent conviés au nombre de 6,000. La rue Saint-Denis, d'un bout à l'autre, était encombrée de brillants équipages ; la fête dura trois jours et trois nuits ; il y eut tout le temps table ouverte. Ce qui frappa surtout Christian émerveillé, ce fut une chasse aux flambeaux dans une forêt illuminée. Un ours sauvage longtemps poursuivi, finit par tomber frappé à mort par un gentilhomme costumé à l'antique, sans autres armes que son arc et ses flèches.

Les chroniqueurs français ne calculent pas le nombre des bougies dans les salons, et la valeur en bloc des diamants des dames jeunes ou vieilles, mais ils recueillent tous les bons mots qu'on racontait du prince voyageur et les jolis vers qu'on lui adressait.

Dans un souper chez le roi, Christian paraissait charmé de Mme de Flavacourt, Louis XV lui demanda : « Quel âge lui donnez-vous ? — Trente ans, sire. — Eh bien ! dit le roi de France, elle en a cinquante. — Sire, cela prouve qu'on ne vieillit pas à votre cour, » répondit le roi de Danemark.

En revenant un jour de Fontainebleau, Christian fut acclamé à Essonne par le peuple qui entourait sa voiture en criant *vive le Roi*. Le prince danois se mit à la portière et dit de l'air le plus affable : « Mes enfants, je viens de le quitter, il se porte bien. »

La visite des monuments de Paris fut faite de la manière la plus propre à donner au royal étranger une haute idée de la courtoisie française.

Le duc de Duras commença d'abord par conduire le prince à l'Académie de peinture et de sculpture.

En parcourant les salles remplies de chefs-d'œuvre, le roi s'arrêta devant un petit Faune, fait par M. de Sailly, de l'académie. Ce sculpteur, depuis quinze ans, s'était établi en Danemark, où il était à la tête de l'Académie de Copenhague. C'est lui qui avait fait la statue du père de

Christian VII. Le faune avait de la réputation et comme Sa Majesté danoise l'admirait beaucoup, l'Académie la pria d'agréer l'hommage de cette statue qui fut acceptée avec grand plaisir (1).

Le duc de Duras fit visiter ensuite au prince la manufacture des Gobelins si renommée en Europe. Christian fut surtout frappé d'admiration à l'aspect d'une tapisserie représentant l'histoire d'Esther et d'Assuerus d'après les desseins de Vanloo. « Pour qui, dit-il, ce chef-d'œuvre de tenture est-il destiné ? — Sire, répondit le duc de Duras, pour Votre Majesté. »

Le jeune monarque avait remarqué une tapisserie représentant Louis XV en pied. Il désira être rendu de la même manière et chargea du dessin Michel Vanloo.

Le roi de Danemark allait de surprise en surprise, et à chaque pas quelque attention délicate lui était ménagée. L'art des médailles était parvenu sous Louis XIV à une admirable perfection. En visitant l'hôtel des Monnaies, Christian avait regardé avec curiosité frapper une médaille ; il fut agréablement étonné de voir qu'elle était à son effigie.

Le czar Pierre le Grand avait aussi pris plaisir à voir frapper des médailles ; une de celles qu'on venait de faire sous ses yeux, tomba à ses pieds ; il la ramassa lui-même : c'était son image. Il s'écria : « il n'y a que les Français pour avoir de ces galanteries-là. » Christian dût penser de même.

A la Savonnerie, un superbe tapis excita l'admiration du prince. Il était à ses armes : c'était un cadeau du roi de France.

(1) *Correspondance de Grimm*, t. VI, p. 76.

A Sèvres, un service de porcelaines, dont toutes les pièces portent l'écusson du Danemark (service d'une valeur de cent mille écus), est offert à Christian de la part de Louis XV.

Nos souverains, dans ce temps-là, savaient donner aux rois de l'Europe une haute idée de l'art français et de leur magnificence.

Buffon était un des écrivains les plus célèbres et le *cabinet du roi*, une des grandes curiosités de Paris. Le roi de Danemark examina avec un intérêt tout particulier nos richesses en curiosités de toute espèce.

On remarqua dans ses questions et ses observations, *des connaissances d'histoire naturelle étonnantes pour son rang et pour son âge.* Il fit observer qu'il manquait beaucoup de choses en différentes collections et promit de combler ces lacunes.

Le 24 novembre, le roi de Danemark fut reçu au palais de justice avec le même cérémonial observé à l'égard de Pierre le Grand.

Le roi arriva à neuf heures du matin. Le premier président d'Aligre le reçut au sortir de son carrosse et le conduisit à la salle, où un fauteuil, placé sur un beau tapis, était préparé pour Sa Majesté.

L'illustre avocat Gerbier présentait, suivant l'usage, les lettres de nomination d'un nouveau chancelier, M. de Lamoignon. Cette harangue n'était pas facile, car elle ne devait se composer que d'une série de compliments pour le roi de France, pour le chancelier, pour le premier président, pour M. de Vaudreuil conseiller au parlement de Paris nommé premier président à Toulouse, enfin pour le roi de Danemark et de Norvège. Gerbier montra un art merveilleux en passant six fois d'un compliment à l'autre, en distribuant à chacun sa part d'encens et en charmant tout le monde par son éloquence.

On commença ensuite à plaider une affaire. L'ambassadeur de Naples à Paris demandait la nullité du testament de son frère qui avait laissé sa fortune à une concubine.

L'avocat commençait à s'animer un peu trop; le premier président leva l'audience et conduisit le roi à la buvette, où il lui présenta *tous Messieurs*. Sa Majesté fit appeler Gerbier et lui dit qu'il n'avait jamais entendu d'aussi grand orateur.

Nous citerons en passant une épigramme qu'on fit à l'occasion de cette séance du parlement :

« C'est à bon droit que l'on renomme
L'éloquent avocat Gerbier,
Puisqu'il a fait un honnête homme
De Monseigneur le Chancelier! »

Après avoir visité le palais de justice Christian VII visita le même jour la Sorbonne. Il y fut reçu par l'archevêque de Paris, proviseur de la maison, et par le duc de Richelieu héritier du fondateur. On offrit au roi une thèse dédiée à sa Majesté et ornée de ses armes. On lui fit voir les curiosités de la bibliothèque notamment une bible russe, présent de Pierre le Grand. Christian promit de faire cadeau d'une bible en danois. Des éloges en français et en latin, en prose et vers furent prodigués au jeune prince, qui, en se retirant, demanda des congés pour les élèves.

Enfin, presque à la veille de son départ, le 6 décembre, le roi Christian alla faire sa triple visite aux trois académies. C'était le jour ordinaire des séances de l'Académie française et de l'Académie des sciences. L'Académie des belles-lettres avait délibéré que ce jour-là elle tiendrait une séance extraordinaire.

L'Académie française, au lieu de se mettre *en fiocchi* dans la grande salle, reçut Sa Majesté danoise à huis clos, mais elle ne lui épargna pas la louange. Le directeur l'abbé le Batteux fit un compliment au roi, l'abbé de Voisenon, poète tantôt agréable, et tantôt inintelligible, lui adressa des vers (1). Le duc de Nivernais lut trois fables qui firent plaisir. On montra au jeune monarque les portraits des souverains et des illustres protecteurs de l'Académie, en lui exprimant le désir d'ajouter son nom à ceux de ces grands personnages.

Les membres de l'Académie française accompagnèrent le roi à l'Académie des belles-lettres ; d'où les académiciens conduisirent le monarque à un fauteuil préparé pour Sa Majesté.

Le secrétaire M. le Beau adressa à l'auguste voyageur une harangue où il rappela le souvenir de la visite du czar de Russie, Pierre le Grand.

Après quelques lectures, le directeur parla à Christian d'une dissertation de M. de Bréquigny sur un roi de Danemark venu en France sous Louis le Débonnaire, sur des rapports frappants entre l'ancien monarque et le monarque présent, enfin sur les alliances et les liens de parenté existant entre les maisons de France et d'Oldembourg.

Christian VII demanda aussitôt à voir M. de Bréquigny et lui demanda sa dissertation. De l'Académie des belles-lettres, le roi se rendit à l'Académie des sciences.

(1) L'abbé de Voisenon fit paraître une pièce intitulée : *Vers prononcés au roi de Danemark.* On prétendit qu'il aurait dû mettre : *Vers prononcés devant le roi* et l'on se moqua *d'un des quarante* faisant des fautes de français.

D'Alembert prononça un discours sur *l'influence et l'utilité réciproque de la philosophie envers les princes et de princes envers la philosophie.*

Dans ce discours, il prodigue les éloges au roi de Danemark. Ce jeune prince, disait-il, après avoir montré à la nation française les qualités aimables auxquelles on attache tant de prix, prouve qu'il sait lui-même mettre un prix plus réel à la raison et aux lumières.

Rassasié et presque fatigué de nos fêtes, il vient dans cet asile de la philosophie se dérober quelque moment aux plaisirs qui le poursuivent.

L'Académie est redevable au Danemark de deux hommes justement comptés au nombre de ses plus illustres membres : Boëmer connu par l'importante découverte de la vitesse de la lumière et Winslow l'un des plus grands anatomistes de son temps. Son buste et celui de Réaumur sont les seuls qui soient placés à la salle de l'Académie.

D'Alembert, après avoir rendu hommage aux obligations qu'a depuis longtemps la science à la patrie de Tycho Brahé, ne manque pas de faire allusion aux relations de Voltaire avec le roi de Danemark. Les premières années de son règne, dit-il, sont chères à l'humanité, et la France les a déjà célébrées par la voix du plus illustre de ses écrivains. M. du Séjour, conseiller au Parlement, entretint le roi de Danemark et de Norvège d'observations astronomiques qu'on pourrait faire dans ses États mieux qu'ailleurs. L'abbé Nolle et Brisson firent des expériences de chimie qui amusèrent plus le jeune prince que les longues louanges qu'on lui avait prodiguées.

Bachaumont en racontant les détails de cette séance académique ne parle pas de Voltaire, mais Voltaire dans sa correspondance parle de lui-même. « J'ai, dit-il, fait à l'Académie des sciences, le jour que le roi y est venu, un discours dont tous mes confrères et le public ont paru fort contents. J'y ai parlé de la philosophie et des lettres avec la dignité convenable. Le roi m'en a remercié, mais les ennemis de la philosophie et des lettres ont fait la mine; je vous laisse à penser si je m'en soucie (1). »

Christian VII dit qu'il était émerveillé de tout ce qu'il avait vu et entendu. Il ajouta que le spectacle des trois grandes compagnies savantes était ce qui l'avait le plus frappé en France.

Toutes les académies accompagnèrent Sa Majesté danoise à son carrosse en lui prodiguant des compliments et des révérences.

Voltaire n'avait pas été aussi recherché du roi de Danemark qu'il l'eût désiré, mais il l'excusa. « Le roi, dit-il dans une de ses lettres (2), a eu le courage de dire à Fontainebleau que l'auteur du siècle de Louis XIV lui avait appris à penser. On écrase le jeune prince de fêtes et de plaisirs qui l'ennuient, il voudrait ainsi qu'on l'assure voir les gens de lettres à son aise et converser avec eux. Mais le conseil supérieur a décidé, dit-on, qu'il fallait qu'il ne les vît pas. »

Le mot d'ordre était donné. On dit et on répéta sur tous les tons que le prince voyageur était *écrasé* de fêtes, mais si les Encyclopédistes croyaient que le jeune roi aurait préféré aller parler philosophie avec eux plutôt que de dire des frivolités avec les charmantes dames de la cour de Louis XV, ils se trompaient.

Cependant Christian VII n'avait pas été insensible aux

(1) *Œuvres de Voltaire,* t. LXVIII. p. 268.

(2) *Œuvres de Voltaire,* t. LXV, p. 268.

louanges de Voltaire qui était en relations intimes avec de grands rois et si célèbre en Europe. Il aimait aussi d'Alembert, dont la renommée était très répandue dans le Nord. Le roi de Prusse avait offert à celui-ci la place de directeur de l'Académie de Berlin et l'impératrice de Russie la charge de l'éducation du grand-duc avec cent mille livres de rente. D'Alembert préféra rester en France.

Frédéric le Grand avait appelé en 1763 d'Alembert à Vezel et en le voyant *il lui sauta au cou et l'embrassa tendrement.*

Christian ne voulait pas venir à Paris sans voir les encyclopédistes les plus célèbres. Leur philosophie impie et épicurienne ne lui déplaisait pas.

Il n'avait point caché son désir, mais il mettait peu d'empressement à le réaliser. Alors on fit grand bruit de ce que le duc de Duras, pendant le premier mois du séjour du roi de Danemark à Paris, lui avait fait tout voir, excepté les hommes de lettres et les philosophes dont la réputation retentissait dans toute l'Europe.

Un quatrain courut tout Paris et parut fort insolent à la police qui en rechercha l'auteur. On le mit sur le compte de Poinsinet, de Barthe, de Chamfort. Il était de Boufflers, et Christian VII, loin de lui en vouloir, l'invita à venir avec lui en Danemark. Boufflers accepta l'invitation et accompagna le roi à son départ. Voici ces vers :

> Frivole Paris, tu m'assommes
> De soupers, de bals, d'opéras ;
> Je suis venu pour voir des hommes...
> Rangez-vous, Monsieur de Duras !

Le baron de Gleichen eut l'idée de réunir dans un

grand dîner, auquel son maître assisterait, les philosophes les plus en vue.

Le dîner était fixé au 19 novembre. Les invitations avaient été lancées, le roi fut retenu dans sa chambre, par un gros rhume et par la fièvre. Il menait une vie propre à l'enrhumer. Cependant il tenait à connaître les philosophes, et le 20 il les invita à venir le voir à 5 heures dans l'hôtel d'Yorck qu'il occupait.

Nous emprunterons les détails de cette réception à un invité, Grimm, qui s'exprime ainsi (1) :

« La cérémonie se passa avec beaucoup de décence : il y en eut en tout, je crois, dix-huit de mandés. Savoir : M. de Meiran, M. de Cassini, M. Duhamel, M. d'Alembert, M. Duclos, M. l'abbé Barthélemy, M. le baron d'Holbach, M. de Crébillon, M. l'abbé Condillac, M. l'abbé Morellet, M. de Grimm, M. Bernard, M. Diderot, M. Saurin, M. Helvétius, M. Marmontel, M. Watelet et M. de la Condamine. Le hasard les avait placés dans cet ordre, en cercle, lorsque le roi sortit de son cabinet et parut dans la salle. Il n'y eut que moi de trop et M. de Buffon qui manqua, mais cet illustre philosophe est depuis plus de quinze mois dans ses terres en Bourgogne; et quant à moi ce qui doit m'excuser, c'est que je n'avais pas plus brigué cet honneur que les autres. Le roi fit d'abord le tour du cercle; M. de Gleichen lui nomma l'un après l'autre, chacun par son nom et Sa Majesté dit à chacun quelque chose d'obligeant et de relatif à ses ouvrages ou à sa réputation. Après ce premier tour, le roi en fit un second et causa avec les principaux de ces philosophes. Il dit à M. d'Alembert. « Je ne croyais pas qu'il y

(1) *Correspondance littéraire*, t. VI, p. 81.

eut des ecclésiastiques parmi vous. — Sire, lui répondit M. d'Alembert, nous avons même des docteurs en Sorbonne, » et il montra l'abbé de Morellet, qui n'est en effet pas docteur, mais licencié en théologie. Le roi lui demanda ensuite s'il avait mangé avec le roi de Prusse : M. d'Alembert lui répondit qu'il avait eu cet honneur tous les jours pendant trois mois. » On a remarqué cette question du roi comme singulière, mais elle me semble facile à expliquer. Le roi, qui avait reçu beaucoup de représentations au sujet de son désir de dîner avec les philosophes était sans doute bien aise de savoir comment le grand Frédéric avait agi avec eux.

Christian VII félicita Gentil-Bernard de son opéra de *Castor et Pollux* qui passait pour une antidote efficace contre les hérésies italiennes et germaniques en fait de musique, mais il avoua qu'il n'avait pas pu se faire à la musique française.

Le jeune prince sut dire un mot aimable à chacun de ses invités en causant avec eux de leurs œuvres. Il parla à Diderot de l'affection et de l'estime que lui portait M. de Gleichen ; à Saurin, de sa pièce de *Beverley;* à Helvétius, du théâtre anglais ; à Marmontel, de son *Bélisaire;* à Watelet, des beaux-arts et à M. de la Condamine de ses voyages.

L'audience avait duré plus d'une demi-heure. Le comte de Bernstorff arriva vers la fin.

Lorsque le roi se fut retiré, Saurin pria le baron de Gleichen de lui remettre les vers suivants :

En voyant des humains les préjugés divers,
Leur esprit, leurs vertus, leurs vices, leurs travers
On apprend à penser, ainsi qu'à les conduire.
Plus d'un sage jadis voyagea pour s'instruire.

Pour chercher la sagesse ils franchissaient les mers,
Non pour aller ravir les biens d'un autre monde,
Ou pour décrier par leurs vers
Athènes en grands hommes féconde,
Et dont les bons esprits éclairaient l'univers.
Un sage que la France avec respect contemple
Nous rappelle ces anciens temps,
Mais ce qui chez les Grecs se trouve sans exemple,
Ce sage est un monarque à la fleur de ses ans.

Trop longue serait la collection des poésies qu'inspira le jeune roi. Voltaire l'avait déjà chanté et devait le chanter encore. Le cardinal de Bernis lui adressa des vers où il lui disait, en rappelant les rois étrangers venus à Paris, que Jacques Stuart avait été regretté et Casimir oublié, mais :

« Mais vous, Chrétien, vous êtes adoré.

Dorat, de Falbaire, auteur de la comédie l'*Honnête Criminel*, et tous les poètes de l'almanach des Muses célébrèrent à l'envi Sa Majesté danoise.

Ne citons que les vers de Champfort.

Peuple, à qui sa présence est chère,
Parmi nous retenez ses pas.
Un roi, qu'on aime et qu'on révère,
A des sujets en tous climats.
Il a beau parcourir la terre
Il est toujours dans ses États.

Aux hommages rendus par la cour et les princes des lettres, joignons la visite faite au monarque de 20 ans par les dames de la halle de Paris. Elles ne manquèrent pas d'user de leur ancien privilège, d'offrir un bouquet aux

6

têtes couronnées. Le roi de Danemark le reçut de la manière la plus aimable. Celle qui portait la parole était jolie et demanda à Sa Majesté la permission de l'embrasser. Le jeune prince répondit gaiement, en lui montrant une joue, puis l'autre : « Choisissez, Madame. » La charmante parisienne embrassa le prince sur les deux joues. Elle eut un cadeau de 20 louis.

Le 6 décembre, Louis XV reçut la dernière visite du roi de Danemark. Il chargea le comte de Noailles et le prince de Poix de faire visiter à Sa Majesté danoise Marly, Trianon et les jardins de Versailles où l'on fit jouer les grandes eaux en son honneur.

Christian était ravi de l'accueil qu'il avait reçu en France. Il déclara qu'il allait à son retour en ses États créer un nouveau régiment de cavalerie au service de la France dont le commandement appartiendrait au duc de Duras et à ses descendants *in perpetuum*.

Le voyage coûteux du roi, au lieu de lui permettre de faire de nouvelles entreprises, l'obligea, faute d'argent, à suspendre celles qu'il avait commencées.

Il avait réellement le projet d'augmenter l'armée danoise, mais ce projet ne put être réalisé, ce qui l'obligea à manquer à la promesse faite au duc de Duras.

Christian VII envoya 6,000 fr. aux pauvres de Paris. Il manda à son hôtel deux actrices, Luze et d'Aligny, et leur donna une riche boite à chacune. Luze eut la plus belle. Il voulut revoir Lekain, Bruzard, Préville, Molé et leur fit compter à chacun 50 livres.

Cette somme parut mesquine, et le comte de Duras, qui remplaçait son père, fut blâmé d'avoir borné la générosité de Christian. Le comte trouvait plus digne de la France de ne pas faire payer sa loge à un souverain en visite à Paris, et de ne lui laisser rien donner aux artistes qu'un simple témoignage de royale satisfaction.

Au moment de quitter Paris, le roi de Danemark donna au duc de Duras son portrait en miniature entouré de diamants et une épée à la poignée d'or ornée de perles et de pierreries d'une valeur de 20,000 livres. Il offrit à la duchesse de Duras un collier de diamants et à Mme de Flavacourt une riche parure de perles.

Pendant les sept semaines que le roi avait séjourné à Paris, il avait su se rendre populaire; aussi une manifestation de sympathie générale eut-elle lieu à son départ. On arbora aux fenêtres son portrait avec ces vers de l'abbé de Voisenon :

Les roses de l'hymen et le trône des rois
Ne l'ont pas retenu de leur chaîne flatteuse.
Il voyage, il instruit sa raison lumineuse
Par des tableaux divers et des mœurs et des lois.
S'il s'arrête en ces lieux, séduit par notre hommage,
Heureux peuple danois, n'en soyez pas jaloux :
Le destin l'a formé pour régner parmi vous ;
Notre art ne peut ici fixer que son image.

La popularité du jeune roi se prolongea après son départ. Toutes les étrennes du jour de l'an, toutes les nouveautés, tous les bonbons étaient *à la danoise*. Les portraits du jeune roi de Danemark se trouvaient partout.

Les poètes n'avaient pas été fêtés comme les philosophes, mais ce ne furent pas les plus brillants, qui, après le départ de Sa Majesté danoise, publièrent des vers où un peu d'humeur contre Christian se mêlait à beaucoup de traits satiriques contre les Parisiens.

Citons deux pièces de vers qui firent plus de bruit

qu'elles ne méritaient. L'une a pour titre : *Adieux d'un Danois aux Français.*

Peuple gentil, peuple folâtre,
Français charmants, hôtes facétieux,
Jadis acteurs du plus joli théâtre,
Du bon Danois recevez les adieux....
Magistrats, prélats et guerriers
Tout chez vous est mignard. Des Gaulois trop grossiers
Vous n'avez plus les mœurs et vous cueillez des roses,
Où l'on ne les voyait cueillir que des lauriers.

La seconde pièce est intitulée : *Vers qui n'ont pas été présentés au roi de Danemark*, ils ne méritaient certes pas l'honneur d'être présentés.

Dévoré par l'ennui, cette fièvre des rois,
Ce jeune prince de Danois
De climats en climats va chercher un remède
Au triste mal qui le possède...
Partons, dit-il, partons, mon trône me rappelle,
Autant vaut m'ennuyer à ma cour qu'à Paris.

Il y a plus de dépit et de malice que d'esprit et de vérité dans cette pièce satirique. Christian VII fut ravi de son séjour à Paris, et il avait raison de l'être. Aussi ne manqua-t-il pas de dire et de répéter que « sous les auspices de Louis le bien-aimé, Versailles et Paris étaient le séjour favori d'Apollon, de Vénus et de Minerve (1). »

Si les Parisiens n'avaient pas plu au roi, le roi ne leur aurait pas autant plu et n'aurait pas causé à Paris un véritable engouement.

Voici quelques vers qui sont l'expression du sentiment

(1) *Mémoires d'une reine infortunée*, Londres, 1776.

public. Delille les composa en 1769 et les a retouchés depuis, aussi y a-t-il des variantes entre la copie du premier moment publiée par Grenier et le texte qu'on trouve dans les *Œuvres* de Delille.

Rien de nouveau dans cette ville immense.
Vous avez su l'effervescence
Qu'a produite en ces lieux le monarque danois,
Jamais Paris, jamais la France
D'hommages plus flatteurs n'ont honoré leurs rois.
Du Parlement, l'auguste compagnie,
De l'Opéra, le théâtre enchanté,
La Sorbonne, la Comédie,
Les Cicéron de l'Université,
Les beaux esprits de notre Académie.
En prose, en vers, à l'envi l'ont fêté
Chaque jour voyait naître une scène nouvelle.
. . . .
Nos conversations étaient cent fois plus vives.
A quel théâtre ira-t-il aujourd'hui ?
Où soupe-t-il ? Quels seront les convives ?
Quel bal nouveau prépare-t-on pour lui ?
De son esprit qu'est-ce que l'on raconte ?
Quelle femme lui plaît ? quel jeu le divertit ?
Faut-il l'appeler *sire*, ou bien le nommer *comte*.
Jamais on n'a tout dit,
Bien sensible à tout notre bruit
Ce monarque a daigné sourire à nos caprices.
A nos douces vertus, à nos aimables vices,
N'a sifflé qu'*in petto* nos petits grands seigneurs.
A bien vanté les rois de nos coulisses
Et les minois de nos actrices
Et les jarrets de nos danseurs.
. . . .
Enfin le Prince a fui de ce Paris charmant.
. . . .
Les esprits et les cœurs qu'il avait occupés
Retombent dans l'indifférence,

Les bals, les opéras, les fêtes, les soupers,
L'importance des étiquettes
L'exacte rigueur des toilettes.
Tout commence à dégénérer,
Et son départ laisse enfin respirer
Nos cuisiniers, nos ducs et nos coquettes.

Brown (*Northern courts*) s'exprime ainsi : « Pendant son séjour à Paris le roi continua malgré les remontrances de Struensée à s'abandonner à ses habitudes de débauche, et sa santé s'altéra visiblement. » Que la cour de Louis XV, la fréquentation des actrices, des philosophes et des *héros de la galanterie* aient eu un effet moralisateur sur le jeune prince, nul n'oserait le dire, et il serait difficile de le croire; mais le roi était tellement en vue à Paris qu'il s'est beaucoup observé lui-même et a gardé les apparences de la décence et la fraîcheur de son esprit. Les personnes qui l'entouraient, Bernstorff, homme d'État très habile et le comte de Holck, homme du grand monde, l'aidèrent dans la société parisienne à ne laisser voir que ses charmantes qualités. Les *Chroniques du temps* ne disent rien de Struensée. On a raconté seulement, mais après sa chute, qu'il avait été bien impressionné en visitant la galerie de Fontainebleau où la reine Christine de Suède fit poignarder Monaldeschi son amant infidèle condamné à mort par elle-même. Struensée, dit-on, eut un rêve où une grande dame dont il n'osait prononcer le nom lui réservait le même sort. Il parla un jour de ce rêve à son frère qui lui répondit : tout est possible. Que Struensée à Paris ait pensé à Caroline-Mathilde qu'il n'avait pas encore vue, c'est invraisemblable. Voltaire ne s'occupa guère du médecin du roi et après sa tragique aventure il en parla en termes bien légers : « Je plains, dit-il, ce galant Danois, c'était l'*Amour médecin,* » et il fait une dissertation sur les amants des reines qui n'ont pas été si maltraités (1).

Voltaire était le courtisan du roi et la majesté royale l'attirait plus que l'esprit d'un docteur encore obscur. Lorsque plus tard on songea à élever une statue à Voltaire, une souscription arriva de Copenhague au nom de Christian VII.

Le patriarche de Ferney ne songea pas à Struensée qui était alors tout puissant. Il écrivit à d'Alembert et au roi lui-même deux lettres que voici :

« Monsieur d'Alembert, il me paraît indubitablement que c'est vous, qui de manière ou d'autre m'avez joué le tour que me fait le roi de Danemark. Si ce n'est pas vous qui lui avez écrit, c'est vous qui lui avez parlé quand il était à Paris et c'est à vous que je dois sa belle souscription pour la statue.

« Nous avons pour nous, mon cher Philosophe, toutes les puissances du Nord, *sed libera nos* (2) *a dæmonio meridiano*, le midi est encore encrouté, etc.

Lettre au roi de Danemark : Sire, M. d'Alembert m'a instruit des bontés de Votre Majesté pour moi. Tant de générosité de votre part ne m'étonne pas, mais l'objet m'a étonné. Ce n'est pas à un simple particulier comme moi qu'il fallait une statue. L'Europe en doit aux rois qui voyagent pour répandre des lumières, qui ont la modestie de croire d'en acquérir, qui donnent des exemples en prétendant qu'ils en reçoivent, qui emportent les voix de tous les peuples chez lesquels ils ont été et ne revoient leurs sujets que pour les rendre heureux, pour en être chéris et pour les venger des barbares.

(1) *Œuvres de Voltaire*, t. XIII, p. 290.
(2) Psaume 90.

Je suis près de finir ma carrière lorsque Votre Majesté en commence une bien éclatante, etc. » Les lettres de Voltaire à d'Alembert et au roi sont datées du mois de novembre 1770 (1).

Christian VII quitta Paris le 9 décembre 1768 pour retourner dans ses États. Il passa trois jours à Metz où il fut fêté par le maréchal d'Armentières. Il s'arrêta à Strasbourg le 16 et le 18 à Mannheim. L'électeur Charles Théodore lui rendit des honneurs et lui fit visiter toutes les curiosités de la ville. Le 28 le roi arriva à Hanau, où il eut le plaisir de revoir ses deux sœurs. Il passa quatre jours avec elles et reprit son voyage en traversant Cassel et le Brunswick. Il arriva le premier de l'an à Hambourg, c'était le terme de son voyage ; cette ville touche à Altona.

En rentrant dans ses États, le roi reçut des honneurs officiels, et les acclamations populaires ne lui manquèrent pas.

Les enfants de l'orphelinat et des établissements où la musique était enseignée, formaient la haie sur son passage, tenant à la main une torche allumée et faisant entendre des airs nationaux. L'illumination des maisons était générale et le feu d'artifice représentait des emblèmes avec l'inscription : *Optimo Principi* (au meilleur roi).

Une dame adressa au jeune monarque des vers français et les Anglais qui n'avaient pas brûlé en sa faveur un seul grain d'encens de bonne poésie, n'ont pas manqué de dire que c'était la dernière *décharge* de poésie française que le monarque danois ait eu à subir.

D'Altona le roi alla à Ehrensburg où il demeura deux jours chez la baronne de Schimmelmann.

(1) *Œuvres de Voltaire*, t. LXVI, p. 473.

CHAPITRE IX.

RETOUR DE CHRISTIAN VII.

La reine dans l'absence du roi. — Influence toujours croissante de Struensée. — Rappel de Brandt. — Visite du roi et de la reine chez Rantzau. — Entrevue de la reine et de sa mère. — Le comte Holck, favori du roi, est congédié. — Struensée reçoit un affront du ministre russe. — Le premier ministre Bernstorff est forcé de donner sa démission. — Struensée de grade en grade arrive à être ministre souverain. — Il est créé comte ainsi que Brandt.

Christian VII fit sa rentrée solennelle à Copenhague le 14 janvier 1769, accompagné de la reine, qui était allée au-devant de lui.

Les Danois, portés naturellement à aimer leurs rois, chérissaient leur jeune monarque plein d'affabilité, et leur reine déjà surnommée *la mère des pauvres*.

Il semblait au premier abord que le roi avait profité de ses voyages; son contact avec les hommes d'État de France et d'Angleterre paraissait ne lui avoir pas été inutile, et ses manières charmantes s'étaient encore perfectionnées à la cour de Versailles.

Caroline-Mathilde, pendant son absence, avait grandi et embelli : elle avait mené la vie la plus correcte. Elle n'avait pas de goût pour les intrigues politiques et s'était abstenue de toute ingérence dans les affaires du gouvernement.

Elle avait évité le moindre conflit avec Julienne et le prince Frédérik. Elle les voyait autant que les convenances l'exigeaient. Caroline comme reine ne parut qu'une fois en public. Elle assista avec la reine Julienne, sur la demande du comte de Moltke, à l'inauguration de la statue équestre de Frédérik V érigée aux frais de la compagnie des Indes.

Pendant que son auguste époux était *écrasé* de fêtes à Londres et à Paris, la jeune et belle princesse ne se montrait nulle part.

Entourée de personnes qui n'avaient pas gagné son affection, et qui ne méritaient pas toujours sa confiance, elle avait concentré ses trésors de tendresse dans le berceau de son enfant. Elle le faisait coucher dans sa chambre, le soignait de ses mains, et remplissait avec joie tous ses devoirs de mère.

Les visites chères à son cœur étaient d'aller voir les pauvres elle-même, de leur porter des secours, et de jouir du bonheur que ses aumônes, accompagnées de sourires et de bonnes paroles, faisaient entrer dans la triste demeure de l'indigent.

Privée d'amis sûrs depuis le départ de Mme de Plessen, entourée d'ennemis, elle commençait à redouter leur malice avant d'avoir compris jusqu'où elle pouvait aller.

Sous prétexte de s'intéresser à elle, et en fait pour l'irriter contre son époux, on lui faisait des rapports perfides de ses actions et de ses paroles.

D'un autre côté, des rapports non moins malicieux étaient envoyés au roi sur ce que la reine faisait et disait. Ainsi on lui faisait dire, en apprenant qu'un nouveau régiment allait être créé pour le duc de Duras : « Le roi a agi en bon Français, mais non en bon homme d'État. »

Caroline savait que Julienne avait été opposée à son mariage ; au lieu de gagner son amitié, elle l'irrita par de petites choses qui blessent souvent une femme plus que les grandes. Son antipathie pour la reine douairière était trop visible.

Elle gardait rancune au roi de ne pas l'avoir emmenée avec lui. « Je désire, écrivait-elle à sa tante, la princesse Amélie, que les voyages du roi soient aussi dignes d'éloges que ceux de Cyrus, mais je vois que les principaux visiteurs de Sa Majesté sont des musiciens, des joueurs de violon, ou d'autres qui ont encore des métiers moins brillants. Les amusements nocturnes ont même quelque chose de plus désagréable, puisque l'amour de l'art et le sentiment ne peuvent les ennoblir. Je n'avais pas encore vu tant de légèreté et d'inconstance chez moi (*at home*). Je n'ai pu entendre parler sans peine et sans émotion de ses infidélités commises à l'étranger (1). »

Élevée dans le respect de la royauté, Caroline pardonnait tout au roi, mais rien aux autres.

Christian VII avait, quand il partit pour son long voyage, toute son intelligence. Son esprit brilla surtout en France; et ce n'est pas sans raison qu'il fut remarqué par des hommes qui s'y entendaient. Sa réputation sous ce rapport l'avait précédé. L'auteur des *Mémoires de mon temps* s'exprimait ainsi : « Il manquait entièrement d'application, mais avait beaucoup d'esprit, qui était très vif même; il avait la repartie extrêmement prompte et très gaie, fort bonne mémoire, en un mot, un jeune homme charmant, qu'on ne peut qu'aimer... » L'auteur lui reproche sa passion démesurée pour les femmes.

Les détracteurs du prince, comme Horace Walpole et autres, ne lui ont jamais prêté un mot ou une action qui

(1) *Life and time of Caroline-Mathilde*, t. I, p. 161.

fît supposer un commencement de dérangement mental.

Ceux qui ont écrit après que la démence du roi fut notoire, ont voulu en faire remonter les symptômes jusqu'à sa première jeunesse. Reverdil rapporte que pendant son séjour en France on crut déjà remarquer dans ses yeux et ses paroles quelques signes de folie. Quand l'esprit du roi s'égarait, un regard de Holck suffisait pour le rappeler à la raison.

Ces troubles de l'intelligence étaient si légers, si passagers qu'ils n'ont été aperçus que par les intimes et ont échappé à tous ceux qui ont vu le roi dans le monde.

Entouré des hommes les plus éminents et des femmes les plus distinguées de Paris et de Londres on a cité de lui souvent des bons mots, et jamais une parole excentrique ne lui a été reprochée.

Son intelligence entière brilla dans ses voyages, mais peu de temps après son retour, elle commença à décliner d'une manière sensible de jour en jour jusqu'à ce qu'elle finît par s'éteindre, sauf quelques lueurs fugitives qui reparaissaient quelquefois pour s'évanouir aussitôt.

Naturellement bon, aimable et gracieux, aimant à avoir toujours un ami près de lui, il se dégoûta peu à peu des affaires publiques en se montrant prêt à signer machinalement tout ce qu'on lui présentait.

Cette décadence de facultés intellectuelles fit de tels progrès, que l'on en rechercha la cause, et comme la cause vraie était difficile à trouver, on en imagina d'étranges.

Les uns disaient que la matière variolique employée pour le roi par les médecins dans l'opération de l'inoculation, avait été tirée d'une fille de Reventlow atteinte d'imbécillité notoire.

Les autres prétendaient que Struensée, d'accord avec

Caroline-Mathilde, avait fait prendre à Christian des drogues pour l'abrutir.

Brown n'hésite pas à dire nettement que les vices auxquels il avait été initié de bonne heure eurent pour effet de paralyser ses facultés physiques et morales. « Christian, ajoute-t-il, resta sept mois en voyage, et pendant tout ce temps son esprit fut dans une tension continuelle par les objets enchanteurs qu'on ne cessait d'offrir à ses sens. En revoyant sa femme et son enfant, lors de son retour de France, il parut plus triste et plus abattu que de coutume. Les plaisirs bruyants dont il venait de jouir accélérèrent la catastrophe, et à compter de ce moment il déclina d'un pas rapide (1). »

Si les voyages furent funestes à la santé du roi, ils le furent aussi aux finances de l'État. Au retour d'une absence de sept à huit mois, et d'un séjour dans des villes où tout était plus cher que dans le Nord, il fallut compter. Il s'élevait à des millions, le total des frais nécessaires, des libéralités exigées pour soutenir l'éclat de la majesté royale, des dépenses secrètes, des prodigalités insensées. L'idée seule que tant d'argent avait été éparpillé dans des contrées lointaines et non dans le pays mécontentait le peuple danois qui n'est pas riche.

L'épuisement du trésor royal ne pouvait avoir que de tristes conséquences. Les dépenses d'entretien des châteaux royaux, nombreux et splendides, furent réduites ; les créations projetées de routes nouvelles et l'augmentation de l'armée danoise furent ajournées ; il fallut interrompre d'utiles travaux et renvoyer sans ouvrage et sans pain beaucoup d'ouvriers qu'on ne pouvait plus payer.

(1) *Les Cours du Nord*, t. I, p. 96.

Le cours du change à Hambourg monta très haut et le crédit tomba en souffrance.

Le trésor était vide, il fallait le remplir. Des taxes, qui avaient été établies momentanément, furent maintenues et le peuple murmurait, trompé dans ses espérances.

La mésintelligence entre les deux reines Caroline et Julienne, après être restée secrète, finit par éclater, et ceux qui cherchaient à l'aggraver furent nombreux à la cour. Voici une lettre adressée par Caroline à sa tante, la princesse Marie de Hesse-Cassel dont le fils avait épousé la sœur de Christian.

« Copenhague, 22 mars, 1769.

« Madame et bonne tante,

« Vous connaissez sans doute les artifices, les inventions et les aspirations ambitieuses de la reine douairière, qui tend à accaparer l'autorité royale et à l'exercer toute seule. Elle rend le roi méprisable aux yeux de ses sujets, en abusant de ses faiblesses pour lui faire sanctionner les actes les plus flagrants de violence, d'injustice et d'oppression. Elle a perdu toute idée des sentiments de pardon et de modération, que je lui ai trop longtemps témoignés, en réponse à ses critiques, à son insolence, à ses calomnies, et elle n'a cessé par les plus injurieuses et les plus fausses diffamations de porter atteinte à la réputation et à la dignité d'une reine régnante. Je suis effrayée de la torpeur et de l'insensibilité du roi. Si quelque personne de ma maison montre un zèle louable à me servir, ou un respectueux attachement à ma personne, elle est regardée comme coupable et punie. Elle encourt la disgrâce du roi et ne tarde pas à être congédiée. Des raisons dictées par un sentiment de sage réserve m'ont empêché d'inquiéter le roi mon frère en lui parlant de choses désagréables ; il se croirait peut-être dans l'impossibilité d'intervenir sur un sujet dont il n'a pas le droit de se mêler. J'ai eu recours à votre bonté bien connue, pour que vous me rendiez le bon office de me conseiller ce que je puis faire pour rappeler le roi au sentiment de ses torts et de ses injustices. Pouvez-vous prendre sur vous-même, autant que la discrétion vous le permet, de me venir en aide dans la situation perplexe où je me trouve. Je ne pourrais jamais être assez reconnaissante de votre cordiale intervention pour rendre la paix à l'esprit de

« Votre affectionnée

« Caroline. »

La réponse de la princesse Marie ne se fit pas attendre. Elle demande à sa nièce de l'excuser si elle croit prudent de ne pas se mêler de ses affaires de famille. Son intervention pourrait avoir un mauvais effet en excitant la vengeance de sa rivale, et en attirant sur Sa Majesté de plus grands désagréments.

Au mois de mai la cour se retira au château de Frédériksberg (1).

Le comte Holck venait de se marier le 8 mai avec la comtesse Julie-Sophie, fille de l'amiral Danneskjold-Lauerwig. Holck habitait la *Fermebleu* près du palais occupé

(1) Il ne faut pas confondre les châteaux de *Frederiksberg*, de *Frederiksborg*, et de *Fredensborg*. Le premier n'est pas à une lieue de Copenhague, et les deux autres sont à vingt milles environ de la capitale.

par Christian qu'il voyait constamment. Son mariage n'avait rien changé à ses goûts ni à sa manière de vivre.

Le duc de Glocester était venu faire une visite à sa sœur Caroline-Mathilde, qui l'aimait beaucoup. Il fut accueilli cordialement par le roi qu'il avait bien traité à Londres. C'était un joyeux convive. Sa corpulence et sa large face prêtaient aux plaisanteries; le roi demanda un jour à Holck à qui ressemblait son beau-frère. A un bœuf anglais, répondit-il. Christian rit beaucoup de la comparaison. Il eut le tort de tout raconter à Caroline, qui n'en rit pas, et qui ajouta à ses griefs contre Holck celui d'avoir tourné son frère en ridicule.

Holck avait souvent amené avec lui, quand il allait faire des visites à la reine, le Dr Struensée. Des auteurs disent que Caroline avait d'abord éprouvé de la répugnance pour le médecin du roi. D'autres ont prétendu que cette répugnance n'était que feinte pour mieux cacher les relations qui commençaient à s'établir entre Caroline et le docteur.

Struensée visait au pouvoir. Il avait gagné l'affection du roi, mais pour la conserver, pour avoir un appui solide à la cour, il lui fallait parvenir à mettre de son parti la reine, qui était entourée d'ennemis et qui devait éprouver le besoin de trouver un conseiller sûr et dévoué.

Struensée avait cherché à attirer Holck de son côté, mais Caroline éprouvait une telle répugnance pour le comte, que Struensée s'aperçut vite qu'elle voyait de mauvais œil ceux qui étaient présentés par lui, et il lui fallut toute son habileté pour convaincre la reine qu'il sacrifierait volontiers le comte pour n'obéir qu'aux désirs de Sa Majesté.

Il avait compris que pour réussir dans une cour aristocratique, comme celle de Copenhague, il devait changer ses allures de médecin bourgeois en celles de parfait courtisan. Il fut à bonne école à Londres et à Paris ; il put juger des manières des plus grands seigneurs, et il eut assez d'intelligence pour se former aux élégances de la haute société, sans affectation, et comme s'il avait toujours vécu dans ce monde.

A Londres, il prit des leçons d'équitation d'Astley et devint un cavalier parfait. A Paris, il se fit habiller par le tailleur le plus renommé, et à la mode du jour : habit de drap bleu à boutons d'or, culotte et bas de soie.

Sa coiffure était dans le goût de celle de la reine ; quatre boucles de chaque côté de la tête, un toupet élevé, les cheveux tressés par derrière et relevés par un peigne.

Débarrassé par la philosophie voltairienne de tout scrupule religieux, il visait si peu à séduire la reine qu'il choisit pour sa maîtresse une de ses dames les plus dévouées, et ne cacha pas plus sa vie galante que les autres seigneurs de Copenhague.

Mme de Gohler, que Caroline-Mathilde avait prise en affection, était plus renommée pour sa beauté que pour sa vertu. Elle avait eu pour amant l'envoyé du czar Philosophow qu'elle quitta parce qu'il s'était montré hostile à la reine. Struensée parvint à lui plaire surtout par le charme de ses yeux expressifs et les séductions de son esprit.

Il lui parla si bien de son admiration, de son dévouement absolu pour la reine, que Mme de Gohler ne cessa de le vanter à sa maîtresse et finit par la convaincre qu'elle ne pouvait donner sa confiance à un homme plus sûr ni plus capable.

Caroline-Mathilde avait dû au médecin le rétablissement de sa santé. Mme de Gohler leur ménagea une entrevue pendant une chasse du roi à Trovendahl, et la reine approuva toutes les idées politiques de Struensée.

Pour détacher Christian de son favori, le meilleur moyen, c'était de lui en procurer un autre. Brandt, qui était l'ennemi le plus ardent des Holck, avait un art merveilleux pour amuser le roi. Il fut rappelé de l'exil. La première fois que Holck rencontra son rival à la cour, il ne put dissimuler le saisissement que lui causa cette apparition.

« On dirait, Monsieur le comte, dit Brandt, que vous avez peur des spectres. — Oh ! non, dit le comte, je ne crains pas les spectres, mais les revenants. »

Le favori comprenait bien que sa puissance déclinait et que celle de Struensée s'accentuait chaque jour davantage.

Le comte de Rantzau eut l'honneur de recevoir dans son château d'Ascheberg le roi et la reine qui visitaient les duchés du Schleswig-Holstein. Parmi les courtisans qui accompagnèrent Leurs Majestés se trouvaient Brandt et Struensée. Mme de Gohler suivait la reine.

Struensée n'était plus regardé comme simple médecin ; il avait été nommé conseiller de conférences, ce qui lui donnait les entrées à la cour.

Rantzau était trop habile pour ne pas deviner les intrigues qui s'ourdissaient au palais. Il était charmé d'avoir chez lui la reine et Struensée pour les espionner. Il avait cru, en protégeant un simple bourgeois comme médecin, n'avoir en lui qu'un serviteur dévoué qu'il pourrait faire agir à son gré. Il s'aperçut bientôt que Struensée, loin de se préoccuper des intérêts de son protecteur, ne songeait qu'à lui-même. Son affection pour lui se changea en haine, mais le comte se gardait bien de montrer son ressentiment secret, et les désirs de vengeance qui commençaient à naître dans son esprit. On a prétendu que, roulant dans son imagination inconstante les desseins les plus divers, il avait eu la pensée de se réconcilier avec ses ennemis politiques, Bernstorff et Holck, et de marcher avec eux pour empêcher Struensée d'arriver au but.

Pendant le séjour de Leurs Majestés à Ascheberg, le comte, très grand seigneur, leur donna une hospitalité princière. Le château était plus remarquable par son antiquité que par son architecture; on vantait surtout ses magnifiques jardins, sa longue avenue bordée d'ormes séculaires et la colline d'où venait le nom de *Asch-berg* (montagne de frênes). Cette colline était couronnée, à son sommet, d'arbres superbes, et à ses pieds s'étendait un lac de trois lieues de largeur, semé de petites îles de verdure.

Rantzau organisait chaque jour des parties de plaisirs : tantôt des promenades sur l'eau et des pêches, tantôt des promenades à cheval et des chasses; tantôt des bals et des concerts au château; tantôt des bals champêtres dont le roi raffolait.

La jeune reine ne cessa de remercier le comte de son hospitalité princière et de ses attentions exquises. Elle se sentait heureuse d'être entourée de ses amis; hélas! elle mettait Rantzau du nombre!

Elle lui donna en partant une tabatière enrichie de diamants, que Christian avait payée mille guinées à Londres.

Plus tard elle ne cessa de se montrer très aimable pour le comte de Rantzau, qui était toujours bien accueilli à la cour. Son régiment, *le régiment de la Reine,* était commandé par le comte. Elle se fit peindre en colonel et donna à Rantzau le 16 juin 1771 ce portrait de grandeur naturelle.

Cela expliquera la terrible colère de Caroline-Mathilde et les violents remords de Rantzau dans les scènes émouvantes que nous aurons à raconter.

Déjà à l'époque où le roi fit sa visite au château d'Ascheberg les facultés intellectuelles de Christian VII déclinaient avec une effrayante rapidité. Sa volonté était à la disposition de celui qui savait s'en emparer.

Son esprit, naguère si vif, ne jetait plus que par intervalles de fugitives lueurs.

Il avait un chien nommé *Gourmand* qui l'avait suivi au château d'Ascheberg dans une chaise de poste, où il était seul avec un domestique attaché à son service. C'était un chien extraordinaire qui avait été donné au roi par un seigneur de Lubeck; il était de couleur fauve et d'une taille prodigieuse. Il joignait la force du mâtin anglais à l'élégance du lévrier. Il mangeait à la table du roi. Quand celui-ci se reposait, le chien couché près de lui n'aurait pas permis qu'on réveillât son maître. On disait que dans une circonstance il avait étranglé un homme qui avait voulu assassiner le roi. Un jour Christian, qui ne s'occupait plus qu'avec répugnance des affaires d'État, avait été fort ennuyé de signer des nominations de conseiller de conférences (*conferringrath*). Il appelle Gourmand et lui dit : sais-tu aboyer? Il pressait en même temps du pied la patte de l'animal, qui répondit par un aboiement : « Eh bien, dit le Roi, puisque tu sais aboyer, tu peux être maître de conférences. »

Au moment où Struensée commençait à gagner les bonnes grâces de la reine, la petite vérole, au mois de mai 1770, fit mourir à Copenhague 1200 enfants. La reine alarmée confia à Struensée le soin de faire au prince royal l'opération de l'inoculation (1). L'habile docteur réussit au delà de toute espérance.

La mère, qui adorait son enfant, le soignait elle-même, le gardait, le veillait, et les soins maternels étaient dirigés, partagés par le médecin, qui ne quittait pas le lit du malade.

Caroline et Struensée passèrent ainsi de longues heures ensemble La reine apprit à le mieux connaître et lorsqu'elle lui fut redevable de la santé de son fils, la reconnaissance se joignit aux sentiments de grande estime qu'elle avait pour sa rare intelligence.

Au retour de son long voyage, le roi, qui s'était attaché à Struensée, l'avait gardé auprès de sa personne comme médecin ordinaire, avec mille dollars d'honoraires et une gratification de 500 dollars pour payer ses dettes.

Quelques mois après, le 12 mai 1769, le médecin était nommé conseiller d'État, puis lecteur du roi et de la reine. Logé au palais de Christiansborg, il eut l'occasion de voir à chaque instant Christian et Caroline, aussi fit-il de rapides progrès dans leur faveur.

Il ne fut pas toujours d'accord avec la reine sur le plan de campagne à suivre; mais quand ses idées ne pouvaient prévaloir, il les sacrifiait avec une bonne grâce extrême.

Ainsi Struensée avait pensé que le roi étant accoutumé à avoir un favori, Holck était le moins gênant, parce qu'il ne songeait qu'à ses plaisirs et avait aussi peu de

(1) Le mode de vaccine inventé par Jenner était encore peu répandu; ce n'est qu'au mois de décembre 1769 que l'usage en fut ordonné à Copenhague.

goût que de capacité pour la direction des affaires de l'État.

La reine avait été trop blessée par Holck pour lui pardonner ses torts et ne voulut jamais renoncer à sa vengeance.

Struensée organisa donc une campagne pour dégoûter le roi de son favori. Il fit sentir habilement au roi la nécessité d'une vie tranquille, et Christian VII qui sentait ses forces épuisées vit l'ardent complice de ses orgies avec moins de plaisir que lorsqu'il pouvait le suivre.

Le 27 mai 1770, la reine Sophie-Madeleine vint à mourir dans un âge avancé. Christian depuis longtemps ne suivait plus ses conseils; il ordonna un deuil très court de six semaines.

Au mois de juin 1770, la princesse douairière de Galles accompagnée du duc de Glocester, entreprit un voyage hors de l'Angleterre, que la princesse n'avait jamais quittée, et ce voyage donna lieu à de nombreuses interprétations. La princesse témoignait le désir de visiter sa sœur la duchesse de Brunswick, mais le but principal du voyage était de voir sa fille Caroline-Mathilde.

Elle lui donna rendez-vous à Brunswick. Au moment où le roi et la reine de Danemark étaient attendus, un courrier porta une dépêche de Leurs Majestés qui s'excusaient d'être empêchées par des raisons de santé, de faire ce long voyage. Pour abréger le trajet, la princesse de Galles leur donna un second rendez-vous à Lunebourg. Christian et Caroline-Mathilde promirent de se rendre dans cette dernière ville. Ils arrivèrent tard et fatigués, se couchèrent de bonne heure et repartirent le lendemain. Christian n'aimait pas sa belle-mère. La princesse de Galles aimait sa fille, mais elle n'était pas toujours aimable pour ses enfants. D'ailleurs elle venait de voir des princes que Julienne, princesse de Brunswick, avait dû mal impressionner. Caroline-Mathilde reçut des observations peu agréables de sa mère qui lui reprocha d'avoir admis Struensée dans la voiture royale, et d'avoir des rapports trop familiers avec un homme de si basse naissance. Frédéric le Grand partageait ces idées et il a écrit : « l'accès que le médecin eut à la cour lui fit gagner imperceptiblement plus d'ascendant sur l'esprit de la reine qu'il n'était convenable à un homme de cette extraction. »

La princesse de Galles fut plus que froide pour Struensée et affecta de ne parler qu'anglais devant lui, parce qu'il ne comprenait pas cette langue.

La reine de Danemark toujours respectueuse pour sa mère, qui ne craignait pas de la blesser, l'invita à venir lui faire une visite à Copenhague.

Elle avait déjà des idées trop arrêtées pour que la princesse de Galles parvînt à les modifier, aussi, finit-elle par dire à sa mère : « Madame, je vous en supplie, laissez-moi gouverner mon royaume comme cela me convient. »

Pour faire sentir qu'elle souffrait de l'affectation de la princesse à ne parler qu'anglais devant Struensée, elle ne parla qu'allemand en disant : « J'ai un peu oublié ma langue dans un pays où elle n'est parlée par personne. »

A peine le roi et la reine de Danemark furent-ils rentrés à Copenhague, qu'ils repartirent pour le château de Frédériksborg. Là, Struensée était plus libre pour diriger le roi, qui signait sans savoir ce qu'il faisait.

Au mois de juillet 1770, le comte de Holck fut enfin congédié et exilé de la cour, mais avec une pension de 2,000 thalers.

Une fois le favori tombé, il ne chercha plus à se relever

et sa chute entraîna celle de ses amis. Mme de Lühe, grande maîtresse, et plusieurs dames d'honneur furent remplacées et renvoyées d'une manière polie.

Brandt, nommé surintendant des théâtres et des menus plaisirs, eut pour mission de distraire le roi et de le mettre à l'abri de toute mauvaise influence.

Le comte de Bernstorff, comprenant que la disgrâce de Holck était un présage de la sienne, se mit sur ses gardes. Il favorisait le parti russe que Struensée combattait comme une véritable tyrannie humiliante pour le pays. Un ministre du czar s'arrogeait un droit d'immixtion dans l'administration intérieure de l'État au point d'oser écrire ainsi : « J'ai reçu ordre de ma cour de quitter la vôtre et de rompre toutes relations plutôt que de permettre qu'un homme intrigant et dangereux comme le comte de Gorz reste à votre cour. » M. de Blosset (1) rend ainsi compte d'une altercation qui fit beaucoup de bruit à Copenhague, et qui se passa entre le ministre russe Philosophow et Struensée. « Cet homme obscur, ci-devant médecin, depuis deux mois lecteur de Sa Majesté et conseiller à conférence, était l'hiver dernier le rival de ce ministre russe auprès d'une actrice de la comédie et dans un accès de jalousie, il lui cracha au visage en plein spectacle, et en présence de l'objet aimé. Cet outrage n'a pas corrigé le galant médecin de son amour pour les femmes. »

Cette aventure est racontée d'une manière identique par Jenssen Tusch et Lascelles Wraxall, qui rapportent ainsi

(1) Dans la *Revue d'histoire diplomatique* (1887) N° 1, p. 90. M. le comte de Barthélemy d'Hastel a publié un intéressant article intitulé : STRUENSÉE, *d'après les dépêches du ministre de France à Copenhague* (M. de Blosset). Il nous fournit dans ce travail, très bien fait, des détails inédits.

le fait : un soir, Struensée occupait à l'Opéra la même loge que Philosophow. Ce Russe, d'éducation plus que médiocre, avait l'habitude de cracher sans cesse, et il cracha, comme par mégarde, sur l'habit de son voisin. Struensée s'essuya et ne dit rien ; mais bientôt le ministre russe recommença. Le médecin se fâcha tout de bon, Philosophow répondit qu'il avait fait cela sans intention. Struensée quitta la loge en demandant raison au Russe qui refusa de se battre et voulut faire de sa querelle une question diplomatique ; il porta plainte au comte de Bernstorff. Mais le comte était trop sage pour donner de l'éclat à cette affaire qu'il chercha à étouffer.

Dès le retour du roi de son voyage, la faveur dont jouissait Struensée auprès de son maître avait frappé tous les yeux. M. de Blosset dans une dépêche du 25 avril, disait déjà : « Le roi adore le page (1) et le médecin ; il passe une partie du jour à jouer avec eux dans ses appartements. » Le 12 décembre, M. de Blosset écrivait encore : « Le roi continue à s'amuser dans son intérieur avec son page et son médecin. »

L'ascendant toujours croissant de Struensée dans l'esprit du roi ne déplaisait pas à la France, mais était une menace pour le parti russe, qui était toujours prédominant à la cour.

Lorsque le comte de Bernstorff vit s'accroître de jour en jour le pouvoir de Struensée, il comprit que sa disgrâce était prochaine.

Il eut recours alors au ministre du czar qui avait intérêt à le maintenir. Son intervention ne réussit pas. Le roi écrivit à Bernstorff une lettre autographe, le 13 septem-

(1) M. de Varnstedt.

bre 1770, dans laquelle il le remerciait de ses bons services, mais l'avertissait, qu'ayant l'intention de faire des changements dans le système du gouvernement, il était obligé de le congédier et qu'il lui donnait une pension de 6000 dollars.

Le comte lut cette dépêche en silence, et une profonde tristesse se peignit sur ses traits. Il ne quittait pas sans regret une position qu'il occupait depuis vingt ans. Levant au ciel ses yeux, qui se remplissaient de larmes : « Dieu puissant, dit-il, bénissez mon roi et mon pays ! »

Le jeune comte de Bernstorff, premier député du collège des douanes, le vieux comte de Holck, président de la Chambre, le comte de Lauerwig, l'amiral, le président du collège de guerre, et enfin les trois ministres Moltke, de Thott et de Rosenkranz furent successivement obligés de remettre leur démission. Le comte de Lauerwig avait marié sa fille avec Holck le favori disgracié. Le comte de Rantzau et le général Gohler entrèrent au conseil d'État.

Le ministre du czar avait expédié un courrier en Russie pour se plaindre de ce qui se passait, mais Struensée avait eu la précaution de son côté d'envoyer un adjudant général pour expliquer les changements que le roi avait cru devoir faire, et exprimer le désir de continuer de bonnes relations avec la cour de Saint-Pétersbourg.

Le général Philosophow, dont la tête ne tarda pas à se déranger, fut enfin rappelé.

Le comte d'Osten remplaça Bernstorff aux affaires étrangères. « On lui accorde, dit M. de Blosset (1) de l'esprit et du talent, mais d'après son goût décidé pour l'intrigue et le penchant qu'on lui suppose pour la

(1) Dépêche du 25 décembre 1770.

Russie, on est étonné que la jeune reine l'ait choisi. » Dans une autre dépêche, M. de Blosset dit que la cour de Pétersbourg *s'adoucit* et accepte le comte d'Osten.

Struensée savait combien le parti russe lui était hostile; il devait user de grands ménagements pour ne pas trop l'irriter, au moment où il y avait de grandes questions pendantes entre le Danemark et la Russie, notamment l'échange du Holstein.

Le refroidissement du cabinet russe envers le Danemark ne déplaisait pas à la France. Dans la correspondance de la cour de Versailles, on remarque plus de bienveillance pour Struensée que dans celle de Blosset.

Le duc d'Aiguillon écrivait au ministre le 21 juillet 1771: « M. de Struensée, en qui Sa Majesté a mis sa principale confiance et qui a pris un ascendant considérable sur la reine, n'a fait jusqu'à présent usage de sa faveur que pour le bien général du Danemark et s'il continue à se diriger par les mêmes principes et dans les mêmes vues, on ne pourra que bien augurer du succès de l'influence supérieure que son maître lui donne. Ses dispositions pour rapprocher le Danemark et la Suède sont très conformes au désir que nous avons toujours eu. »

On engage M. de Blosset à faire la connaissance plus intime de Struensée, et notre ministre répond le 26 novembre 1771: « Je vais tâcher de le connaître personnellement et de le sonder. Je serai un des premiers ministres étrangers qui ait recherché sa connaissance, et je suis lié avec lui, comme on peut l'être avec quelqu'un qui, depuis son élévation a passé très peu de temps à Copenhague qui ne va jamais dans la société et qu'on ne voit qu'en public. »

Dès que Struensée eut fait congédier Bernstorff, il se

sentit libre de choisir ceux qui pouvaient l'aider dans les desseins, et de renvoyer ceux qui auraient pu le gêner.

Il fit de grands changements dans le personnel et dans toutes les branches de l'administration. Parmi les hommes qu'il renvoya, citons Panning, secrétaire du roi, et le comte d'Ahlfeldt, qui perdit le commandement de la garnison de Copenhague pour prendre celui d'Oldenbourg.

Parmi les amis qu'il appela auprès de lui figure en première ligne son frère Charles-Auguste Struensée, professeur à l'École militaire de Liegnitz, en Prusse, qui a eu l'honneur d'avoir enseigné les mathématiques à Leibnitz et d'avoir composé plusieurs ouvrages, notamment une traduction des *Rêveries du maréchal de Saxe*. M. de Blosset annonçait ainsi cette nomination dans sa dépêche du 17 décembre 1771 : « M. de Struensée a mandé son frère aîné, professeur de mathématiques à l'École militaire, pour en faire un contrôleur général des finances. Ce nouvel acteur du théâtre danois a une tête bien organisée; il joint quelques connaissances à une grande habitude du travail, il pourra être utile à son frère qui, étant obligé d'être presque toujours avec Leurs Majestés, n'a peut-être pas deux heures dans la journée dont il peut disposer; il prend une grande influence et me fait un bon accueil. »

Dans la distribution de ses faveurs, Struensée se fit un ennemi dangereux. Pour ne pas déplacer des amis sur lesquels il comptait, il leur laissa les plus hautes fonctions et ne donna au comte de Rantzau, qui en fut très blessé, que des fonctions subalternes.

Une ordonnance du roi datée de Hirschsholm du 15 juillet 1771 investit Struensée d'un pouvoir absolu dont aucun ministre danois n'avait jamais joui. L'ordonnance signée par Christian débute ainsi : « Ayant nommé le maître des requêtes Struensée, ministre du cabinet privé, nous lui avons prescrit de notre propre main des ordres qu'il est tenu d'observer.

« 1° Tous les ordres que nous lui donnerons oralement seront rédigés et mis par écrit par lui conformément à nos intentions ; il nous les donnera à signer, on les publiera en notre nom sous le sceau du cabinet. »

Il est dit dans l'article 4 : « tous les ordres émanés du cabinet auront la même validité que s'ils étaient écrits de notre main. »

La puissance de Struensée était sans limite ; nous dirons l'usage qu'il en fit et nous consacrerons un chapitre spécial à l'ensemble des réformes qu'il opéra dans le royaume.

La noblesse était puissante dans les cours du Nord, à Copenhague surtout. Les nobles avaient peine à se résigner à voir à la tête du gouvernement celui qui peu de temps auparavant n'était qu'un simple médecin. Ils ne parlaient jamais de ses amis qu'en les appelant avec dédain : *la cabale du docteur*.

Struensée, qui, en vrai philosophe, avait tant fait de railleries contre la noblesse, fut très flatté de pouvoir devenir noble. Combien de conventionnels en France qui après avoir proscrit les titres nobiliaires ont été fiers de s'en parer sous l'empire !

Le 30 juillet 1771, Struensée et Brandt furent créés comtes. Brandt se contenta des armes de son aïeul le conseiller Brandt : c'était une simple pomme de pin.

Struensée montra plus d'orgueil que de bon goût dans le choix des pièces qui figurent dans ses armes très chargées. L'écu était divisé en cinq quartiers. Celui du milieu portait un vaisseau naviguant, symbole du commerce. Le premier et le quatrième quartier portaient quatre fleuves, symboles de l'exportation et de l'importation, sur champ d'or, images du Danemark fertile et de la riche Norvège. Au deuxième et au quatrième quartier on voyait une couronne entourée de palmes, emblème de la paix et de la victoire et deux clefs croisées, emblèmes du pouvoir et du commandement, sur un champ d'azur symbole de constance et de fidélité. L'écu était encore orné de la couronne royale et de la médaille de Mathilde entourée de guirlandes de lauriers d'où jaillissaient deux fleuves, symboles de joie et de bonheur. Les supports étaient deux castors représentant l'industrie et l'agriculture. La couronne comtale n'était pas seule, elle était accompagnée d'un casque, emblème de l'armement du peuple ; d'un hibou et d'une clef, allégories de la pensée et de la réflexion ; de deux aigles, images du pouvoir et de la victoire, enfin d'un vaisseau de guerre, symbole de la puissance maritime.

Ces armoiries ridicules peintes sur les équipages de Struensée, s'étalèrent partout, jusque sur la casquette de la livrée blanche et écarlate adoptée par le nouveau comte.

Mme La Mothe, femme de chambre de la reine, raconte que la première fois que le valet de chambre sortit en livrée, il tomba et roula sur les marches de l'escalier du château, l'écusson fut brisé et la livrée tachée de sang. Struensée se borna à répéter sa phrase habituelle : Comme Dieu voudra ! Mais plusieurs regardaient cela comme de mauvais augure et ne manquaient pas d'en rire.

CHAPITRE X.

CAROLINE-MATHILDE TRIOMPHE.

Struensée guérit la reine d'une maladie de tristesse et l'entraîne dans les plaisirs de la vie mondaine. — Équitation. — Toilettes. — Chasse. — Théâtre. — Table royale. — Splendeurs des châteaux royaux. — L'ordre de Mathilde. — Naissance de la princesse Louise. — Affaiblissement des facultés intellectuelles du roi.

Le triomphe de Struensée était celui de la reine. Caroline-Mathilde lui avait ouvert la voie des grandeurs et elle avait enfin trouvé un appui, un conseiller, un serviteur dévoué.

Julienne et ses ennemis secrets gardaient le silence, comme si tous reconnaissaient l'impossibilité de continuer la lutte.

Depuis qu'elle avait ceint la couronne; elle avait bien souffert la jeune reine! Élevée dans une famille où les vertus domestiques étaient en honneur, le désordre et l'inconduite de son époux, les ennuis de la cour lui avaient fait verser bien des larmes.

Elle devait cacher ses peines, et son entourage, composé par ses ennemis, ne lui inspirait aucune confiance.

La santé de Caroline-Mathilde se ressentit de la tristesse profonde qui l'avait envahie. L'altération de ses traits et son état de souffrance frappèrent les yeux du roi, qui s'en inquiéta et qui en parla à son médecin. Struensée était habile dans l'art médical, il l'était encore plus dans la science du cœur humain. Il reconnut bien vite qu'il n'y avait aucun symptôme d'hydropisie, comme on l'avait craint, et découvrit la véritable cause du mal.

« L'état de Votre Majesté, dit-il à la reine, n'a rien de grave ni d'inquiétant, et la guérison est facile : *c'est le chagrin, c'est l'ennui*, c'est une vie trop sédentaire qui sont les causes de l'altération de votre santé. Beaucoup d'exercice, d'amusement et de distraction, voilà ce qui vous est nécessaire. Les dames de Copenhague n'aiment pas à monter à cheval, il faut leur donner l'exemple de cet exercice. »

L'ordonnance était agréable à suivre pour une jeune princesse, qui sortait d'un abîme de tristesse pour arriver à ce qu'elle croyait être le bonheur.

Caroline prit goût aux plaisirs mondains. Elle apprit à monter à cheval et devint une écuyère intrépide. Struensée, élevé aux honneurs, conservait sa passion pour les fêtes et s'entendait à les organiser. Les jardins du palais de Rosenborg, à Copenhague, et ceux du château de Frédériksborg, se prêtaient surtout aux féeriques illuminations, aux feux d'artifice magiques.

De splendides fêtes eurent lieu, notamment lorsque le roi reçut la visite de son beau-frère, le futur Gustave III de Suède, et la reine celle de son frère le duc de Glocester.

Struensée voulait que le peuple eût aussi sa part des réjouissances royales. Le 29 janvier 1771, à l'occasion de l'anniversaire de la naissance du roi, on érigea, derrière le palais de Christansborg, deux fontaines ; de l'une coulait du vin blanc, de l'autre du vin rouge, et au-dessus de ces fontaines, des hérauts d'armes jetaient à la foule de l'or et de l'argent.

Puis, au bruit des musiques militaires, des bœufs et des

moutons rôtis en entier furent publiquement découpés et distribués au peuple.

Le goût des fêtes excite celui de la toilette. Après que la jeune et jolie reine eut été arrachée aux idées mélancoliques qui assombrissaient sa vie, elle se fit remarquer par le luxe et l'élégance de ses toilettes de Paris. Elle les portait à ravir. A sa seule démarche on reconnaissait la reine, *Incessu potuit dea,* c'est ce qu'on avait souvent dit en la voyant. Il existe plusieurs de ses portraits. Elle est souvent représentée en toilette de cour, très décolletée. Les vieilles dames danoises blâmaient les modes nouvelles de Versailles.

Dans un ouvrage assez récent, publié en Danemark, se trouve une minutieuse et charmante description d'un portrait de Caroline-Mathilde.

L'auteur, après avoir dit qu'on l'aurait prise pour une reine, quand même elle n'aurait pas eu un trône ajouta : « On l'aurait prise pour quelque chose de plus, pour un ange et les Danois regardent encore avec attendrissement le portrait qui leur rappelle la mémoire de la reine qu'ils ont tant aimée. » La famille de Caroline-Mathilde a conservé notamment trois portraits de la reine. Dans le premier, fait après la naissance de la princesse Louise, elle est représentée de grandeur naturelle, habillée de rose, avec un voile blanc sur la tête. Dans le second, Caroline a les cheveux poudrés et très relevés sur la tête, sa robe de satin vert clair est découpée sur le devant, et ornée, sur le côté, d'un bouquet de jonquilles.

Le troisième portrait est fait à Celle, et nous a paru le plus intéressant. La jeune reine paraît maigrie par ses malheurs, mais n'a rien perdu de sa beauté. Sa figure a une expression de douceur charmante et est fort jolie;

seulement les sourcils sont un peu clairs et la lèvre supérieure un peu trop avancée. De beaux cheveux blond-cendré retombent en deux longues boucles derrière les oreilles. La reine a une robe et un long voile blancs et ne porte d'autre parure qu'un petit diadème d'or sur la tête.

Ce portrait, peint par Schultz en 1774, se trouve encore au château de Celle.

Arrivée à Copenhague presque au sortir de l'enfance, Caroline ne fit que croître et embellir. Elle joignait au plus beau teint du monde et à l'éclat de la jeunesse un port majestueux. L'élégance de sa toilette faisait ressortir une partie de ses charmes, mais cachait parfois une partie de sa beauté. Ainsi les admirables reflets de sa blonde chevelure disparaissaient souvent sous un amas de poudre et de pommade.

Son costume pour monter à cheval fut très critiqué. Sur le conseil de Struensée, elle montait à cheval à la manière des hommes. Les dames de la noblesse et de la bourgeoisie se récrièrent en voyant une reine adopter une mode qui n'était en usage que chez les paysans. D'un air mâle et fier, elle monta à cheval avec des culottes de peau, des bottes et des éperons.

Elle tenait aussi au luxe des équipages, et sous ce rapport elle était exigeante et sévère. La tenue de ses gens devait être irréprochable.

Quand elle sortait, son carrosse était précédé de coureurs à pied, en livrée magnifique, la plaque d'or armoriée au bonnet. Pour être nommé courrier de la reine, il fallait un apprentissage de sept ans et avoir fait preuve d'une vigueur extraordinaire.

Aussi, c'était beau de voir ces hommes doués d'une agilité merveilleuse, sautant sans y toucher au-dessus des hautes barrières, et faisant de longs trajets avec une rapidité extrême! Ils n'avaient que deux heures pour aller de Copenhague à Hirschsholm, c'est-à-dire pour faire six lieues.

Quoique la reine fût naturellement bonne, elle était rigide pour l'exactitude de leur service; il était bien rare qu'elle eût pitié de la fatigue des coureurs et qu'elle leur permît de monter derrière la voiture. Dès qu'ils commençaient à vieillir elle les renvoyait avec une pension.

Struensée avait pour lui deux coureurs et dix domestiques. Durant le temps assez court de sa puissance, il changea trois fois de livrée. Voici la livrée de ses coureurs : jacquette couleur chamois; écharpe vert de mer, bonnet velours vert avec plaque d'or massif où était gravé le cimier du comte.

La chasse était un plaisir royal. La reine le prit en passion et le roi y allait avec elle.

Il y avait trois sortes de chasse, qui, selon l'étiquette de la cour, exigeaient trois uniformes de genre différent.

L'uniforme de la chasse royale au cerf était : un habit chamois, avec le collet, les parements et les doublures bleu de ciel; l'habit était bordé d'un galon d'argent festonné, la veste était bleue et galonnée, la culotte de peau, le chapeau à trois cornes galonné et la cocarde rouge.

Voici l'uniforme de la chasse au lièvre : veste de velours vert, culotte de peau, bottes à revers bruns, chapeau à trois cornes, cocarde verte.

L'uniforme de la chasse à l'oiseau était le plus magnifique : habit en velours cramoisi avec collet et parement vert, tout bordé de galons d'or, culotte de peau, chapeau à galon d'or, cocarde verte.

Quand la reine allait à la chasse, elle s'habillait en homme; elle relevait un peu ses cheveux, elle avait les boucles sur le côté et les tresses en toupet. Son chapeau de castor gris, à larges galons et à gland d'or, retombait sur le côté; elle mettait un habit écarlate tout galonné d'or, une veste chamois très galonnée aussi, une chemise à jabot, une cravate d'homme, une culotte de peau de daim et des éperons.

Le roi portait l'habit écarlate, la veste chamois, et la culotte de peau de daim.

Les bals et les mascarades étaient nombreux à la cour.

Le comte Brandt, surintendant des menus plaisirs et du théâtre, ne négligeait rien pour plaire à la reine Caroline, et, pour lui plaire peut-être, il ne manquait aucune occasion d'être désagréable à la reine douairière. Ainsi il décida qu'au théâtre Julienne et Frédérik cesseraient d'avoir leur place à la loge royale et auraient une loge particulière.

Cette mesure irrita profondément la reine Julienne qui la considéra comme un affront. Elle ne dit rien, mais sa vengeance prudemment ajournée, éclata un jour d'une manière terrible contre le malheureux Brandt.

Pour satisfaire les goûts du roi et de la reine, Brandt faisait jouer devant eux plus de pièces françaises que de pièces danoises, plus de comédies que de tragédies. Il avait assez longtemps habité Paris pour avoir appris à jouer lui-même les chefs-d'œuvre de la scène française.

Struensée aurait voulu avoir des troupes de comédiens à bon marché, et, pour créer un orchestre économique, il avait eu l'idée de le composer avec les musiciens des régiments. Brandt avait, sous le rapport artistique, meilleur goût que lui, et déclara nettement qu'il ne voulait pas que le théâtre de Copenhague, par son infériorité, devînt à l'étranger un sujet de risée.

Le mardi et le vendredi étaient des jours de grande réception au palais du roi. Les portes, qui ne s'ouvraient naguère que pour les nobles, ne furent plus fermées aux personnes qui avaient une autre distinction que celle de la naissance.

Le rôi faisait sa partie aux cartes, et la reine, quand elle ne dansait pas, aimait aussi à jouer. Le palais de Christiansborg fut appelé le *Temple du Plaisir*. Brandt et Struensée le remplirent de joyeux amis et de femmes plus renommées pour la beauté que pour la vertu.

Les excès de la bonne chère avaient tué Frédérik V. Le luxe de la table n'avait fait qu'augmenter, Caroline mangeait beaucoup. Struensée allait ordinairement déjeuner chez elle.

Le dîner avait lieu à sept heures. La table du roi était au moins de douze couverts. Christian y faisait assez triste figure, mais Caroline y resplendissait de l'éclat de la beauté et de la toilette. Leurs Majestés était servies sur vaisselle d'or par des pages nobles. Le maréchal et la première dame du palais étaient assis aux deux bouts de la table. En face du roi et de la reine, les invités prenaient place, chaque cavalier à côté d'une dame. Dans la grande salle de la Rose, une table de quatre-vingts couverts était dressée pour les grands officiers du palais. La vaisselle était en argent. Là trônaient Struensée et Brandt; c'étaient les maîtres.

Les rois de Danemark aimaient la magnificence des palais. Ils avaient de superbes résidences à la campagne et à la ville. Dans ces pays, les lacs sont si limpides, les gazons si verts, les arbres si magnifiques, les sites si pittoresques!

Christian IV pour vivifier les arts, aimait à fonder des villes, des forteresses, des églises, des palais. Il fit raser l'ancien château de Frédériksborg pour en construire un plus beau à la même place.

Frédérik IV avait aussi la passion des constructions magnifiques. Il fit bâtir le château de *Fredensborg*, qu'on a décrit ainsi : *Château de la paix... où tout donne au cœur le sentiment d'une pacifique et idéale retraite.* Le même prince fit élever encore le château de *Frédériksberg*.

Il avait employé des tonneaux d'or pour embellir le palais royal de Copenhague : Christiansborg. L'aïeule de Christian VII, la reine Sophie-Madeleine, avait également de coûteuses fantaisies en fait de constructions. Elle fit démolir Christiansborg, récemment restauré, pour le remplacer par un château plus magnifique encore. Elle dépensa à ce bâtiment la somme énorme de vingt-sept tonneaux d'or !

C'était un des plus beaux palais royaux de l'Europe. Il avait six étages (en comptant le rez-de-chaussée). Le second était occupé par le roi ; le troisième par la reine douairière et son fils. Les trois étages supérieurs, nommés les *Mezzanines*, étaient destinés au logement du ministre d'État et des gens de service. Struensée et Brandt avaient de beaux appartements aux *Mezzanines*.

Christian VI avait fait remettre à neuf les châteaux de *Sophienberg*, de Friedericsruhe, et de l'Ermitage. Une des plus curieuses constructions imaginée par la reine Sophie fut celle du château de Hirschsholm (en allemand : *palais des cerfs*). Elle avait fait raser pour lui faire place *Hœrsholm* vieux monument du moyen âge, et l'on bâtit le nouveau palais, au milieu d'un lac, avec une longue avenue de beaux arbres aboutissant à la terre ferme. On avait essayé d'imiter et même de surpasser tous les raffinements de l'art français et toutes les merveilles de Versailles. Les cadres de glaces et de tableaux étaient ornés de ciselures sur or massif, de guirlandes de perles et de cristaux de roches. La grande tour se terminait en pyramide supportée par quatre lions et surmontée par la couronne royale. De superbes fontaines de marbre décoraient la vaste cour carrée ; les pavillons des deux ailes du château communiquaient, à l'aide de ponts élégants, aux splendides jardins où se trouvaient des imitations des cascades de Versailles et au milieu de douze sources jaillissantes un jet d'eau d'une prodigieuse hauteur.

Deux gracieux édifices, à demi cachés par la verdure, attiraient les yeux : c'était le *théâtre,* où les meilleurs artistes étaient appelés, et la *maison norvégienne,* où l'on admirait la reproduction en relief des plus beaux sites de Norvège.

La campagne plaisait à la reine qui s'y trouvait plus à l'aise pour ses courses à cheval ou en voiture, et à Struensée qui était plus libre et plus tranquille pour les méditations de son plan de réformes ; plusieurs décrets importants sont datés de Hirschsholm.

A Frédériksborg, beau palais bâti sur trois îles, on trouve encore quelques souvenirs de Caroline-Mathilde. Ainsi elle avait gravé ces mots sur une vitre :

O GOD ! KEEP ME INNOCENT, MAKE THE OTHER GREAT (*ô mon Dieu ! conserve-moi innocente et fais les autres grands !*)

Voici ce que dit M. de Blosset, dans sa dépêche du 3 décembre 1771 : « La cour passera l'hiver à Frédériksborg. Cet amour pour la campagne vient de la peur de la reine et de M. de Struensée que le roi ne leur échappe ; il ne peut se promener qu'avec eux ou avec quelqu'un de son parti. Ils lui avaient donné un nègre et une négresse de dix ans, avec lesquels il s'est amusé à renverser les statues du jardin. Il s'en est ennuyé. On lui donne Brandt, Reldi, Berger médecin de Copenhague et un jeune homme créé page de la chambre. Ils se relayent par heure, demandés ou non par le roi. Vous ne reconnaîtrez pas à ces traits le jeune monarque qui a fait son apparition à Paris, et vous soupçonnerez peut-être que ses organes sont affaiblis. Mais je puis vous assurer qu'il est aussi sain de corps et d'esprit qu'il a jamais été. Ce qui n'est pas moins étonnant, c'est qu'il se prête de bon gré au rôle qu'on lui fait jouer et qu'il paraît aussi content que le jour où il monta sur le trône (1). »

M. de Blosset ne brille pas toujours par la logique et n'est pas très conséquent avec lui-même dans sa correspondance diplomatique. Ainsi il *assure* que le roi est *sain de corps et d'esprit;* comment ce jeune homme de vingt ans était-il sain de corps, lorsque M. de Blosset dit dans une lettre de la même année que le roi, le jour anniversaire de sa naissance, à l'issue du souper, eut un évanouissement qui dura une demi-heure, et comment peut-il dire qu'un roi est sain d'esprit en racontant qu'il s'amuse avec une petite négresse de dix ans à renverser les statues de son jardin ?

M. de Blosset était à la cour le seul à ne pas voir l'affaiblissement intellectuel de Christian.

L'amour de la campagne, sans avoir été mal interprété, se retrouve chez plusieurs rois et chez plusieurs reines de Danemark, ce qui le prouve, c'est le grand nombre de châteaux qu'ils bâtissaient.

Plusieurs de ces palais aujourd'hui n'existent plus. Il

(1) *Revue d'histoire diplomatique*, t. I (1887), p. 97.

ne reste de Hirschsholm que des ruines ! D'autres palais, comme celui de Rosenborg, ont changé de destination et de résidence royale se sont transformés en musée.

Christiansborg, qui était si beau sous Caroline-Mathilde, et que j'ai vu de nos jours plus magnifique que jamais, a été détruit par un troisième incendie, et sa reconstruction n'a pas eu lieu encore.

Nous ne raconterons pas les fêtes données et les divertissements procurés à la jeune reine dans les divers châteaux, par l'initiative de Struensée, qui au milieu de ces grands travaux de réforme ne négligeait rien de ce qui pouvait *amuser* le roi et la *reine*, indifférents l'un et l'autre aux affaires de l'État.

Le 29 janvier 1771, jour où l'on célébrait la fête du roi, Caroline-Mathilde créa une nouvelle décoration qu'elle nomma l'*ordre de Mathilde*.

Les statuts de l'ordre contiennent sept articles.

La décoration est destinée aux femmes comme aux hommes. Le nombre des décorés, y compris la reine fondatrice, ne peut dépasser le chiffre de 27.

A la mort des décorés, les héritiers sont tenus de renvoyer à la reine les insignes de l'ordre. La décoration consistait en un médaillon orné au milieu des lettres C. M. en brillants, entouré d'une guirlande de lauriers et surmonté de la couronne royale. Les hommes portaient le ruban au cou.

Les personnes, qui avaient la décoration de *Parfaite Union* créée par la reine Sophie-Madeleine devaient en rendre les insignes, et recevoir en échange celle de l'ordre de Mathilde.

Le roi et la reine, la reine douairière et le prince Frédérik, le comte de Rantzau, le général Golher et sa femme, la comtesse de Holstein, la baronne de Schimmelmann, Chamberlain, Brandt et Struensée furent les premiers décorés.

On parla beaucoup à la cour de cette décoration. On dit que Struensée ne voulant pas se contenter de l'ordre du Danebrog, et n'osant pas prendre celui de l'Éléphant, avait imaginé un ordre nouveau.

Ce qu'il y a de certain, c'est que Caroline-Mathilde en créant une décoration n'avait fait que ce que plusieurs reines de Danemark avaient fait avant elle.

La reine était à Hirschsholm lorsque le 7 juillet 1770, elle mit au monde une fille qui fut appelée *Louise-Augusta,* prénoms de ses deux aïeules ; la reine Louise et la princesse de Galles. Elle eut pour parrain et marraine le prince Frédéric, et la reine Julienne. Le baptême eut lieu à Hirschsholm. La naissance fut annoncée au peuple à Copenhague par la proclamation faite du haut du balcon de Christiansborg, par les canons de l'artillerie du fort et de l'arsenal, par le bruit des trompettes sonnant au haut des tours et des clochers de la ville.

La reine douairière était très réservée ; mais des bruits accrédités à son château de Fredenborg se répandirent, et furent d'autant plus répétés qu'ils émanaient de hauts personnages.

Struensée avait accouché lui-même la reine sans autre aide qu'un de ses amis nommé Berger, qui n'avait de commun que le nom avec le grand médecin du Palais, M. de Berger. Cette circonstance et l'intimité qui semblait établie entre la reine et Struensée donnèrent lieu aux plus perfides insinuations. On eut soin pour inquiéter la reine de les lui faire connaître. Elle en fut préoccupée et attristée.

Struensée, pour dérouter la médisance, mit plus de circonspection dans ses relations avec Caroline. Lorsque la méchanceté, après avoir beaucoup parlé, finit par se taire, il laissa endormir la prudence et revint à ses habitudes.

La reine, dans tout l'épanouissement de la jeunesse et de la beauté, jouissait du bonheur d'être mère et des hommages dûs à son rang. Le roi, dont l'intelligence affaiblie était bien dirigée, semblait sensible aux attentions délicates de Caroline-Mathilde et des personnes qui l'entouraient.

Cependant l'affaiblissement de son esprit faisait de tels progrès, que Brandt trouva très fatigante la tâche de garde-malade qu'il avait acceptée. Rien de moins amusant que d'être forcé, du matin au soir, d'amuser un homme aux idées extravagantes et bizarres.

Il voulut se débarrasser de la partie pénible de sa mission, en gardant la brillante position, qui satisfaisait ses goûts pour tous les plaisirs. Il fit rappeler de l'exil Reverdil qui s'empressa de rejoindre la cour à Hirscholm.

Les détails ne nous manquent pas sur la vie du roi à cette époque. Reverdil, dans ses *Mémoires*, nous raconte le triste état où se trouvait Christian, dont la démence était presque complète. Tantôt il prenait Reverdil pour Brandt et voulait lui faire jouer *Zaïre*. Tantôt il semblait obsédé par de sinistres pensées, et ne cessait de répéter qu'il voulait se tuer ou tuer quelqu'un.

Cette particularité ne m'étonne pas ; je tiens d'un des descendants de Christian qu'un jour le roi, qui avait à table à côté de lui sa fille Louise, s'amusait, pendant le repas, à jouer avec un petit poignard, dont la poignée était enrichie de pierreries ; puis, s'adressant à la princesse : « J'ai, lui dit-il brusquement, envie de vous tuer avec cette arme. »

La princesse, sans montrer le moindre effroi, lui répondit de l'air le plus souriant et le plus aimable. Christian lui fit alors cadeau du joli poignard que l'on conserve encore dans la famille. Le roi ne perdit jamais ses habitudes de générosité. Il était doux et bon, il ne savait rien refuser, même sa signature !

Tant qu'il fut guidé par les conseils de la reine et de Reverdil, il ne compromit pas la dignité royale aux yeux du public et l'union régna dans le ménage royal.

CHAPITRE XI.

MINISTÈRE DE STRUENSÉE.

Administration intérieure et direction des affaires étrangères. — Grandes réformes opérées par Struensée.

Nous n'avons pas l'intention de faire l'histoire du ministère de Struensée. Elle a été déjà faite et bien faite (1); elle se rattache plus à l'histoire du Danemark qu'à celle de Caroline-Mathilde, qui par goût, resta étrangère à l'administration de ses États.

Dès que Bernstorff eut quitté les affaires le 15 septembre 1770, Struensée prit les rênes du gouvernement. Investi d'un pouvoir absolu, quel usage en a-t-il fait ? Essayons d'en donner une idée en ne nous arrêtant qu'aux faits culminants.

Le conseil privé avait une trop grande influence. Il fut décidé que le roi le présiderait en personne ; que si Sa Majesté n'était pas présente aux séances, on lui en ferait un rapport écrit, et qu'on attendrait ses ordres. Struensée fut chargé de faire ce rapport et de transmettre la volonté du roi.

Le 27 décembre, une ordonnance royale supprima le conseil d'État ; c'était le premier corps de la nation. Il avait une grande autorité et jouissait de nombreuses prérogatives. La plus importante était celle de gouverner le royaume en cas de minorité du roi de concert avec les tuteurs légaux.

(1) *Host-Struensee og hans ministerium-Copenhague,* 1824, 3 vol. in-8°.

Il aspirait à avoir en Danemark la même autorité que le sénat de Suède, qui se croyait aussi puissant que le roi et souvent même davantage.

Le conseil d'État connaissait en dernier ressort de toutes les grandes questions de politique extérieure et d'administration intérieure.

Les nobles, en vertu d'anciens privilèges, avaient le droit de siéger dans le conseil. Les membres qui le composaient, les conseillers ordinaires, étaient tous choisis parmi les plus grands personnages.

C'est ainsi que beaucoup d'illustres seigneurs qui faisaient partie du conseil, se trouvèrent mis en dehors de toutes les affaires de l'État et déchus de leur participation au pouvoir.

Nous ne classerons pas dans l'ordre chronologique tous les actes, toutes les innovations de Struensée. Nous allons les examiner dans leur ensemble.

Le conseil d'État avait été remplacé par une commission sans prestige, privée du pouvoir exécutif, sans aucune prééminence, amovible, et n'ayant droit de délibérer que lorsqu'elle serait convoquée.

Struensée était tout puissant.

Depuis bien des années il avait des idées réformatrices qu'il avait puisées dans ses études des philosophes français ou qu'il avait rapportées de ses voyages à l'étranger.

Le moment était arrivé d'agir ; son action n'était gênée par rien ; il dominait le roi et sous son nom, tout lui était possible.

Que les institutions surannées de la monarchie absolue du Danemark eussent besoin de réformes, c'était une question qui fut vivement agitée vers le milieu du dernier siècle, mais qui aujourd'hui ne pourrait être posée. Les réformes qui furent le plus violemment repoussées se sont imposées plus tôt ou plus tard.

Voici d'après Struensée lui-même le plan qu'il s'était tracé :

Mettre plus d'activité, d'ordre, de simplicité dans les hauts collèges administratifs en divisant les affaires nombreuses et diverses qui leur étaient soumises, établir dans les finances des règles fixes, placer les diverses branches de revenus et de dépenses sous une direction commune, faire toutes les économies possibles afin d'amortir la dette; améliorer la justice en abolissant la question, en organisant et distribuant les tribunaux d'une manière mieux appropriée aux besoins du service; cesser d'entretenir les fabriques et manufactures aux frais de l'État, mais assister les classes rurales, encourager l'agriculture et transformer en redevances pécuniaires toutes les prestations en nature; ne plus prodiguer, comme on l'avait fait, les insignes et les titres honorifiques, ne pas préférer les nobles aux bourgeois dans la nomination aux emplois, mais astreindre les uns comme les autres à passer par les grades inférieurs avant de s'élever aux plus hauts; enfin dispenser l'État de travailler à la réforme des mœurs par des dispositions législatives et d'autres mesures, mais laisser ce soin aux précepteurs du peuple (1).

Toutes les vieilles institutions du moyen âge, tout ce qui restait debout de la féodalité était vivement ébranlé partout, au souffle précurseur de la Révolution française.

Struensée avait-il le génie de l'homme d'État? Les innovations qu'il a faites étaient-elles trop nombreuses,

(1) *Histoire du Danemark,* par C. J. Allen, traduite par Beauvois, Copenhague, 1879, t. II, p. 194.

trop prématurées, trop brusques ? Examinons comment il a rempli son programme.

Vouloir placer le Danemark, qui était resté en arrière du progrès, en tête des peuples les plus avancés dans la civilisation, c'était une noble entreprise. Struensée était fier d'avoir l'approbation de Voltaire, le chef des philosophes français ; il avait du génie, mais l'expérience et la connaissance des affaires lui manquaient. Le temps aussi lui manqua pour achever son œuvre, corriger des méprises, perfectionner ce qui était bien, et modifier ce qui n'avait pas été accepté par la nation, trop brusquement froissée dans ses mœurs et ses usages.

Le ministère de Struensée ne dura qu'un an et le nombre des réformes est considérable.

L'organisation politique du royaume, réglée en 1660, reçut des modifications importantes. Le conseil privé était supprimé ; les chancelleries danoise et allemande, la chambre des comptes, le bureau des douanes, le collège du Commerce, l'Amirauté, la direction des postes furent réorganisés avec intelligence et sagesse.

L'administration des finances éveilla surtout la sollicitude du ministre. Pour mettre de l'ordre dans les dépenses et dans les recettes, il créa le collège des finances et en confia la présidence à un homme capable, le comte de Holstein de Holsteinborg. Les revenus ne tardèrent point à s'accroître et des économies purent être réalisées. Ces économies soulevèrent les plaintes des employés congédiés comme inutiles et des pensionnaires qui subirent des réductions de pensions. Le roi percevait directement les impôts, notamment une partie des produits de la douane du Sund. La cassette royale, au lieu de ressources diverses et variables, ne reçut plus qu'une somme fixe payée par le Trésor public.

Un rescrit royal déclara qu'en multipliant les titres et les dignités on en diminuait la valeur, et recommanda de ne présenter pour les décorations que ceux qui en étaient vraiment dignes.

L'administration municipale de Copenhague, changée et mieux réglée, se composa d'un conseil dont faisaient partie quatre fonctionnaires nommés par le roi et six conseillers élus chaque année par les bourgeois.

La police n'avait de règle que l'arbitraire. Des dispositions législatives fixèrent ses attributions et le choix d'un nouveau préfet de police offrit de sérieuses garanties.

Une des innovations, qui fait le plus d'honneur à Struensée, c'est la réorganisation de la magistrature danoise ; il avait un double but de hâter l'expédition des affaires et de diminuer les frais. Le nombre des petits tribunaux inférieurs fut réduit et le *tribunal de la cour et de la ville* institué.

Struensée se hâta d'abolir la question et de proclamer « que le roi aimait mieux voir un coupable acquitté qu'un innocent torturé. »

Le tribunal suprême ne pouvait rendre un arrêt définitif qu'après l'avoir préalablement soumis au roi et avoir obtenu son assentiment. La séparation du pouvoir judiciaire du pouvoir exécutif fut nettement ordonnée et les juges obtinrent la liberté de juger, selon leur conscience, sans être gênés par la volonté d'un pouvoir supérieur.

La féodalité, qui à son origine rendit de vrais services à la civilisation, avait trop vécu ; son utilité était passée, il n'en restait que des abus, sensibles surtout dans les campagnes.

Struensée savait que la France cherchait à saper et à

détruire les institutions surannées du régime féodal; il eût été fier de précéder la France dans le progrès.

Older, son ami, publia des *Considérations sur la manière de procurer aux paysans danois la liberté et la propriété.*

L'affranchissement des paysans et l'amélioration de leur condition avaient préoccupé Reverdil dans les trop courts moments qu'il resta en faveur; un collège d'économie rurale existait déjà; Struensée créa une commission dont il donna la direction à Older. Là furent élaborés de sages projets pour affranchir le paysan, le mettre à l'abri de l'injustice, et lui permettre de devenir de simple fermier, vrai propriétaire en empruntant au roi des fonds de sa cassette.

La corvée fut convertie en une somme d'argent, et le domicile forcé, aboli.

Le commerce avec l'étranger et l'industrie nationale se développèrent favorisés par le gouvernement. Les frères moraves s'établirent à Christiansfeld et firent de ce bourg un des principaux centres manufacturiers du Danemark.

L'université avait besoin d'être réorganisée, et c'était chose délicate et difficile de toucher même à des abus, lorsqu'ils avaient pris racine dans les mœurs du pays.

Struensée, parmi les qualités qu'on lui a reconnues, avait celle de savoir choisir les hommes. Il prit conseil d'un des savants les plus considérés du pays, l'archevêque de Throndhjelm, antique capitale de la Norvège.

L'archevêque se mit à l'œuvre, après avoir obtenu la promesse d'une université en Norvège. Beaucoup de choses utiles préparées sous le ministère de Struensée ne furent achevées qu'après sa mort.

Un événement considérable qui retentit en France surtout et dans l'Europe entière, ce fut la proclamation de la liberté de la presse.

Voltaire à cette occasion adressa une épitre (1) au roi de Danemark et le félicita d'avoir montré au monde que la liberté de la presse, considérée comme un privilège des États libres, n'était pas inconciliable avec les institutions d'une monarchie absolue. L'*Épitre au roi de Danemark sur la liberté de la presse* est assez longue, je n'y prends que quelques vers :

Je me jette à tes pieds au nom du genre humain ;
Il parle par ma voix, il bénit ta clémence ;
Tu rends les droits à l'homme et tu permets qu'on pense.
Sermons, romans, physique, ode, histoire, opéra,
Chacun peut tout écrire et siffle qui voudra.

On a dit de la liberté de la presse : elle a fait trop de bien pour en dire du mal, elle a fait trop de mal pour en dire du bien. Des auteurs sérieux se réjouirent de ne plus avoir à craindre que la censure mutilât ou supprimât leurs œuvres, mais les pamphlétaires profitèrent de l'occasion pour répandre l'injure et la calomnie, pour semer l'agitation dans les esprits et critiquer ce qui aurait mérité des éloges. Celui qui eut le plus à souffrir de la presse, ce fut Struensée qui en avait brisé les entraves. Ses ennemis s'en firent une arme contre lui et ne lui épargnèrent aucun outrage.

Struensée avait une réputation bien établie d'impiété et de libertinage. Aussi le peuple qui tenait aux vieux usages et gardait des habitudes patriarcales, le vit-il avec méfiance toucher aux choses de la religion et de la morale.

(1) *Œuvres de Voltaire*, t. XIII, p. 290.

Struensée avait pour principe que c'était violer la liberté de l'homme que d'imposer des entraves à des actions même immorales, tant qu'elles ne troublaient pas l'ordre et la paix publique. Il était pour la liberté des cultes, et des mesures aujourd'hui admises partout froissèrent beaucoup le sentiment national quand il voulut les introduire en Danemark. Si toutes les innovations n'étaient pas bonnes, ses intentions n'étaient pas mauvaises.

Il se rappelait la Fontaine, *on nous ruine en fêtes;* il supprima un grand nombre de fêtes dont la célébration fut renvoyée au dimanche. La sanctification du dimanche, qui n'est pas assez observée en France, était poussée trop loin peut-être dans le nord. On reprocha vivement à Struensée d'avoir permis l'ouverture des portes de la ville pendant le service divin, et les divertissements publics le dimanche, jour où il était d'usage de fermer les théâtres.

L'ondoiement fut permis, avant la cérémonie du baptême, qui perdait ainsi de sa solennité. Toute distinction entre enfants légitimes et illégitimes fut effacée de la loi.

Struensée restreignit les causes de prohibition de mariage, abrogea les peines en vigueur *pour cohabitation illicite*, et étendit certaines dispositions favorables au divorce.

Les funérailles étaient célébrées avec un luxe excessif et très coûteux; il ordonna qu'elles auraient lieu la nuit jusqu'à six heures du matin. Les réclamations furent si vives qu'on retarda l'heure jusqu'à neuf.

Le ministre mit à l'étude divers projets, notamment celui de la translation des cimetières hors ville.

L'introduction de la loterie de série reçut meilleur accueil que les réformes les plus utiles.

La politique extérieure du Danemark fut dirigée avec une sagesse qu'on ne saurait contester. Struensée, en ménageant les intérêts du royaume, sut relever sa dignité au dehors. La cour de Versailles et celle de Saint-Pétersbourg avaient tour à tour obtenu à Copenhague une influence prépondérante. La France qui avait longtemps payé des subsides au Danemark se montra disposée à les supprimer à la mort de Frédéric V. Nous avons vu que Bernstorff était tout dévoué au parti russe, qui cherchait à exercer une puissance tyrannique dans les affaires du Danemark.

Christian VII avait eu plusieurs fois à se plaindre de la hauteur et des prétentions des envoyés du czar.

Struensée ne se mit pas à répéter partout, comme le comte de Rantzau, qu'il était temps que les Danois eussent le courage de secouer le joug humiliant de la Russie, mais il suivit une politique opposée à celle de Bernstorff. Le parti russe fort puissant à Copenhague, répandit le bruit que le czar envoyait une flotte en Danemark pour exiger le renvoi de Struensée. Celui-ci ne s'émut pas de ces menaces; il connaissait parfaitement l'état d'une cour qui cherchait à éblouir par un éclat trompeur, et à effrayer par un ton impérieux, mais qui était épuisée par de récentes guerres, troublée par des fermentations intérieures, et ruinée par un luxe et une magnificence exagérés.

Struensée chercha dans ses relations diplomatiques avec Saint-Pétersbourg, à prévenir tous les sujets de conflits et à entretenir de bons rapports avec cette nation voisine.

Ses sympathies étaient en faveur de la France et il ne négligea rien pour resserrer les liens de vieille amitié qui unissaient cette puissance alliée avec le Danemark.

L'ambassadeur de Louis XV, le marquis de Blosset, fut souvent chargé de faire agréer à son maître des cadeaux, notamment neuf faucons d'Islande.

La Suède passait pour l'ennemie irréconciliable du

Danemark; Struensée comprit la nécessité de détruire les préjugés nationaux qui divisaient les États scandinaves, et d'établir une solide alliance entre deux voisins qui étaient constamment en guerre.

Il fit toutes les avances au jeune roi de Suède, Gustave III, qui avait quitté Paris pour succéder à son père, mort pendant son absence.

Struensée envoya à Stockholm le comte Göttsche de Moltke pour présenter au nouveau souverain les félicitations affectueuses de Christian VII. Il joignit à de belles paroles un cadeau; c'était un superbe cheval gris pommelé sorti des haras royaux.

Gustave III admira ce cheval qui lui plut tant, qu'il le réserva pour son usage particulier, et le monta le jour de son sacre.

On raconte que le roi de Suède ne ménageait guère ses propos en parlant du roi de Danemark. Un jour à table en présence même du comte de Moltke, assis près de lui, il fit ressortir les divisions qui existaient à Copenhague et ajouta : « Dans un gouvernement où il y a tant de mécontents, il serait aisé aux Suédois de prendre la Norvège et aux Russes de s'emparer du Schleswig et du Holstein; après quoi Christian pourrait en paix régner sur les îles. »

Le lendemain du dîner, le conseiller d'État Shaffer se présenta chez le comte de Moltke pour le prier de ne point prendre au sérieux les paroles de son maître. Il invoquait comme excuse la jeunesse du roi, sa vivacité et il aurait pu ajouter la multiplicité des toasts portés qui échauffaient les têtes.

Dans sa politique extérieure, on ne peut contester que tous les actes de Struensée ne fussent empreints d'un double caractère de sagesse et de patriotisme.

Quant aux actes d'administration intérieure, les mesures qui lui attirèrent au loin le plus d'éloges furent celles qui lui suscitèrent dans le pays le plus de critiques.

Voltaire dit dans une lettre du mois de février 1771 : « Le roi de Danemark a la bonté de me mander qu'il est actuellement occupé à détruire la servitude dans les deux royaumes (1). »

Ceux qui vivent des abus en veulent à ceux qui les suppriment, et le nombre des gens du peuple qui résistent aux changements des anciens usages nationaux est plus considérable qu'on ne le pense, surtout dans les pays où le culte du passé est en vigueur.

(1) *Œuvres de Voltaire*, t. LXVII, p. 39.

CHAPITRE XII.

LES POINTS NOIRS.

Mécontentement. — Lettres anonymes et pamphlets. — Émeutes. — Les marins norvégiens et les ouvriers de Copenhague. — La garde royale supprimée. — Struensée aspire à descendre. — Visite de Rantzau au ministre. — Conspiration. — Précautions inutiles.

Quelque grande que fût l'ambition de Struensée, il n'aurait jamais pu rêver une position comme celle où il était parvenu.

Il était entouré de tout le prestige dont jouit l'homme investi d'un pouvoir absolu. Ses amis célébraient en lui le génie du progrès, et son orgueil en secret était flatté du sentiment qu'on prêtait à la reine pour lui.

Les ennemis du premier ministre se taisaient. Ils s'inclinaient devant sa puissance, mais la haine et la jalousie leur fit concevoir un complot qu'ils préparèrent six mois avant qu'il ne vînt à éclater.

La noblesse ne pardonnait pas à un simple docteur de lui dicter des lois et de la dominer.

Le comte de fraîche date ne voyait pas avec plaisir les anciens seigneurs, constamment à la cour, assiéger le roi. Il ne manqua pas de dire qu'ils seraient plus utiles à l'État en restant dans leurs terres, occupés à favoriser les progrès de l'agriculture qu'en menant dans la capitale une vie oisive qui les ruinait par un luxe et des dépenses stériles. Ses conseils n'étaient guère écoutés par la noblesse ; il trouva un excellent moyen pour arriver à son but.

Il autorisa les créanciers à exercer contre les nobles la contrainte par corps. Pour se dérober aux poursuites, les grands seigneurs eurent hâte de se réfugier dans leurs féodales demeures. Il avait été défendu au comte de Lauerwig de paraître à la cour, mais ce ne fut que la peur des créanciers qui put parvenir à le chasser de Copenhague.

Le peuple n'était pas assez éclairé pour comprendre tout ce qu'on faisait dans son intérêt et il était assez crédule pour croire les contes qu'on lui débitait ; on ne cessait de dire que Brandt battait le roi, que Struensée le traitait en esclave, que la reine voulait le faire périr pour devenir régente.

Les caricatures de Caroline et Struensée, les pamphlets injurieux, les affiches incendiaires n'étaient pas épargnés, pour les déconsidérer dans l'opinion publique. Des lettres anonymes furent adressées à Brandt pour le détacher de son ami Struensée. Nous ne reproduisons pas ces lettres, ni une correspondance étrange échangée entre les deux comtes (1). Cette vie de périls et d'intrigues de la cour de Copenhague effrayait Brandt, qui ne cacha pas son désir d'aller vivre à Paris avec cent vingt mille livres de rente.

Wraxall, dont nous parlerons, apprit de Bulow, en 1774, tous les détails d'un complot formé pour tuer Struensée et ses partisans au milieu des fêtes du 29 septembre 1771.

Deux émeutes produisirent un fâcheux effet parce qu'elles prouvèrent que Struensée manquait d'énergie et de courage.

Des marins norvégiens attendaient à Copenhague leur

(1) Ces lettres sont publiées par Wraxall, *Life and times of Carolina-Mathilda*, t. II, p. 1.

départ pour une expédition contre Alger. Ils ne devaient être payés que du jour de l'embarquement, et ont leur faisait subir, sans solde, des retards, qui les mettaient dans la gêne. Après avoir inutilement reclamé leurs gages, ils partirent, en troupe de deux ou trois cents, pour Hirschsholm, afin de s'adresser personnellement au roi et de lui remettre leur requête. En voyant apparaître ces hommes armés, un officier de marine alla au-devant d'eux pour leur demander ce qu'ils voulaient. « Nous voulons parler à *notre père*, il nous écoutera et viendra à notre secours. » Un aide de camp se chargea de remettre la demande, mais tout le monde avait fui par une porte de derrière, et s'était retiré au château de Sophienberg. On répondit aux Norvégiens que le roi était à la chasse, et un escadron de dragons arriva pour les disperser. Les marins tirèrent leurs sabres et déclarèrent que si les soldats les attaquaient, ils se battraient : on traita avec les insurgés. On leur paya un à-compte, et, à leur arrivée à Copenhague, on leur accorda tout ce qu'ils demandaient les armes à la main.

C'était donner raison à l'émeute et le triomphe d'une insurrection en fait naître d'autres.

Les marins et les ouvriers nombreux attachés aux arsenaux de Copenhague étaient divisés en détachements dont le total s'élevait à 5,000 hommes. Ils étaient mécontents d'avoir été exclus des fêtes données pour célébrer la naissance du roi. Ils s'organisèrent en corps et exigèrent qu'on fît droit à leurs griefs.

Struensée, au lieu de résister à leurs menaces, leur promit une *fête de réconciliation* à laquelle toute la cour et les ministres assisteraient. Les invités arrivèrent en procession amenant leurs femmes et leurs enfants. On leur avait promis un bœuf rôti, mais ils étaient si nombreux, qu'il fallut ajouter au bœuf dix moutons, douze cochons, des oies et de la volaille : on distribua de la bière et du rhum en quantité énorme. Plus, chaque ouvrier reçut le salaire d'une journée de travail et une pipe bien chargée de bon tabac. La musique se fit entendre pour égayer le repas et faire danser ensuite.

Le roi, dont on avait promis la présence, n'assista pas à la fête, et Struensée se garda bien d'y paraître lorsqu'on le prévint d'un projet d'attentat contre sa personne.

D'autres réclamations surgirent. Les tisserands notamment se plaignaient que le commerce était en souffrance depuis la fermeture de la manufacture royale des soieries.

Voici le fait le plus grave.

Struensée conçut le projet d'établir une égalité parfaite entre tous les régiments de l'armée. Il commença par supprimer les gardes à cheval ; puis, le 21 décembre 1771, il ordonna que les cinq bataillons de gardes à pied deviendraient de simples bataillons de grenadiers. Les gardes refusèrent d'obéir ; ils voulaient conserver leurs titres ou être entièrement libérés du service militaire. La force fut employée, mais il y eut une vive résistance et du sang versé.

Les gardes révoltés résolurent d'envoyer une députation au roi, qui était au château de Frédériksberg, pour lui présenter une requête. Les portes de la ville furent fermées, mais ils trouvèrent le moyen de sortir. Les insurgés aperçurent le colonel de Falkenskiold et délibérèrent pour savoir s'ils ne mettraient pas à mort cet ami de Struensée, partisan, disait-on, du licenciement des gardes. Sur l'observation, que peut-être il n'y avait rien d'exact dans le reproche adressé à cet officier, qui avait bravement servi en France et en Russie avant d'être leur colonel, les gardes le laissèrent tranquillement passer.

Reverdil raconte qu'il accompagnait le roi dans une petite calèche conduite par un postillon et sans escorte, lorsqu'ils rencontrèrent les gardes dont ils ignoraient la révolte.

Pour ne pas effrayer Sa Majesté, les officiers rangèrent leurs soldats et saluèrent le roi au passage. Grande fut l'alarme au château de Frédériksberg lorsqu'on vit arriver les gardes en armes; un détachement de dragons vint renforcer le poste. Des pourparlers eurent lieu. Les gardes demandaient à voir le roi et répétaient qu'ils voulaient conserver leur position ou être licenciés.

On leur répondit que le roi ne voulait garder personne par force à son service, et qu'ils pouvaient aller où ils voudraient.

Les députés allèrent rapporter la réponse à leurs camarades assemblés sur la place Royale de Copenhague. Cette réponse ne parut pas suffisante, on exigea un congé écrit, délivré en due forme pour chaque garde.

Pendant 24 heures, les soldats insurgés assiégèrent le château dont ils voulaient faire le service, quoiqu'il fût gardé par trois régiments d'infanterie et trois escadrons de dragons. A chaque instant, on redoutait un sanglant conflit. Le peuple semblait prendre parti pour les gardes auxquels il portait des vivres en abondance. Les uns reprochent à Struensée d'avoir commandé l'emploi de la force pour dégager le palais ; les autres l'accusent d'avoir par lâcheté pactisé avec l'émeute en accordant toujours ce qui était exigé les armes à la main.

La concession de la liberté de la presse avait attiré de loin beaucoup d'éloges au roi, et beaucoup de désagréments à Struensée. Il y eut un tel débordement de caricatures et d'outrages contre la reine et le comte qu'il fallut prendre des mesures pour remédier à d'intolérables excès. Alors parurent : *les règlements sur la publication des livres et pamphlets sans la censure.* Le roi dans cet édit déclarait que la liberté de la presse ne pouvait aller jusqu'à soustraire à de justes peines la violation des autres lois contres les outrages, les *pasquinades* et autres écrits séditieux. Les auteurs furent déclarés responsables de leurs œuvres et les imprimeurs de toute impression ou réimpression d'ouvrages dont ils n'indiqueraient pas les auteurs. Les lois restrictives de la licence de la presse ne donnèrent pas lieu à de nombreuses poursuites et furent sagement exécutées. Il arriva souvent à Struensée de s'effrayer outre mesure des dangers de la situation. Brandt, au lieu de soutenir et de ranimer son courage, l'excitait à quitter la vie périlleuse de Copenhague pour la vie épicurienne de Paris.

Ébranlé par les conseils de son ami, Struensée parla un jour à la reine de ses craintes et de sa pensée d'abandonner la cour.

Le reine, en perdant ce conseiller fidèle, cet ami sûr, perdait tout, et restait sans défense au milieu d'ennemis contre lesquels elle n'avait pas la force de lutter. Aussi reçut-elle avec colère et indignation la proposition de Struensée de la quitter.

On a dit que M. de Blosset avait averti Struensée de la conspiration ourdie contre lui et lui avait donné de sages conseils pour y aviser.

La correspondance de notre ministre de France est loin de confirmer ce fait.

M. de Blosset, dans une dépêche du 23 juillet 1771, dépeignait ainsi Struensée : « Les principales qualités qui distinguent ce nouveau favori sont une profonde dissimulation, beaucoup de courage, de fermeté, une hardiesse dans le caractère égale à son ambition, un sens assez droit, un tact sûr pour connaître la trempe et la valeur des hommes. »

Plus tard, M. de Blosset écrit qu'il ne sait quel jugement porter sur Struensée *et sur la trempe de son âme.* « Les libelles ont cessé, tout est tranquille en ce moment et cependant ce ministre continue à montrer de l'inquiétude, de la mollesse et de la crainte (5 novembre 1771). »

Le duc d'Aiguillon répond : « Le commencement de l'administration de M. de Struensée annonçait des vues éclairées, un grand courage ; il paraît fort singulier qu'il soit susceptible de faiblesse et de crainte dans un temps où personne ne l'attaque, tandis qu'il était intrépide au milieu des libelles qu'on publiait contre lui. »

M. X. Marmier dit très bien que si Struensée avait de la hardiesse dans les conceptions, il n'avait pas le courage civil qui brave les dangers.

Le baron de Springporten, ministre de Suède, voyait beaucoup le comte de Rantzau qui était fort hostile à la Russie. Il lui fut facile de pressentir qu'on cherchait à l'engager dans une conspiration contre Struensée. Le général détestait le ministre, mais il eût préféré Caroline-Mathilde à Julienne.

Le ministre de Suède savait que Rantzau n'était qu'un rêveur en matière politique. Il prévit les efforts qu'on tenterait encore pour l'entraîner dans un coup de main, si on voulait en arriver là. Il y avait grand intérêt pour Struensée à mettre ce général puissant dans son camp. Le diplomate suédois entreprit donc de réconcilier les deux anciens amis ; il parvint à décider le comte à aller faire une visite au premier ministre à l'occasion du jour de l'an.

Rantzau fit à Struensée des observations sur les conséquences et les dangers de quelques réformes. Il fut écouté et remercié de ses sages avis, mais lorsqu'il proposa ses propres idées et donna des conseils au gouvernement, ses exhortations, ses utopies furent accueillies avec un sourire qui le blessa profondément.

Cette entrevue perdit Struensée qu'elle aurait pu sauver, si le ministre parvenu eût su mieux connaître les hommes, et comprendre combien il avait intérêt à flatter l'orgueil de son premier protecteur, pour gagner son appui. Rantzau se dit que l'ancien médecin d'Altona n'était qu'un ingrat qui n'avait pas pour un personnage de son importance les égards et la haute considération qu'il aurait dû avoir.

Ce ne fut pas sans hésitation cependant qu'il finit par écouter Julienne, qui avait besoin d'une grande illustration militaire pour diriger et commander des conjurés peu nombreux mais sûrs et énergiques. C'étaient : Guldberg, le colonel Köller, le colonel Eickstedt, Béringskjold, qui devaient agir sous les ordres de Rantzau, plus habile général qu'homme d'État.

Guldberg, confident et conseiller intime de Julienne, était l'organisateur de tout.

Le colonel Köller commandait un régiment d'infanterie. C'était un homme hardi, dur, inflexible, dont la tête était ardente et l'ambition sans bornes.

Il avait été très excité contre Struensée par des propos que l'on prêtait au ministre contre lui. Voici un de ces propos : « On dirait à le voir, qu'il n'a jamais eu de mère, mais qu'il a été mis au monde par un homme. Il est né avec l'empreinte d'un ruffian. » Pour renverser son ennemi

Köller était prêt à tout. Il fut le premier à soumettre à Julienne le projet d'un complot.

Le major général Hans Henri d'Eickstedt commandait un régiment de dragons qui avait remplacé les gardes licenciés.

Homme honorable, mais de peu d'intelligence, il fut proposé, en 1771, pour être mis en demi-solde ; on eut de la peine à l'empêcher de donner sa démission. Il était mécontent. Julienne l'attira chez elle. Eickstedt, qui avait vécu loin de la cour, fut très fier des avances de la reine douairière et lui promit de faire tout ce qu'elle lui commanderait.

De Béringskjold, commissaire général de guerre, avait fait la connaissance du comte de Rantzau à Saint-Pétersbourg. Il participa avec lui à la chute de l'empereur Pierre III. Il appartenait à une famille de commerçants. Il fut anobli par l'empereur François Ier qui changea son nom de famille *Béring* en celui de : *von Béringskjold.* Sa famille n'avait pas toujours été sans tache et lui-même est ainsi traité par un estimable auteur (1) : « Un Béringskjold, un infâme un misérable, capable de tous les crimes et de toutes les vilenies, l'assassin, qui, suivant l'opinion publique, aurait donné la mort au dernier empereur de Russie. » Cet homme toujours prêt à se mêler aux intrigues et aux mauvaises affaires, fut facile à entraîner par Rantzau.

Parmi les conspirateurs, citons encore le plus modeste, mais non le moins utile, Jensen, ancien valet de chambre du roi Frédéric VI, fournisseur des vins de la reine douairière. C'est lui qui servait d'intermédiaire entre Julienne

(1) *N. W. Wraxall's Private Journal.*

et les conjurés. Il connaissait tous les détours des palais de Frédensborg et de Christiansborg, et ménageait habilement entre les conjurés des entrevues dont nul ne se doutait.

Quand l'heure fut venue, le comte de Rantzau usa de son influence pour déterminer les officiers qui marchaient sous ses ordres, à remplir le palais des troupes qui leur étaient dévouées.

De sinistres rumeurs avaient effrayé Struensée, mais il cherchait ses ennemis dans la rue et ne se doutait pas qu'il les avait au château à ses côtés.

Il avait donné ordre à tous les commandants de troupe de faire respecter, même avec les armes, la paix publique et d'étouffer toutes les émeutes à leur début.

Comme moyen d'intimidation des canons furent braqués partout, les soldats reçurent des cartouches, les patrouilles furent multipliées, et sur les places même de grosses pièces d'artillerie furent traînées par les soldats.

Ces précautions exagérées contre des émeutes futures, que rien ne faisait pressentir, n'alarmèrent personne que le roi. « Comte, dit-il à Struensée, pourquoi ces terribles préparatifs ? »

« Sire, c'est pour protéger votre auguste personne. Il faut se prémunir contre la possibilité d'attentats comme celui qui a fait périr Pierre III de Russie. »

« O mon Dieu ! dit le roi en gémissant ; quel mal ai-je fait à mes chers et fidèles sujets pour avoir ainsi encouru la haine (1) ? »

(1) *Die Struensee und Brandtische Kriminalsache*; Amsterdam, 1773.

CHAPITRE XIII.

LE COMPLOT.

Fête royale. — Arrestation de Struensée et de Caroline-Mathilde. — Ordres signés du roi.

Caroline-Mathilde et Struensée aimaient les brillantes fêtes et ils en donnaient de magnifiques. Tout était organisé avec goût et une splendeur royale.

De grands préparatifs avaient été faits pour un bal paré et masqué qui devait avoir lieu le 16 janvier 1772 au palais de Christiansborg, dans la salle du théâtre de l'Opéra français.

Le parterre avait été élevé au niveau de la scène. Des salons avaient été disposés et ornés pour la réception de la cour, pour le souper, des invités. On avait mis dans les décorations du théâtre un art infini, et les effets de lumière obtenus par l'habile disposition des glaces sans nombre avaient quelque chose de féerique.

La physionomie de la cour de Copenhague était plus gaie que jamais. Les nobles et puissants seigneurs se montraient toujours empressés à se rendre aux invitations du roi, et un élément nouveau se mêlait à l'aristocratie ancienne : la beauté, le talent, l'esprit étaient admis comme des titres de noblesse.

La foule des invités était arrivée et remplissait la salle lorsque à dix heures du soir Leurs Majestés le roi et la reine firent leur entrée avec le cérémonial accoutumé.

Caroline remarqua que le prince Frédéric n'avait pas

encore paru, quoique l'étiquette lui prescrivît le devoir d'arriver avant le roi et de l'attendre.

Il n'entra dans la salle qu'une heure plus tard.

Caroline-Mathilde avait remarqué son absence ; aussitôt qu'elle l'eut aperçu elle alla gracieusement au-devant de lui, et lui dit en français : « Vous venez d'arriver bien tard, mon frère, qu'avez-vous ?

— C'est que j'ai eu des affaires, Madame, répondit le prince.

— Il me semble, dit gaiement Caroline, que vous auriez mieux fait de penser à vos plaisirs, qu'à vos affaires pendant une soirée de bal. »

Et bientôt on les vit danser ensemble !

Le roi se mit à une table de jeu et fit sa partie de cartes avec le général de Gölher, Frédéric de Gölher et le conseiller Struensée.

La reine n'avait jamais paru plus belle ni plus heureuse ! Une toilette éblouissante, d'un goût parfait, faisait ressortir tout l'éclat de sa gracieuse et majestueuse beauté.

C'était l'âme de la fête. Elle attirait tous les regards et répondait par des sourires aux hommages dont elle était l'objet de tous côtés.

Le comte Struensée était le maître absolu du royaume qu'il gouvernait à son gré ; il était le distributeur de toutes les faveurs, aussi était-il fort entouré.

Le comte aimait les plaisirs du bal et s'y livrait avec bonheur. Il brillait par son entrain et la rare élégance de son costume venu de Paris.

Il était le serviteur de la reine et paraissait être le maître du palais.

On eût pu découvrir sur les traits de Frédéric et de quelques conjurés des signes d'agitation intérieure, mais plus la reine douairière avait au cœur de sinistres projets, plus son front était serein, et à l'heure d'une horrible vengeance, elle simulait une réconciliation affectueuse avec la jeune reine.

Köller était à la table du jeu. « Vous ne venez pas danser ? lui dit Struensée. — Je veux jouer encore, répondit le colonel, mais le moment de la danse ne va pas tarder d'arriver (1). »

Parmi les personnages qui se trouvaient au bal, on remarqua Guldberg qui n'assistait pas ordinairement à ces fêtes. Keith, ministre d'Angleterre, était le seul membre du corps diplomatique qui fût présent.

Le roi et la reine devaient souper avec quelques rares invités dans une loge admirablement décorée.

Reverdil, l'homme sage, eut voulu que le prince Frédéric fût invité à la table royale, Brandt s'y opposa. Il était surintendant des théâtres et sûr de plaire à Caroline-Mathilde en obligeant le prince d'aller au buffet commun.

Brandt ne laissait jamais échapper une occasion d'infliger à la reine douairière et à son fils des mortifications, qui hélas ! lui coûtèrent bien cher !

Caroline triomphante, au lieu de gagner le cœur de Julienne par ses attentions et sa générosité aimait à lui faire subir quelques représailles de féminine vengeance ; elle accumulait ainsi dans l'âme de sa vindicative ennemie des haines implacables et terribles qu'elle eut pu conjurer ou adoucir peut-être.

A minuit le roi rentra dans ses appartements.

La reine prenait tant de plaisir à cette fête si bien

(1) *Mémoires de mon temps*, p. 60.

réussie, qu'elle continua à danser jusqu'à 3 heures du matin.

Elle était, hélas! bien loin de penser qu'elle ne danserait jamais plus. C'était le dernier bal de sa vie!

La comtesse de Holstein avait invité quelques amis, notamment Struensée et Brandt à venir prendre le thé chez elle au sortir du bal.

Mme de Schimmelmann se plaignit de mal de tête et fut obligée de rentrer chez elle; Mme de Bulow désira l'accompagner.

La comtesse de Holstein se voyant abandonnée par les dames ne voulut pas rester seule femme avec des hommes de trop galante renommée.

Sans la migraine de Mme Schimmelmann, la révolution avortait!

Struensée avait accompagné la reine dans ses appartements. Après avoir causé quelques instants avec elle, il rentre dans sa chambre, se déshabille, se couche, et prend un livre que le sommeil fait bientôt tomber de ses mains.

Ernest, son fidèle valet de chambre, couchait dans une pièce voisine qui communiquait à la chambre de son maître.

Le bruit de la fête avait cessé; le silence régnait dans le vaste palais. Tout paraissait plongé dans le sommeil.

Ernest venait de s'endormir lorsqu'il est réveillé par un bruit qui l'étonne. Il croit entendre remuer dans la serrure un instrument de fer qui essayait de l'ouvrir.

Il se lève, écoute. Qui est là? s'écrie-t-il. Une voix lui répond tout bas : « Tais-toi ou tu es mort; de par le roi, je t'ordonne d'ouvrir la porte. »

Ernest n'écoutant que la peur dont il est saisi, obéit. Le colonel Köller en grand uniforme rouge, à revers noirs, accompagné de deux officiers, pénètre dans la chambre, met le pistolet sur la gorge du valet et lui ordonne de l'introduire sans faire de bruit chez son maître.

Struensée profondément endormi ne se réveille pas, quand on entre chez lui. Köller le regarde d'un air sinistre, bien résolu à le tuer s'il tente de se défendre. Il réveille le comte, qui en ouvrant les yeux, est fort surpris de voir à pareille heure le colonel devant lui.

« Qui vous a permis d'entrer chez moi ; savez-vous qui je suis ?

— Vous étiez comte et premier ministre, mais, maintenant vous êtes mon prisonnier.

— Montrez-moi l'ordre en vertu duquel vous agissez.

— Je n'ai pas d'ordre écrit, mais cet ordre émane du roi, et j'en réponds sur ma tête. »

Struensée refusait de se rendre. On a raconté que Köller lui mit le poing sur la gorge ; d'autres ont nié cet acte brutal, mais le colonel lui dit : « Je suis chargé de vous saisir mort ou vif. » Le ton avec lequel furent prononcées ces terribles paroles, et la présence d'hommes armés glacèrent d'effroi Struensée, qui sortant du lit, tomba évanoui sur un sofa. Quand il revint à lui, il demanda une tasse de chocolat. Köller dit que c'était impossible, qu'il ne devait pas perdre un instant pour partir avant le jour, parce qu'il ne répondrait pas autrement de pouvoir protéger le prisonnier contre la fureur de la populace ameutée.

Struensée, qui manquait complètement de courage, n'osa point pousser un cri ni opposer la moindre résistance. Il était tellement troublé, qu'il ne sut pas retrouver de vêtements pour s'habiller, et fut obligé de remettre la belle culotte rose qu'il portait au bal !

Le ministre, naguère entouré d'hommages comme un

souverain, tombé tout à coup du pouvoir absolu au rang des vils criminels, fut enfermé dans une voiture et conduit, sous forte escorte, dans la prison de la citadelle. Le malheureux s'écriait : « Grand Dieu ! quel crime ai-je donc commis ! »

Une scène plus triste encore que celle de l'arrestation de Struensée fut celle de l'arrestation de la reine.

Le comte de Rantzau, s'était chargé de cette déplorable mission. Agé, à cette époque, d'environ soixante ans, il prenait soin de sa personne, teignait ses cheveux, et ne négligait aucune ressource de l'art pour conserver sa réputation de bel homme. Il était de haute taille et de grand air ; il avait revêtu son uniforme de général en chef : habit rouge, avec revers et parements chamois, gilet et culotte de soie, surtout écarlate doublé de fourrures.

Le général suivi de quelques officiers eut voulu s'introduire sans bruit chez la reine, mais les portes étaient trop bien fermées.

Caroline entend du bruit dans l'antichambre, et appelle ses femmes de chambre ; elles arrivent pâles d'effroi. Qu'est-ce qu'il y a ? demanda la reine. Elle dut répéter sa question avant d'obtenir une réponse ; ses femmes étaient tellement terrifiées, qu'elles n'osaient parler. « C'est, lui répondit-on enfin, le comte de Rantzau accompagné de plusieurs officiers, qui demande au nom du roi, d'être introduit chez Sa Majesté.

— Allez, dit la reine, avertir Struensée et qu'il arrive ici immédiatement. — Hélas ! lui dit-on, le comte est arrêté. »

A cette nouvelle, Caroline pousse des exclamations de désespoir : « Nous sommes trahis, perdus ! perdus pour toujours ! » Après un moment de réflexion, reprenant son courage, elle sort du lit, met sur elle quelques vêtements, fait ouvrir la porte et fièrement s'avance vers Rantzau qui la salue en s'inclinant avec respect devant elle.

Le comte lui dit qu'il est porteur d'un ordre du roi; elle veut le lire elle-même et après l'avoir lu, elle dit avec dédain : « Je reconnais bien là l'œuvre des traîtres ! »

Le comte lui demande en grâce, de ne pas résister aux ordres du roi.

« Une reine n'est pas obligée, dit-elle, de se soumettre à des ordres extorqués à la faiblesse du roi par la trahison et la perfidie !

— Madame, dit Rantzau, d'un air sérieux, il m'est impossible de permettre aucune tergiversation.

— Je n'obéirai pas au roi, mon époux, que je ne l'aie vu moi-même : je vais le trouver, je veux lui parler. »

Elle se dirige vers la porte et tente de sortir, mais Rantzau lui barre le passage et son air devient menaçant. Elle crie, elle appelle au secours ! personne ne répond. Alors se tournant vers le comte elle l'apostrophe avec fureur : « Vilain, est-ce donc ainsi qu'un loyal serviteur du roi doit agir envers sa reine! Va, le plus méprisable des hommes ; va, quoique tu sois couvert de honte et d'infamie, je ne te crains pas. »

Le grand seigneur ne voulait pas employer lui-même la force contre une femme, une reine ; il fait un signe, un de ses officiers saisit Caroline, elle se débat avec énergie, elle lui échappe, et se dirige vers un petit escalier dérobé. Mais ses femmes de chambre lui crient que toutes les issues sont gardées. Alors, furieuse, désespérée, elle veut se précipiter par la fenêtre qu'elle ouvre. Un officier la retient par ses vêtements et la contient de vive force. Elle se retourne vers lui, ce n'est plus de la colère, c'est de la rage, elle le prend aux cheveux, puis au cou et veut l'étrangler, un autre officier vient au secours du premier; c'est une lutte furieuse; enfin ses forces s'épuisent, elle tombe sans respiration, presque sans connaissance.

Rantzau ordonne aux femmes de chambre de conduire leur maîtresse dans son cabinet de toilette et d'achever promptement de l'habiller.

Les cheveux flottant sur les épaules, à demi-vêtue, Caroline en reprenant ses sens, accable le comte de tous ses mépris et de tous ses outrages.

Le comte restait impassible. La reine l'entend dire à Eickstedt qui le suivait : « Hâtons-nous, il va faire jour. »

« Misérable, lui crie-t-elle, tu as raison de craindre la lumière ! Ce que tu as fait cette nuit sera la honte de ta vie. Ta chute un jour suivra la mienne. On me plaindra ; mais toi, on te maudira, et l'exécration te suivra dans la tombe. Achève ton crime, vieillard traître et perfide, conduis ta reine dans un cachot. Il me tarde d'être loin d'un infâme comme toi. »

« Madame, répondit Rantzau en mettant la main sur sa poitrine, je ne ressens pas vos reproches, parce que je ne les mérite pas. Mon roi m'a appelé à son secours, j'ai obéi; je ne suis animé par aucun mauvais sentiment contre Votre Majesté. Je fais des vœux pour sa sûreté présente et son bonheur futur ! »

« Je n'ai rien fait, le roi sera juste, dit la reine un peu plus calme. Je voudrais qu'on me laissât près de moi mon fils et ma fille. »

Rantzau fit observer qu'on ne pouvait éloigner du roi le prince royal, mais que la princesse Louise lui serait confiée.

La reine descendit l'escalier du château qui aboutissait

à une porte auprès de laquelle l'attendait une voiture à quatre chevaux.

Le comte l'accompagnait chapeau bas et lui offrit même son bras, qu'elle repoussa avec horreur. Au moment où elle montait le marchepied de la voiture, la reine appliqua à Rantzau un violent soufflet en lui disant : « Voilà pour toi, traître maudit, rappelle-toi bien qu'un jour cette trahison retombera sur ta tête (1) ! »

A côté de la reine dans la voiture fut placée une de ses dames d'honneur, Mlle de Mosting et vis-à-vis s'assit un dragon le sabre nu.

Une seconde voiture portait la petite princesse Louise-Augusta, la nourrice, et deux serviteurs du château. Trente dragons escortèrent les deux équipages et menèrent au château fort de Kronberg la reine infortunée!

Comment le roi, qui venait de quitter Caroline-Mathilde et Struensée, d'une manière affectueuse, avait-il pu tout à coup signer l'ordre de les enfermer dans des cachots ? Comment Christian VII si loyal a-t-il consenti à ces arrestations nocturnes, à l'aide de fausses clefs et de violences ?

Les colonels Eickstedt et Köller avaient rempli le palais de leurs soldats et d'officiers dévoués. Des hommes énergiques étaient armés et prêts à agir. Tous les environs du palais étaient gardés par des dragons qui avaient ordre de ne laisser entrer personne au château, sans nulle exception, sans pitié, même en faisant usage de leurs armes.

Quatre heures du matin avaient sonné ; un conciliabule suprême avait lieu chez la reine douairière entre elle, le prince Frédéric, Rantzau, Guldberg, Köller, Eickstedt,

(1) *Les Cours du Nord,* t. I, p. 148.

Jensen. — Tout était réglé, et le roi ne se doutait encore de rien ! On savait qu'il était incapable de garder un secret. Il ne fallait lui rien dire qu'à la dernière heure.

Rantzau à mesure que le moment d'agir approchait paraissait plus hésitant que jamais. Il avait prétexté une attaque de goutte pour ne pas se rendre au palais. On avait trop de besoin de sa présence pour ne pas employer toutes sortes de séductions et Guldberg avait triomphé de sa résistance.

Le comte, qui avait compris le danger de l'entreprise et ce qu'il y avait de délicat dans le rôle qu'on lui destinait, avait exigé que Julienne et le prince Frédéric fussent présents à tout ce qui serait fait, afin de leur faire partager la responsabilité de tous les actes.

Les conjurés qui menaient le complot étaient habiles. Guldberg avait rédigé d'avance les quelques lignes qu'on devait dicter au roi, et les ordres qu'on devait lui faire signer.

Rantzau ne fit aucune objection lorsqu'on décida qu'on serait sans pitié pour Struensée, et que son arrestation serait faite durement.

Mais il était trop gentilhomme pour ne pas se préoccuper du sort d'une reine, qu'il avait reçue chez lui, qui avait toujours été aimable à son égard et à laquelle il ne reprochait que ses préférences pour un homme qu'il détestait.

Julienne avait été trop souvent blessée par les amis de Caroline pour ne pas laisser voir son ressentiment. Le comte de Rantzau déclara qu'il se retirait, si le complot n'avait pour but que de satisfaire des ambitions et des haines personnelles.

On lui répondit : « Laisser la liberté à Mathilde, c'est

lui laisser la faculté de prendre sa revanche ; c'est assurer le retour de celui qu'elle aime, et la perte de tous les conjurés.

« C'est même rendre un mauvais service à la reine. Le peuple la confond dans sa fureur avec Struensée. Un mouvement populaire est au moment d'éclater, c'est sauver Mathilde que de la mettre en sûreté dans un château fort. Après la chute du ministre, la populace serait implacable contre tous ses complices. »

Ce raisonnement toucha Rantzau et il finit par consentir à l'arrestation de la reine sous la promesse formelle que la détention ne serait que provisoire et cesserait dès que l'agitation des esprits aurait eu le temps de s'apaiser.

Après avoir résolu toutes les difficultés, arrêté tout le plan de bataille, il ne restait plus qu'à avoir la signature royale, ce qui eût été le plus difficile à obtenir, si le roi avait eu l'intelligence de ce qu'il allait faire et la force de le refuser.

Christian préférait sa femme à Julienne et Struensée à Guldberg. Si on n'eût empêché Mathilde d'arriver jusqu'à lui tout le complot échouait.

On se rend chez le roi qui dormait. On essaie vainement d'ouvrir sa porte avec de fausses clefs. Jensen va réveiller le valet de chambre de service Briégil, et Rantzau lui commande de le conduire chez son maître. L'heure indue, les personnes qu'il voit, leur air troublé, tout lui est suspect et Briégil refuse d'obéir. C'était un homme vigoureux, capable de défendre ses clefs, si ont eût voulu les prendre de force, et il ne fallait pas faire de bruit.

Le comte de Rantzau lui dit que le peuple s'était révolté, que la vie du roi était en danger et qu'il ne fallait pas perdre un instant pour le sauver. Les instances du comte, de la reine Julienne et du prince Frédéric furent telles que le valet de chambre finit par croire à leurs paroles et par les introduire.

Le roi réveillé en sursaut fut très effrayé de se voir entouré de personnes qu'il n'aimait guère.

« Mon fils, dit Julienne, Votre Majesté ne doit pas s'effrayer ; vous n'avez ici que des amis ; c'est dans votre intérêt que nous sommes venus » et elle versa quelques larmes.

Rantzau, à l'aspect de son roi près de s'évanouir de terreur et demandant un verre d'eau, recula, ému, hésitant : Köller dut le pousser près du lit. Le comte chercha à rassurer et à calmer le roi. Il lui dit qu'on n'était venu que pour le sauver ; que le peuple était soulevé, que sa vie était en péril si on n'éloignait pas Brandt et Struensée. Christian était las de Brandt et l'idée d'en être à jamais débarrassé ne lui déplaisait pas. Il consentit à signer les ordres d'arrestation.

Mais quand on voulut lui faire signer aussi l'ordre d'arrêter Caroline-Mathilde, il retrouva un moment d'énergie pour refuser net et jeter la plume. Il fit un effort pour se lever et on dut lui faire violence pour l'empêcher de sortir du lit.

Rantzau comprit que ce n'était plus le moment d'hésiter et qu'il fallait à tout prix peser sur la volonté d'un prince dont l'esprit était affaibli par la maladie et l'imagination troublée par les agitations de cette scène nocturne.

Il adressa au roi déjà tout tremblant des paroles propres à l'épouvanter. Il lui dit que l'émeute entourait le château ; que des forcenés, le fer et le feu à la main, étaient prêts à se porter à tous les excès, et qu'il fallait sauver la reine en la dérobant à leur fureur : Le roi n'était-il pas le maître de la rappeler quand il voudrait ?

Le pauvre prince ne se laissait point persuader par ces raisonnements, mais il avait l'esprit trop faible et trop troublé pour avoir la force de résister aux obsessions dont il se voyait entouré, la nuit, sans avoir personne pour le soutenir. Une véritable pression était exercée sur lui ; on lui mit la plume entre main et il finit par signer tous les papiers préparés d'avance qu'on lui dit de signer.

L'arrestation de Struensée et de Caroline-Mathilde entraîna celle de ceux qui passaient pour leurs complices : le comte Brandt, les deux frères de Struensée et son secrétaire Panning, le lieutenant général et Mme Gohler, le major général Gude, le colonel Falkenskiold, le baron de Bulow, Hesselberg, Ali, Villebrandt et quelques autres.

CHAPITRE XIV.

LA REINE JULIENNE TRIOMPHE.

Le lendemain du coup d'État. — L'ovation et l'émeute. — Sermons diffamatoires. — Curée de places.

Le coup d'État avait réussi ; la nuit, commencée par Caroline-Mathilde dans une fête, s'était achevée dans une prison ; le jour paraissait à peine, que la nouvelle de la révolution accomplie au palais s'était propagée dans toute la ville.

Pour effrayer le faible roi on lui avait dit qu'une insurrection populaire grondait autour du château, l'émeute n'avait pas éclaté, mais elle avait été commandée.

Des bruits propres à tromper le peuple avaient été habilement répandus, et rien de ce qui pouvait agiter les esprits, même des distributions de liqueurs, n'avait été épargné.

Struensée et Caroline étaient dépeints sous les plus horribles couleurs. Struensée avait conçu, disait-on, l'horrible projet de faire périr le roi, la reine douairière et le prince Frédéric. Le roi heureusement avait déjoué le complot ; il ne voulait plus de despotisme ministériel, il voulait gouverner lui même.

Caroline-Mathilde était représentée comme une épouse infidèle, comme la maîtresse de Struensée ; on l'appelait la *Prostituée de Jérusalem*.

La reine Julienne au contraire était le modèle de toutes les vertus domestiques, et une femme de haute intelligence.

Lorsque *en simple négligé,* le matin elle parut sur le balcon à côté du roi, elle fut vivement acclamée par le peuple.

L'émeute commença d'une manière très bénigne. Elle était dirigée par ceux qui sont ordinairement chargés de la réprimer. Les vaincus n'ont pas d'amis et s'ils en ont, ceux-ci se cachent surtout lorsque le peuple est déchaîné.

La foule grossissait dans les rues, et de toutes parts retentissaient les cris : *Que le Roi vive de longues années.* Les troupes circulaient partout en laissant un libre passage à l'émeute à laquelle elles semblaient s'associer.

Vers midi, le roi fut obligé de se montrer en superbe costume dans un carrosse de gala traîné par huit chevaux blancs.

Christian VII paraissait indifférent à tout ce qui se passait autour de lui ; il ne disait rien. Son mutisme était complet au milieu des hurrahs populaires. Il était peu désireux de voir et d'être vu, la glace de sa voiture était fermée de son côté.

Le prince Frédéric, assis près du roi, cherchait au contraire à attirer les regards et à provoquer des manifestations.

La glace était ouverte de son côté ; d'un air rayonnant, il ne cessait de saluer le peuple avec les gestes les plus empressés et les plus gracieux.

Les applaudissements éclataient sur le passage du carrosse royal, et comme la multitude qui l'entourait rendait sa marche difficile, des gens du peuple offrirent de le dételer et de le traîner eux-mêmes.

La cabale est vaincue, tel était le mot d'ordre.

Pour compléter cette démonstration publique de l'approbation de Christian VII, à la révolution opérée secrètement la nuit, il y eut grande réception au palais. Le roi ne fit qu'acte d'apparition et rentra dans ses appartements; avait-il la conscience du rôle qu'on lui faisait jouer?

Des prières publiques, des *Te Deum* eurent lieu dans toutes les églises pour remercier Dieu d'avoir sauvé le roi des dangers... qu'il n'avait pas courus!

Une belle illumination avait été organisée pour la soirée, et la cour se rendit à la Comédie française. La reine douairière et le prince Frédéric prirent place à côté du roi dans la loge royale.

Le peuple applaudissait, les dames agitaient leurs mouchoirs, l'ovation commandée était parfaite.

L'émeute une fois lancée ne pouvait être arrêtée court. Il y a des gens qui aiment le désordre parce qu'ils en profitent, et d'autres qui aiment à faire le mal pour le plaisir de le faire.

Une fille de la reine, Esther Gabel passait pour avoir été la maîtresse de Struensée qui lui avait fourni le plan d'un établissement consacré aux bals et divertissements populaires. Elle disposa pour cette destination son grand hôtel acheté au comte Schulling. On avait inventé et répandu de fausses histoires; on avait dit notamment que Struensée avait fait venir quinze Anglaises d'une rare beauté pour faire les honneurs de l'établissement.

Beringskjold, loin d'arrêter l'émeute, la guidait; les portes furent brisées. Tout fut pillé avant que la police n'intervînt. La riche bibliothèque du comte Schulling, estimée 8,000 dollars, les tapisseries, les meubles, les objets précieux, tout fut enlevé et partagé. En livrant cette proie au peuple, Beringskjold sut se faire sa part du butin

Quand la marée montante de la populace soulevée a dépassé toutes les bornes, il est difficile de dire : tu n'iras pas plus loin. Le goût du sang et la soif de l'or, irritent les mauvais instincts. Sous prétexte que Struensée avait favorisé la démoralisation publique, les soixante maisons de tolérance disséminées dans les divers quartiers de la capitale furent pillées, et dévastées en quelques heures.

Reverdil fait un horrible tableau de la cruauté avec laquelle furent massacrées et traînées dans la rue les filles trouvées dans ces maisons. Il ajoute qu'au lieu de traiter comme les autres un établissement qui passait pour le plus impur, on laissa partir les actrices italiennes qui l'occupaient, sans leur faire du mal, *respectant en leur personne les amusements du roi.*

Les pamphlets les plus violents contre Struensée se multiplièrent d'une manière inouie pour surexciter les fureurs populaires. Nous n'en ferons pas l'analyse, il est triste de voir des écrivains de mérite, des historiens connus pousser aussi loin l'éloge pour le vainqueur et l'outrage pour le vaincu.

On appelle Struensée un vil barbier, un traître, un tigre, un monstre échappé de l'enfer, tellement couvert de de crimes qu'il n'y a pas de supplice assez terrible pour trancher sa vie.

On appelle la reine Julienne : un ange descendu sur la terre, une Sémiramis, une reine si illustre que les Homère et les Virgile futurs ne pourront jamais trouver dans les gloires danoises (et norvégiennes rien qui la surpasse ni même qui l'égale.

Struensée par son impiété et le scandale de ses mœurs avait sans doute excité contre lui l'animadversion du clergé, mais on ne saurait se faire une idée de la violence avec laquelle il fut traité dans les prêches de toutes les églises, lorsque des *Te Deum* furent célébrés. Struensée est traité de monstre qui défie son Dieu et de régicide qui veut faire périr son roi. Les sermons furent imprimés, et dans ces déclamations furibondes, on chercherait en vain le moindre sentiment de pitié ou de charité chrétienne. Julienne s'empressa de récompenser ceux qui l'avaient suivie. Rantzau fut nommé chevalier de l'ordre de l'Éléphant, général en chef de l'infanterie, conseiller d'État; on dit même que le roi se chargea du payement de ses dettes.

Eickstedt et Köller furent promus lieutenants généraux et obtinrent la plaque du Dannebrog. Köller, qui était né en Poméranie, ajouta à son nom un nom danois et fut anobli sous le titre de Köller-Banner : on lui donna aussi les fonctions d'aide de camp du palais et d'inspecteur de la chambre du roi avec un logement au palais (1).

Tous les officiers, qui avaient promis leur concours au complot, sans qu'il eût été nécessaire d'y prendre une part active, avancèrent d'un ou de deux grades.

L'ancien valet de chambre Jensen reçut une gratification de 2,000 dollars et fut honoré du titre de conseiller de justice. Les commandants des escortes qui avaient conduit la reine et Struensée dans leurs prisons respectives, furent récompensés de leurs nobles exploits.

Le commissaire général de Béringskjold, qui favorisa l'émeute et surtout le pillage, obtint une clef de chambellan, une pension de 2000 dollars, et la remise d'une forte somme qu'il devait à l'État pour des terres qu'il avait achetées sans pouvoir les payer. Il avait deux fils, l'un fut nommé page, et l'autre obtint le promesse d'une place de capitaine.

(1) *Mémoires de Reverdil*, p. 348.

Ces faveurs de la cour auraient dû satisfaire Béringskjold, si cet homme avait pu vivre sans se mêler aux plus tristes intrigues. Il avait mécontenté le comte d'Osten, ministre des affaires étrangères par des paroles inconvenantes ; il crut satisfaire la reine douairière en organisant un complot pour exclure les enfants de Christian VII de la succession au trône. Julienne comprit le danger de cette mesure qui eût été mal vue par les Danois et par les cours étrangères, par le roi d'Angleterre surtout. Les motifs ne manquaient pas pour se débarrasser d'un homme turbulent, et dangereux comme Béringskjold. Il reçut l'ordre du roi de s'éloigner de Copenhague et de ne pas quitter une petite ville qui lui fut assignée comme résidence forcée à l'extrémité de l'île de Séeland.

Guldberg avait donné ce conseil ; il était le conseiller habile et écouté de la reine. Malgré la grande part qu'il avait prise au triomphe de Julienne, il ne voulut avoir aucune part dans la distribution des récompenses que les conjurés furent si pressés de se partager.

Il sut attendre. Il arriva à tout.

Ce n'est que sous le nom du roi que pouvait être exercée la puissance souveraine. Le roi était incapable de se diriger lui-même. Naturellement inconstant et mobile, il avait tellement perdu l'intelligence qu'il était à la disposition de celui qui savait lui imposer sa volonté. Brandt possédait l'art de l'amuser, mais passer sa vie à amuser un roi tombé dans l'enfance, c'est un rude métier pour un homme de valeur. Las de cette triste besogne, Brandt, nous l'avons dit, s'en était déchargé sur Reverdil.

Dans une cour agitée par tant de passions diverses, Reverdil était peut-être le plus noble cœur. Il aimait le roi dont il avait élevé l'enfance, et le soignait. Il n'aimait guère Struensée ; il admirait peu ses brusques réformes et cependant il résista à toutes les offres qui lui furent faites d'agir contre lui. Dévoué à la reine Caroline, il désapprouvait tous les affronts qu'on faisait à la reine Julienne.

Le coup d'État accompli, à six heures du matin, Köller entra chez Reverdil et lui annonça que le roi ne voulait pas le voir de quelques jours.

Reverdil alla le soir au théâtre ; le roi s'y trouvait.

Le lendemain Reverdil fut mis aux arrêts dans sa chambre, et gardé à vue. Le 23 janvier, un secrétaire de cabinet lui rendit la liberté et lui offrit mille dollars s'il voulait retourner dans son pays.

La reine Julienne le fit appeler chez elle. Après lui avoir fait bon accueil, elle lui expliqua tous ses griefs contre Struensée et Caroline-Mathilde. Elle eût volontiers gardé un homme dont la loyauté était sûre et l'honnêteté parfaite, mais Rantzau et le comte d'Osten prirent l'alarme en apprenant cette entrevue et redoutèrent que Reverdil n'usât de son influence auprès du roi en faveur des vaincus. Il en eût été capable. Lorsque les ennemis de Struensée et de Caroline étaient les plus forts et qu'ils poussaient leur vengeance trop loin, lorsque tous les amis se taisaient à la cour, il éleva énergiquement la voix en faveur des infortunés prisonniers que personne n'osait défendre.

Reverdil fut engagé, *dans son intérêt*, à partir pour la Suisse ; il ne se fit pas prier pour quitter sur-le-champ Copenhague.

Le choix d'un homme qui sût garder le roi et lui plaire n'était pas facile. Julienne de sa voix la plus câline demanda elle-même au roi quelles personnes il lui conviendrait d'avoir auprès de sa personne. Elle énumérait des noms en l'interrogeant. Celui-là vous conviendrait-il? Le roi répondait toujours : non. Il aurait peut-être agréé le comte d'Ostern, mais le ministre préférait gouverner l'État qu'un prince imbécile.

Julienne vit bien qu'elle seule devait choisir, elle avait Köller en grande faveur, elle chargea ce soldat brutal de remplacer Brandt et Reverdil deux hommes de cour, familiers avec le monarque qui les aimait depuis sa première jeunesse.

Köller procura à Christian VII des divertissements brillants, des banquets, des bals parés et masqués, des représentations de pièces françaises comme *l'Ambitieux*, *l'Indiscret*, mais pour un cerveau affaibli ces distractions ne valaient pas celles qu'on lui retirait.

On ôta au roi son chien Gourmand et deux petits nègres qui l'amusaient plus que le reste et qui étaient pour lui une distraction de tous les instants.

Des arrestations, des révocations, des épurations de tout genre, le remplacement des fonctionnaires qu'on redoutait ou dont on enviait les places, telle fut l'occupation du gouvernement nouveau le lendemain de la révolution.

CHAPITRE XV.

STRUENSÉE EN PRISON.

Désespoir de Struensée. — Manière cruelle dont il est traité. — Sa conversion. — Son *Apologie* écrite par lui-même.

Si le malheureux Struensée avait eu davantage l'expérience des hommes, s'il eût mieux compris l'esprit du pays, s'il eût été moins obstiné à ne rien écouter des avertissements et des conseils qui lui furent donnés, il eût pu prévenir son effroyable chute.

Du palais de Christiansborg, où il était traité en roi, à la prison de la citadelle, où il fut traité comme un vil scélérat, horrible fut la transition !

Il ne sut pas garder sa dignité. En se voyant enfermé dans une chambre, où un fameux pirate avait été longtemps détenu, il prit un air hautain : « Où sont mes valets ? » on lui répond : « Aucun ne vous a suivi. — Où est mon secrétaire ? — Il n'est pas ici. — Je ne veux pas de chaise, qu'on me donne un sofa ; je ne veux pas mourir de froid, qu'on me donne du feu. »

Il était dans un état d'agitation extrême et ses paroles étaient pleines d'imprécations. A toutes les demandes adressées à l'officier qui l'avait conduit, celui-ci finit par répondre : Je n'ai plus rien à faire ici qu'à vous souhaiter bonne nuit.

Quand le prisonnier fut seul, il arriva au paroxysme de la rage. Il cherchait à se briser la tête contre le mur, et les gardiens durent venir l'empêcher de se détruire; le commandant donna l'ordre de l'enchaîner. Struensée fut encore plus furieux de se voir attaché comme un vil malfaiteur. « Je suis traité, dit-il, *en canaille,* » (c'est son expression).

A l'exaspération furieuse du premier moment succéda chez le prisonnier un état complet de prostration. Le lendemain, son accablement était tel qu'il n'avait pas la force de manger, il n'accepta qu'un verre d'eau et de vin. Il pleurait.

La rigueur avec laquelle il était traité tenait de la cruauté. Il n'était entouré que de sombres figures. Voici ce qu'on lit dans un pamphlet en danois (1). Le forgeron qui enchaîna en prison Struensée, traversait un jour, enchaîné lui-même, les rues de Copenhague lorsqu'il aperçut Struensée le ministre alors tout puissant; levant vers lui ses mains garrottées, il le supplia de lui accorder la liberté. Le ministre répondit : Je vous fais grâce de cette chaîne, à cause de votre valeur.

Le misérable, rappelant ce fait au ministre son prisonnier et parodiant sa réponse d'une manière cruelle, lui dit : je ne puis vous faire grâce de votre chaîne à cause de votre vertu.

Il est beau d'insulter un bras chargé d'entraves!

N'est-il pas triste pour l'humanité de voir partout et dans tous les temps, des gens qui prennent plaisir à insulter au malheur et à ajouter aux mauvais traitements la raillerie, la pire de toutes les injures!

Ernest avait obtenu d'aller servir son maître en prison.

(1) *Gesprach im Reiche der rodten.*

Lorsque tous deux se revirent, ils éclatèrent en sanglots. Struensée, touché de l'émotion profonde de ce jeune et fidèle serviteur, se reprochait de ne lui avoir pas fait une position quand il était au pouvoir. Ernest de son côté se reprochait de n'avoir pu, avant d'obéir aux injonctions de Köller, avertir son maître. Mais celui-ci eût-il pu s'échapper? Nous avons dit qu'il existait un passage secret conduisant à la chambre de la reine (1), mais que toutes les issues étaient bien gardées.

Les officiers qui étaient chargés de surveiller les prisonniers, ne comprenaient que le danois. Struensée et Ernest causèrent bas et en allemand. Ernest s'était mis à genoux et baissant la tête sur son maître assis, il lui dit qu'il avait sauvé sa belle montre, ses bijoux et sa bourse.

Le comte cacha la bourse dans son lit et dit à Ernest de garder le reste. Il voulut lui donner de l'argent, mais la bourse glissa et fit du bruit. Les gardiens allèrent rapporter ce fait au commandant de la citadelle, Von Hoben, petit vieillard boiteux, dur, insensible et l'humble créature d'Eickstedt.

Lorsque Struensée fut conduit dans le fort comme criminel d'État, il dit à Hoben : « Je suppose que ma visite vous était bien inattendue. — Pas du tout, répond le commandant, il y a fort longtemps que j'attendais Votre Excellence. »

Hoben fouilla lui-même le comte et prit son argent. Il fit visiter ensuite le valet de chambre et saisit sur lui une belle montre à répétition achetée en Angleterre, une épingle en diamants, cadeau de la reine Caroline-Mathilde,

(1) Wolffe (*Voyage dans le Nord*), parle de ce passage secret par lequel la reine voulut s'échapper.

qui avait coûté 12,000 francs et une bague qui valait mille louis. En attendant, dit Brown (1), soit qu'on le fît pour insulter ou pour flatter le comte, on apporta de ses somptueux appartements une cuvette et un vase de nuit en vermeil; ce qui formait un contraste avec le misérable mobilier de la prison.

Le commandant annonça au comte qu'il lui était alloué 5 francs par jour pour sa nourriture et 2 francs pour celle de son domestique, et qu'un sergent serait toujours prêt à lui procurer les choses nécessaires.

Le commandant, d'un ton sévère, dit à Ernest. « Vous avez raconté les émeutes à votre maître, vous lui avez apporté de l'argent; si désormais vous lui apprenez la moindre chose, vous serez condamné à l'esclavage et aux travaux à perpétuité.

« Vous pourrez parler allemand, mais vous parlerez fort, et je choisirai des gardiens qui comprendront cette langue. »

Rantzau avait fait accorder à Ernest la permission de servir son maître, mais quand la procédure fut commencée, l'espionnage du prisonnier devint plus rigoureux.

Ernest privé du plaisir de causer avec son maître, redoublait de soins pour lui. Il logeait au-dessous de la chambre de Struensée. Le second jour, vers minuit, il entendit marcher à pas lourds sur l'escalier, et puis son oreille distingua le bruit de chaînes en fer. L'idée que ces fers étaient pour son maître, et peut-être aussi pour lui, le firent frémir et trembler de terreur. Des coups de marteau retentirent ; nul doute, on rivait les fers. Puis on descendit,

(1) *Les Cours du Nord*, t. II, p. 156.

et ce qui le soulagea un peu, c'est qu'on ne s'arrêta pas à sa porte.

Ce fut une terrible nuit que passa le serviteur fidèle. Son sommeil agité fut troublé par d'horribles rêves, et il lui sembla voir son maître subissant le dernier supplice dont il avait entendu les premiers apprêts.

Il ne s'était pas trompé sur la nature du bruit nocturne. Quand ses yeux et ceux du comte se rencontrèrent, ils étaient rougis par les larmes, et exprimaient le même sentiment de douleur indignée.

Struensée était enchaîné à un double crochet de fer fixé dans le mur. La chaîne passait par des anneaux dont l'un se trouvait au bas de la jambe droite, l'autre au poignet gauche; elle était si courte, que le prisonnier avait peine à atteindre un vase de nuit ou à s'asseoir sur le bord du lit.

Struensée, dès le premier moment, et depuis, chercha tous les moyens d'en finir avec la vie. On raconte qu'un jour, il essaya de se donner la mort en s'enfonçant une fourchette dans le gosier. Un autre jour il se plaignait beaucoup de mal aux dents et pria un gardien d'aller lui chercher une poudre dentifrice qu'il trouverait dans son cabinet à un lieu qu'il indiqua. La poudre, examinée par le médecin du roi, fut reconnue pour être un poison violent.

Le prisonnier déclara qu'on ne pourrait pas l'empêcher de se suicider et qu'il se laisserait mourir de faim. Le commandant, habitué sans doute à traiter les hommes comme les chevaux, lui fit ordonner de boire et de manger, sous peine d'être frappé à coups de fouet, jusqu'à ce qu'il eût obéi.

Les plus minutieuses précautions et la surveillance la plus active rendirent impossible ses tentatives de suicide.

Il avait avalé deux boutons de métal; tous les boutons de son vêtement furent enlevés; on retira les boucles de ses souliers et on lui mit une coiffure en fer pour l'empêcher de se casser la tête.

L'homme est l'animal qui s'habitue le plus facilement aux privations et au changement de vie. Struensée finit par s'habituer à porter sa chaîne et retrouva son appétit.

A neuf heures, il prenait son déjeuner et son café; à une heure il dînait, il ne buvait que du vin léger; à six heures il prenait le thé et un gâteau. Il ne soupait pas, mais avant de se coucher, il prenait un verre de porto avec de l'eau.

Il avait été toujours très sobre pour les vins et les liqueurs. L'usage du couteau ne lui était pas permis et on lui servait les morceaux découpés.

La nourriture du comte lui était envoyée par un restaurateur français, nommé Maréchal. Quand on apportait le repas, chaque plat était scrupuleusement vérifié, le pain ouvert et la serviette visitée.

Un jour, sans avoir été prévenu, sans motif aucun, sans lui permettre de prendre congé de son maître, Ernest fut renvoyé, et ce fut une grande douleur pour Struensée.

Par un raffinement de cruauté, le prisonnier fut transféré de la chambre qu'il occupait à l'étage supérieur, à une chambre petite, basse, humide, située derrière l'église. Le jour n'y pénétrait que par une fenêtre étroite. Les murs étaient nus. Tout l'ameublement se réduisait à un lit grossier, une table, une garde-robe et deux chaises. La chaîne fut raccourcie et la position du prisonnier aggravée.

« Ce traitement, dit Brown (1) était dû à Julienne,

(1) *Cours du Nord*, t. I, p. 16.

qui, après que le valet eût été renvoyé, satisfit plus d'une fois sa haine, en venant sous divers déguisements contempler la malheureuse victime de l'imprudence et de la trahison. »

Que la reine douairière ait voulu faire souffrir ceux qui l'avaient blessée, humiliée, ce n'est pas douteux. Est-il vrai qu'elle ait voulu jouir elle-même du spectacle de leur souffrance ?

Il est des femmes, dont les sentiments sont élevés, dont l'esprit est capable de nobles choses et dont la vengeance, longtemps contenue, atteint de tels raffinements qu'on ne peut croire que tant de cruauté soit unie à tant de grandeur d'âme.

Par une énigme du cœur féminin, tandis que Julienne voulait être sans miséricorde pour les prisonniers, elle se préoccupa du soin d'attirer sur eux la miséricorde divine.

Elle choisit elle-même un ministre très éclairé, le docteur Münter et le chargea d'aller sauver l'âme de celui dont elle ne voulait pas sauver la vie.

Le bon docteur se présenta à Struensée comme un homme qui serait heureux de gagner sa confiance. « Je viens, lui dit-il, vous apporter des consolations. Je suis le seul ami qui vous reste sur la terre. N'ayez pas la funeste idée de mourir en héros de la philosophie.

— Dans mon adversité, répondit le prisonnier, ma fermeté d'âme m'est restée, et je ne mourrai pas en hypocrite. »

L'entraînement des passions et la séduction des idées philosophiques avaient paru éteindre dans son âme les principes chrétiens qu'il avait reçus dans l'enfance, mais il en restait des étincelles qui devaient se rallumer au souffle du malheur.

Nous ne répéterons pas les conversations théologiques et philosophiques échangées tous les jours entre le Docteur et Struensée.

Munter gardait depuis quelques temps une lettre, qu'il ne remit au prisonnier que lorsqu'il le vit ébranlé ; c'était une lettre de son père : la voici :

« Mon second fils,

« Je désire que ces lignes, si c'est possible, vous parviennent ; que vous puissiez les lire et les méditer. Je ne saurais vous exprimer les douleurs, les angoisses de vos parents à la nouvelle de ce qui vous arrive. Nos yeux sont remplis de larmes la nuit comme le jour. Nos âmes ne cessent de demander à Dieu miséricorde pour vous. Mais n'insistons pas sur notre désolation. Il y a une chose qui me pèse sur le cœur et qui afflige profondément votre mère. Vous connaissez nos sentiments. Vous savez dans quelles idées nous vous avons élevé. Vous vous rappelez combien de fois et avec quelle ardeur j'ai cherché à graver dans votre esprit cette grande vérité que l'amour de Dieu nous est profitable dans toutes les choses de la vie.

« Chaque fois que j'ai eu occasion de parler avec vous, même quand vous étiez revêtu d'un caractère public, je n'ai pas manqué de vous rappeler que Dieu était présent partout, et de vous exhorter à garder votre conscience toujours pure. Votre cœur vous dira si vous ne vous êtes pas éloigné des exhortations de votre père !

« Vos parents ont été longtemps en grande inquiétude sur vous. Comme nous menons une vie très retirée, que nous ne voyons pas beaucoup de connaissances, et que vous ne nous avez jamais rien écrit sur ce sujet, nos vœux et les soupirs de nos cœurs se sont souvent élevés vers Dieu en secret, et avec anxiété en lui demandant que votre âme ne fût pas compromise.

« Trois maladies dont vous avez été atteint, à Halle, à Gedern et à Altona, vous avaient mis dans un tel danger qu'on vous avait cru perdu. Dieu vous a sauvé, il vous a conservé la vie, certainement dans la seule intention de vous accorder un temps de grâce pour vous préparer à une éternité de bonheur. Cette intention de notre Rédempteur se montre encore dans votre prison. Vous êtes la créature de Dieu; Dieu vous aime. Il veut vous racheter par le sang de Jésus-Christ. Dieu est un père qui se réconcilie facilement. Vous êtes baptisé au nom de la Trinité. Dieu fera une éternelle alliance avec vous; il ne refuse jamais de faire du bien à l'homme. Revenez donc à votre Dieu, mon fils! Il ne détournera pas sa face de vous et vous fera grâce. Écoutez la voix de votre conscience, et la conviction que l'esprit de Dieu produira dans votre âme. Priez Dieu qu'il vous ouvre les yeux pour bien voir le véritable état de votre âme; afin qu'éclairé d'en haut, vous puissiez reconnaître combien elle est corrompue. Employez la solitude où vous êtes aujourd'hui pour examiner toute votre vie, devant Dieu qui sait tout, afin de reconnaître combien vos péchés sont grands et combien vous devez les détester. Ne vous flattez pas; soyez sévère pour vous-même, accusez-vous, jugez-vous devant le tribunal de Dieu, tandis qu'il vous est encore permis de jouir du temps de grâce.

« Vos péchés doivent peser sur vous comme un lourd fardeau, que votre cœur s'humilie devant Dieu; implorez sa miséricorde, regrettez et détestez toutes les transgressions de sa loi. Alors vous sentirez toute l'importance et toute la nécessité de la rédemption du Christ. Alors vous trouverez un refuge en Celui qui reçoit les pécheurs, qui s'est fait homme pour nous sauver, qui a payé les dettes de nos fautes, qui a subi leur châtiment, afin de satisfaire la justice de Dieu et d'obtenir notre pardon par sa grâce infinie.

« Le sang du Christ crie pour vous : sa miséricorde vous tend les bras, sans Jésus, point de salut. Il peut vous sauver. Il a reçu le don de vous racheter. C'est lui qui peut vous sanctifier et vous rendre la paix de l'âme. Oh ! que Jésus soit glorifié dans votre cœur ! C'est en lui que nous pouvons trouver le bonheur dans cette vie, dans nos souffrances, dans notre mort et après notre mort.

« Votre mère vous envoie ses tendresses. Elle pleure, elle prie avec moi pour notre fils infortuné ! oh ! que nous ayons au moins la consolation d'apprendre que les cœurs de nos fils se sont tournés vers le Seigneur et la joie de les retrouver dans l'éternité devant le trône de l'Agneau.

« Les crimes qui vous ont fait mettre en prison, ne sont pas bien connus de nous. Ce que nous avons lu et entendu dire en public serait de nature à être blâmé et condamné par vos parents. Oh ! si Dieu eût voulu que vous n'eussiez jamais été autre chose qu'un médecin ! C'est par les journaux que nous fûmes informés de votre élévation aux honneurs ; cette nouvelle loin de nous causer de la joie, nous fit de la peine. Oh ! que n'avez-vous su garder dans toutes les affaires, une conscience pure, de la sagesse, de la piété pour faire du bien au Danemark et rester soumis à tous les commandements de votre souverain ! Nous ne pouvons vous juger faute de renseignements. Mais quelle que soit notre tendresse pour nos enfants, nous n'approuverions jamais leurs crimes, nous ne les excuserions pas et nous ne dirions pas que ce qui est mal est bien, car nous ne pouvons que haïr le péché, le détester, le condamner, l'avoir en horreur. Nous louons Dieu quand il manifeste sa colère contre l'impie, et sa miséricorde pour le pénitent qui revient à la foi. Que le Seigneur notre Dieu veuille bien se servir de la prison comme d'un remède pour guérir toutes les plaies de votre âme !

« Nous, vos parents, nous vous recommandons d'aimer le Seigneur qui aura pitié de vous ! Puisse Jésus, le grand prêtre de la miséricorde, se souvenir de vous pour vous conduire à la droite de Dieu afin que le Tout-Puissant vous reçoive devant son trône de grâce et vous accorde le salut éternel. « O Jésus ! vous qui êtes l'ami du genre humain, vous qui ne repoussez jamais ceux qui ont recours à vous, venez en aide aux parents et aux enfants pour qu'ils obtiennent la vie éternelle.

« Je suis avec tendresse et affection, votre père.

« Adam STRUENSÉE.

« Rendsburg, 4 mars 1772. »

Dès que le prisonnier aperçut une lettre de son père, il la saisit avec empressement, il n'avait pas achevé de la lire qu'il la laissa tomber de ses mains et fondit en larmes. Une lettre de sa mère, écrite dans le même sens, vint aussi le remuer profondément...

Avant de refuser d'écouter la voix de son père et de suivre ses conseils, il se livra à une étude plus approfondie encore de la religion chrétienne. Il ne voulait pas céder aux larmes de sa famille, mais se convaincre que la foi était d'accord avec la raison. Après 21 jours de longues réflexions, et de sérieuses lectures, la lumière se fit dans son esprit ; sa conversion fut tardive, mais elle fut sincère et complète.

On lui permit d'écrire, et heureux de pouvoir se servir de sa plume, le premier usage qu'il en fit fut pour raconter lui-même comment il était revenu des erreurs de la philosophie aux vérités du christianisme (1).

Struensée tenait à ce que Brandt fût averti de sa conversion et Brandt l'apprit avec plaisir.

Au moment de frapper sans pitié des ennemis vaincus, on voulut que le coup qui leur était destiné fût porté par la justice ; aussi chercha-t-on à donner à une cruelle vengeance les apparences d'une décision judiciaire.

La défense de l'accusé est une formalité essentielle pour tout jugement. On *choisit* à Struensée un défenseur, comme on lui avait choisi un prêtre, et on lui permit d'écrire lui-même sa défense. Ce n'était pas à proprement parler une défense, puisque lorsqu'il écrit, aucune accusation n'avait encore été nettement formulée contre lui. Nous verrons que c'est l'accusateur qui réfutera les arguments de l'accusé, sans que l'accusé ait le dernier mot.

Plusieurs faits étaient érigés en crime de lèse majesté, Struensée au lieu de les discuter un à un, la loi à la main, semble chercher à se justifier devant la postérité plus que devant des juges, aussi a-t-on eu raison d'appeler son Mémoire une *apologie* plutôt qu'une défense.

L'accusation n'est pas encore précisée lorsqu'il parle. Il n'ose dire à ceux qui vont disposer de sa vie rien de ce qui pourrait les blesser.

(1) *Récit de la conversion et de la mort de Struensée*, par Munter, 1826, Londres.

Il commence par raconter son goût prononcé pour la profession de médecin, son attachement au roi dont il soignait la santé et qu'il cherchait à distraire par des lectures. Rétablir l'union entre le mari et la femme était son but le plus cher. Appelé à l'honneur de parler d'affaires avec son maître, il lui signala des abus dans l'administration, dans les finances surtout, et il eut le désir d'y remédier.

Analyser son *apologie* serait nous exposer à des redites, car nous aurons à rendre compte du procès et à résumer l'accusation et la défense.

Voici cependant quelques détails qui méritent d'être détachés de tous les autres. — Nous verrons plus tard qu'on faisait un crime à Struensée de la méthode d'éducation qu'il avait adoptée, lorsque le roi et la reine le chargèrent d'élever le prince royal.

Cette méthode avait quelque chose d'original, et je ne crois pas qu'elle ait été mise en pratique avant Struensée ni depuis.

Voici comment elle est expliquée par son inventeur, et nous traduisons ici ce qu'il en dit dans son *Apologie* : « J'ai des observations à faire sur l'éducation du prince royal. Tous les principes sur lesquels cette éducation était basée, furent réglés selon les désirs du roi et de la reine et observés par Leurs Majestés.

« Lorsque ma méthode commença à être mise en exécution, le prince royal avait une constitution faible, une tendance au rachitisme, une grande obstination de caractère ; il criait constamment, et s'obstinait à ne pas vouloir marcher seul, il fallait toujours le porter. Il prenait goût à certaines personnes, il ne voulait pas jouer lui-même, mais faire danser et chanter devant lui ; on lui avait appris à avoir peur de la reine en le menaçant de faire venir sa maman, s'il n'était pas sage.

« Pour remédier à tout cela, voici les moyens qui furent employés : — Son Altesse royale eut une nourriture simple, on ne lui donna que du gruau, du pain, de l'eau, du riz, du lait, plus tard des pommes de terre ; tout était servi froid.

« D'abord on lui fit prendre deux ou trois bains froids par jour, ensuite il en prit un seulement, il s'y était habitué et il le prenait volontiers. L'hiver dernier, il demeurait dans une chambre froide, il ne se chauffait que chez la reine; il était légèrement vêtu et passa presque toute la mauvaise saison sans bas. On lui faisait faire tout ce qu'il était capable de faire avec ses propres forces. Lorsqu'il criait, qu'il demandait opiniâtrément une chose qui n'était pas absolument nécessaire, on ne la lui donnait pas, mais, sans le punir, sans le gronder ni le menacer. Défense de jamais l'apaiser par des caresses. Il jouait avec un seul camarade ; aucune distinction n'était faite entre eux. Ils s'entr'aidaient tous deux, quand ils prenaient leurs repas et qu'ils s'habillaient. Ils grimpaient, se disputaient, se brouillaient, ils faisaient ce qui leur plaisait; toutes les précautions consistaient à éloigner ce qui pouvait leur faire du mal. On leur donnait l'habitude de rester seuls même dans l'obscurité. S'ils se faisaient du mal, on ne devait pas les plaindre; s'ils se querellaient, on les laissait se réconcilier entre eux. Il était expressément défendu aux laquais de leur adresser la parole ou de se mêler à leurs jeux.

« L'éducation du prince ne devait commencer qu'à l'âge de six à sept ans. Jusqu'à cette époque on avait jugé qu'il suffisait de lui donner des idées que l'expérience et la raison devaient plus tard développer et mûrir.

« Les résultats obtenus par cette méthode, c'est que le prince royal a une constitution aussi forte et aussi bonne qu'il soit possible de la désirer. Son Altesse Royale n'a jamais eu de maladies, sauf quelques rares indispositions. Il supporta parfaitement l'inoculation de la petite vérole. Il a des membres solides et il sait s'en servir. Il s'habille et se déshabille seul ; il monte et descend les escaliers sans avoir besoin qu'on l'aide ; il sait très bien se prémunir contre tout ce qui pourrait lui faire du mal. En société il n'est ni timide, ni obstiné, ni capricieux ; sans doute l'instruction intellectuelle et morale, qui dans les habitudes du pays est donnée d'une manière précoce, est laissée encore de côté, mais cette omission est sans importance, que peut-on demander à un enfant de l'âge de cinq ans ? Ce qu'il y a d'abord de plus utile c'est qu'un prince fasse sa première éducation commune avec d'autres enfants afin qu'il puisse se fortifier, etc. »

Je n'entends pas discuter la méthode imaginée par Struensée, ce qu'il y a de certain, c'est qu'elle ne fut pas nuisible à son royal élève, qui était chétif, maladroit, craintif et qui devint fort, plein d'adresse, intrépide. Il a eu un long règne et une longue vie, il n'est mort qu'en décembre 1839.

CHAPITRE XVI.

CAROLINE-MATHILDE EN PRISON.

La reine au fort de Kronsborg. — Retentissement de son accusation à Londres. — Mort de la princesse douairière de Galles. — Keith, envoyé d'Angleterre à Copenhague. — Lettre de Caroline-Mathilde à Christian, son époux. — Lettre de la reine au colonel Keith. — Sages conseils de Keith. — Les sermons à la prison.

Emportée dans une voiture escortée de dragons, allant grand train, la nuit, sans savoir où elle était menée, Caroline-Mathilde restait muette, accablée sous le poids de ses émotions et de ses tristes pensées.

En entrant dans l'enceinte de la sombre forteresse de Kronsborg, elle comprit bien qu'on était sans pitié pour elle et elle dit en gémissant : « Grand Dieu ! tout est-il donc fini pour moi ! le roi m'a-t-il abandonnée ? »

La force lui manquait pour gravir les marches de l'escalier ; on l'introduisit dans une misérable chambre en l'invitant à se coucher. Elle s'éloigna du lit en disant : « Je n'en ai que faire ! pour moi plus de repos ! » Assise sur une chaise, en proie à une douleur muette, elle regarda comme une consolation de pouvoir pleurer, lorsque ses yeux, longtemps restés secs, se remplirent de larmes.

Tout à coup, elle sort de son abattement et à travers ses pleurs brille un sourire, elle a entendu la voix de sa fille, de sa chère Louise, elle la prend dans ses bras, la presse sur son sein, la couvre de baisers en s'écriant : « Tu es là, chère enfant, innocente créature ! Puisque tu me restes, je n'ai pas tout perdu ! »

Elle avait refusé durant deux jours et deux nuits de prendre des aliments et de se coucher, la nature finit par reprendre ses droits : grâce aux consolations que lui donnait sa fille, la reine devint plus calme et plus résignée.

Très triste était la forteresse de Kronsborg, et la chambre de Caroline-Mathilde ressemblait à une prison. C'était une petite pièce ovale dont les fenêtres étroites étaient garnies de barres de fer. M. W. Wraxall, qui a vu et décrit les lieux, dit que c'était hideux, presque nu, et tellement froid que la chaleur de juillet ne pouvait même s'y faire sentir.

La consigne était sévère. La grossièreté des gardes fit voir à la reine qu'on voulait la traiter en vile criminelle. Rantzau avait mis à sa participation au complot, la condition formelle que la vie de Caroline-Mathilde serait respectée.

Le colonel Keith, ministre d'Angleterre à Copenhague, dès qu'il apprit l'arrestation de la reine, se hâta d'aller au palais de Christiansborg et de déclarer que si on touchait un cheveu à la sœur du roi, son maître, la guerre serait déclarée immédiatement au Danemark. Il envoya aussitôt à Londres un courrier pour rendre compte de se qui se passait.

Les nouvelles de Copenhague jetèrent George III et la famille royale dans une véritable consternation. Elles arrivaient dans de tristes circonstances. La princesse douairière de Galles était atteinte d'une dangereuse maladie, qui fut aggravée par l'émotion qu'elle éprouva en apprenant l'affreuse position de sa fille.

La sensation produite par les événements de Copenhague fut grande à Londres, et la presse anglaise presque entière prit avec énergie le parti de Caroline qu'on appelait « *Royal innocent.* »

Les esprits furent fort agités à la pensée du traitement qu'on faisait subir à une princesse d'Angleterre, du sang royal ; l'émotion était telle que plusieurs réclamaient le départ immédiat d'une flotte chargée d'aller protéger et venger Caroline-Mathilde.

Lord North et les ministres prétendirent qu'on ne pouvait mettre aux prises deux nations pour une affaire de famille, *pour un faux pas* de jeune femme.

Le courrier envoyé de Copenhague par Keith n'était arrivé à Londres que le 29 janvier, et le 8 février la princesse douairière de Galles rendait le dernier soupir. Ce fut une grande perte pour Caroline-Mathilde.

Le comte d'Osten aurait plus difficilement trompé la sollicitude d'une mère, que celle de George III. Le ministre de Danemark écrivait au roi d'Angleterre, que ce qui s'était passé n'intéressait en rien les deux nations ; ce n'était pas, disait-il, une affaire à traiter par la voie diplomatique, mais en famille, entre les deux rois seuls. Christian VII écrirait de sa main à George III, et Sa Majesté britannique répondrait elle-même à sa Majesté danoise directement.

Le roi d'Angleterre répondit à son beau-frère qu'il éprouvait une vive peine de ce qui était arrivé, qu'il comptait sur l'esprit de justice du roi et réclamait toute son indulgence en faveur de sa sœur.

La conduite du colonel Keith fut approuvée, et il reçut l'ordre du Bain comme témoignage de satisfaction royale.

Keith sollicita du roi de Danemark une audience particulière pour lui remettre à lui-même les dépêches de son maître. Au jour fixé pour l'audience, le ministre anglais au lieu d'être reçu par le roi fut reçu par un conseiller d'État qui lui dit que Sa Majesté étant indisposée, l'avait envoyé à sa place, pour recevoir les communications qu'on avait à lui faire.

Keith répliqua qu'il avait mission de son maître de parler au roi lui-même, et non à ses ministres; qu'il était fort surpris que Sa Majesté danoise après lui avoir promis une audience le fit recevoir par d'autres, et qu'il allait rendre compte à Sa Majesté britannique de ce qui se passait. En se retirant d'un air mécontent, il dit que si la reine de Danemark n'était pas traitée selon sa naissance et son rang, le roi son maître, ne manquerait pas de montrer son ressentiment.

Keith n'avait pas seulement du dévouement personnel pour Caroline-Mathilde, il répondait aussi au sentiment anglais. A Londres on se souvenait de l'éducation parfaite donnée à la reine, de ses hautes qualités, de ses principes de vertu, de sa grâce, de son cœur, de la dignité de sa vie.

Junius plaidait sa cause dans d'éloquentes lettres qui eurent du retentissement. « Dans la vie privée, disait-il, l'honneur d'une sœur intéresse son frère au plus haut degré, tout homme de cœur cherche à le défendre. Notre pieux monarque est-il fait d'un autre moule que son peuple? »

Suivant l'étiquette de la cour de Copenhague, la maison de la reine n'était composée que de personnes du pays, et il n'était point permis à une princesse étrangère de garder à son service une seule personne de sa patrie d'origine; Caroline-Mathilde avait dû se séparer à Altona, en entrant dans les États du roi son époux, d'une femme de chambre qu'elle affectionnait d'une manière particulière.

Dans sa prison, on lui laissa d'assez nombreux serviteurs; c'étaient tous des espions.

Nulle personne aimée ne pouvait approcher d'elle. Chaque jour lui apportait quelque aggravation de souffrance et quelque tristesse nouvelle. Les malheurs s'accumulaient sur elle comme pour l'accabler.

Le plus sensible à son cœur, ce fut la perte de sa mère. Ce qui tourmenta surtout son âme, ce n'est pas la pensée qu'elle perdait son plus sûr défenseur, mais l'idée que sa chute du trône et les calomnies de ses ennemis avaient affligé les derniers jours de sa mère et peut-être hâté sa fin.

Elle pouvait écrire à ceux qu'elle aimait, mais ses lettres n'arrivaient pas à leur adresse et restaient entre les mains de ses ennemis.

Si elle eût pu voir son mari, elle eût été sauvée ; mais sa voix ne pouvait parvenir jusqu'à lui, et aucune de ses lettres ne lui était remise. En voici une qu'elle lui écrivait :

« Sire,

« Si la justice et l'humanité habitent encore dans votre cœur, j'ai certainement le droit comme votre épouse outragée de demander dans mon malheur la protection de Votre Majesté. Votre honneur et le mien y sont intéressés. Vous ne pouvez rester étranger à mes indicibles douleurs et aux indignes outrages faits à la majesté royale par les odieuses combinaisons, manœuvres et calomnies qui tendent à compromettre ma réputation, malgré toute mon innocence. Je fais appel à Votre Majesté, qui doit avoir la conviction de ma fidélité inviolable et sans tache. Je ne demande pas grâce, mais justice. Votre cœur ne peut être insensible à mes inexprimables souffrances. Vous savez ce que vous vous devez à vous-même, et vous avez reçu assez de tendres gages de mon amour conjugal pour user de votre pouvoir afin de maintenir les prérogatives royales audacieusement violées, et de venger les outrages que m'a fait subir une conspiration sans exemple, formée par des traîtres déterminés à arracher le sceptre de vos mains et à sacrifier à leur détestable ambition votre femme innocente et nos chers enfants. J'aspire à un jugement loyal où je pourrais me trouver en face de mes accusateurs et les confondre ! C'est au Juge suprême qui connaît les cœurs et les intentions, que je soumets la justice de ma cause.

« Mathilde. »

Le premier soin des conspirateurs avait été de prendre des mesures pour empêcher la vérité d'arriver au roi.

La reine prisonnière réussit à faire parvenir une lettre à la légation anglaise où elle avait de vrais amis.

« A sir Robert Keith, envoyé de la Grande-Bretagne.

« Dès le premier jour de mon injuste arrestation et de ma dure captivité, il m'était facile de prévoir que la rage de mes ennemis chercherait à me faire perdre la liberté et la vie. Je suis parfaitement résignée à subir mon sort, mais l'idée de ma réputation ternie, et de mes enfants abandonnés à la merci d'un peuple injustement prévenu contre leur légitimité, me plonge dans la plus profonde douleur. Le roi, mon frère, m'a-t-il abandonné ? Grand Dieu ! n'y a-t-il donc personne qui veuille venger mon innocence et ma mémoire. Je ne sais si mes impitoyables argus laisseront arriver cette lettre jusqu'à vous ; dans le cas où vous la recevriez, rendez-moi tous les bons services que vous pourrez. Je n'oublierai jamais le zèle que vous aurez mis à défendre la cause de mon innocence, et si jamais le ciel me rétablissait au rang et à la prééminence dont j'ai été si injustement dégradée, vous auriez d'éclatantes preuves de ma gratitude. Ah ! que ne suis-je en Angleterre, ma chère patrie, où les plus viles criminels ont le privilège d'être jugés par leurs pairs ! Je suis fort amaigrie et ma santé est fort éprouvée, depuis que je suis enfermée dans les tristes murs de ce fort. Je n'ai auprès de moi personne dont je ne doive me méfier. Je désespère de jamais pouvoir recouvrer ma liberté. Pour l'amour de Dieu, essayez de me faire une visite. Le temps approche où je vais être jugée, mais je crains que le jugement ne soit arrêté d'avance. Je prie Dieu, qu'il vous ait dans sa sainte garde.

« Mathilde. »

Elle avait raison de compter sur le colonel Keith. Reverdil nous apprend que le colonel prévint la reine de la prochaine arrivée de la commission, en lui donnant de sages conseils sur la conduite à tenir. Elle devait recevoir ces prétendus juges avec une bienveillance et une dignité de reine, comme des sujets qui viendraient faire leur cour à leur souveraine. S'ils essayaient de lui faire subir un interrogatoire, elle devait prudemment et simplement leur dire qu'elle n'avait pas à leur répondre, parce qu'elle ne reconnaissait d'autre supérieur, d'autre juge que son époux.

Toutes les amies de la reine furent éloignées de Copenhague. La charmante femme du premier écuyer, baron de Bulow, était bannie de la capitale. Deux filles d'honneur qui avaient mérité l'affection de leur maîtresse, Mlles de Kalkreith et de Thiener étaient exilées dans le duché de Holstein. La coiffeuse de la reine fut obligée de quitter Copenhague. On faisait le vide autour de la prisonnière.

La reine Julienne eut l'air de se préoccuper de l'âme de sa victime. Deux ministres, Chemnitz et Hausen furent chargés d'aller tous les jours faire alternativement un sermon à Caroline-Mathilde.

Münter avait employé la douceur auprès de Struensée. Les deux prédicateurs employèrent auprès de la reine d'autres moyens.

Oubliant qu'ils parlaient au nom d'une religion de charité, ces hommes, sans pitié pour le malheur, ornèrent leurs furibondes harangues des textes les plus terribles de la Bible ; ils ajoutèrent aux paroles de colère et de vengeance du Dieu d'Israël irrité contre son peuple, les plus malicieuses allusions, et ils auraient épouvanté l'âme de Caroline-Mathilde si elle ne les eût dédaignés comme des émissaires de ses ennemis.

CHAPITRE XVII.

CAROLINE-MATHILDE ET STRUENSÉE ACCUSÉS D'ADULTÈRE.

Information déloyale. — Moyens employés pour faire avouer aux accusés des faits qu'ils contestaient avec énergie.

Une commission fut organisée pour juger Struensée et les prisonniers arrêtés dans la triste nuit du 17 janvier.

Le 20 février, la garnison de Copenhague était doublée, et la garde bourgeoise sur pied; les deux portes de la citadelle, fermées depuis la veille, ne s'ouvrirent qu'à dix heures du matin pour laisser sortir le comte Struensée sous la garde d'un officier et de six hommes, qui le conduisirent dans la voiture du commandant devant les juges chargés de l'interroger. Au moment de paraître devant la commission, on lui ôta ses fers qui lui furent remis après la séance.

Des chefs d'accusation divers et très nombreux avaient été accumulés contre Struensée. Avant d'en résumer les principaux, il en est un qui me paraît mériter d'être détaché des autres, parce qu'il offre un intérêt spécial qui n'est pas encore éteint pour les augustes descendants de Caroline-Mathilde auquel sa mémoire est toujours chère.

La commission qui allait décider si la reine et Struensée étaient coupables du crime d'adultère, se composait d'ennemis des accusés et la sentence qu'elle a rendue n'a pas obtenu de nos jours, où les passions de cette époque sont oubliées, la sanction de l'impartiale histoire.

Le peuple est toujours fort disposé à croire les scandales qu'on lui raconte de la cour. Les grands seigneurs de Copenhague étaient connus pour leur immoralité, et sous le rapport des mœurs, le roi avait la plus mauvaise réputation de tous.

La reine, au contraire, élevée dans une cour austère, dans des principes de vertu, avait à un haut degré le sentiment de sa dignité, l'orgueil de sa race, le respect du devoir.

Struensée, impie et libertin, ne cachait pas ces deux défauts, qui ne déplaisaient pas à ses protecteurs ni au roi. Ses intrigues amoureuses ne pouvaient être ignorées ni à la cour ni à la ville.

Il se montrait empressé, dévoué, reconnaissant envers la reine; mais rien de plus naturel, c'est à la reine qu'il devait son élévation, et si elle lui retirait son appui, sa chute était inévitable.

Comme médecin, il avait été mêlé aux secrets de la famille; comme lecteur du Roi, il avait pu parler à l'imagination d'une femme d'esprit; comme ministre, il aimait d'autant plus à faire part à la reine de ses idées politiques qu'elle n'en avait aucune à elle. Les relations journalières qui s'établirent entre une jeune femme et un homme séduisant firent naître beaucoup de soupçons. Lorsque la calomnie a grandi dans d'étranges proportions, qui peut savoir qui l'a semée?

A la cour, on parla d'abord tout bas, puis bien haut après le coup d'État, des amours de Caroline et de Struensée. Le peuple est friand des histoires de galantes aventures.

Caroline-Mathilde donnait lieu à de mauvaises interprétations de sa conduite par des imprudences et des légèretés qu'elle eût su éviter si elle eût été coupable.

Julienne était tellement connue comme l'ennemie de la jeune reine, que pour lui plaire on a dû lui dire plus de choses qu'il n'y en avait, et elle a pu croire de bonne foi à la culpabilité de celle qu'elle détestait.

Qu'elle ait énergiquement désiré que cette culpabilité fut constatée, ce n'est pas douteux.

Aucun écrit, aucun témoignage, aucune preuve légale n'établissait le crime d'adultère. Les accusés ne pouvaient être condamnés que sur leurs aveux, mais comment leur faire avouer un fait qu'ils avaient tant d'intérêt à nier et qu'ils niaient avec énergie ?

Lorsque Struensée fut interrogé sur le chef relatif à l'adultère, il protesta avec calme et fermeté contre une pareille accusation.

On rapporte que le conseiller Braëm lui montra dans une pièce voisine *un appareil de torture à l'aide duquel on savait arracher la vérité aux accusés obstinés*. Struensée aurait répondu que la torture ne lui ferait rien avouer puisqu'il n'avait rien à se reprocher.

Cette exhibition de l'instrument du supplice est contestée, elle était inutile. Cet instrument, Struensée le connaissait et l'on savait qu'il manquait de courage à l'idée des horreurs de la torture. La seule menace de la question suffit pour lui causer une impression que trahit l'altération de son visage.

Alors on ajouta à l'intimidation, la persuasion. Pour arriver au but tous les moyens étaient bons. Ce n'était pas la vérité que cherchaient les commissaires, mais des raisons vraies ou fausses pour motiver ou colorer une condamnation arrêtée d'avance.

Les regards des juges, très significatifs quand on parlait

de la torture, se radoucirent comme si on avait pitié de Struensée et qu'on eut le désir de lui ouvrir une porte de salut.

Que voulait le gouvernement nouveau ? l'éloignement de la reine et du ministre ? une confession d'adultère les rendait impossibles en Danemark et leur exil désarmait leurs ennemis. Voilà d'abord ce que l'on chercha à faire entendre à Struensée. Puis on lui fit un autre raisonnement.

L'aveu d'un crime commun lie les complices. En confessant qu'il s'est rendu coupable du même crime que la reine, il devait être jugé avec la reine. Or, la loi défend aux magistrats de connaître des faits qui touchent aux princes de la maison royale, parce que le roi est le seul juge dans sa famille. Revoir le roi, c'était le plus grand désir de Struensée. Le bannissement c'était la vie.

Le prisonnier se laissa vaincre par la trompeuse espérance de recouvrer sa liberté. Il déclara tout ce qu'on voulut lui faire déclarer.

Cet aveu fait pour tirer sa vie du péril, causa sa mort. En croyant se sauver avec la reine, il la perdit avec lui. Il se déshonora en déshonorant une femme qui avait été sa bienfaitrice et à laquelle il avait promis tant de fois une reconnaissance sans bornes, un dévouement jusqu'à la mort. Sa lâcheté fut blâmée par tous les hommes de cœur du Danemark et d'Angleterre. « Un Français, selon le mot d'un Parisien, s'il avait obtenu les faveurs d'une reine l'aurait dit à tout le monde, mais ne l'aurait avoué à personne. »

Le principe posé par l'empereur Sévère que nul ne pouvait être condamné sur son seul aveu, était en vigueur dans la législation danoise. Les commissaires pensèrent que la confession de la reine confirmant celle de Struensée serait d'une haute importance et qu'il fallait l'obtenir à tout prix.

Le comte de Thott, le baron de Schack, membres du nouveau conseil d'État, Juel Wend, justicier de la grande chambre et le procureur général Stampes, se rendirent le 9 mars, au château de Kronsborg pour interroger la reine.

Caroline-Mathilde avait plus de courage que Struensée. Elle reçut les commissaires en reine. Le malheur n'avait pas abattu sa fierté, et nul sentiment de colère ou de haine ne troublait sa dignité.

A chaque question astucieuse qui lui fut posée, elle fit une réponse noble, claire et précise.

Le baron de Schack-Rathlau, pour mieux la faire tomber dans le piège, lui faisait avec les yeux des signes, comme s'il voulait la sauver, tandis qu'il ne cherchait qu'à la perdre. Ce triste personnage avait été page du roi; la reine avait été bienveillante pour lui et pouvait croire à sa compassion. Mais ruiné et déconsidéré, Schack avait vendu son âme au gouvernement nouveau qui lui avait donné des honneurs et de l'argent.

Ce fut lui qui se chargea de questionner la reine sur le grief relatif à l'adultère.

Caroline-Mathilde rougit, maîtrisa son indignation, mais repoussa cette accusation avec énergie.

« Struensée dans son interrogatoire du 21 février a avoué ce fait, dit Schack. — C'est faux, s'écria la reine, il n'a pu dire ce que vous lui faites dire, et s'il l'a dit, moi j'affirme le contraire. — Struensée a signé lui-même ses aveux complets, » répondit Schack et il présenta la déclaration écrite à la reine, qui sans la lire, la repoussa avec dédain. Shack avait remarqué qu'elle avait jeté un coup d'œil sur la signature et qu'elle était profondément troublée. Alors il parut indigné comme s'il croyait à la fausseté de la confession, et saluant la reine avec émotion et respect, il lui dit : *Si l'aveu de M. Struensée n'est pas vrai, Madame, alors il n'y a pas de mort assez cruelle pour ce monstre qui a osé vous compromettre à ce point.*

A ces mots, Caroline est saisie d'une vive agitation ; pâle et tremblante, elle retombe sur son fauteuil, et une violente lutte s'engagea dans son âme entre le sentiment de son propre honneur et un sentiment de pitié pour Struensée.

Elle jette enfin un regard sur Schack en cherchant une réponse dans ses yeux qui lui paraissaient compatissants.

Mais si j'avouais la déclaration de Struensée, pourrai-je sauver sa vie par là?

Sûrement, Madame, cela pourrait adoucir son sort de toute manière, répond Schack avec un air ému qui semblait en dire plus que ses paroles, et en même temps il lui présentait un papier tout préparé d'avance pour qu'elle confirmât par sa signature la déclaration de Struensée.

La reine hésitait encore, Schack lui fit un signe des yeux pour la rassurer et l'encourager.

Eh bien, je signerai. Elle prend le papier et la plume qu'on lui présente, mais ses hésitations n'ont pas cessé. La pensée de sauver la vie à Struensée l'emporte, enfin, elle paraît décidée à signer. Elle n'a mis que les premières lettres de son nom, *Carol...* que déjà la réflexion l'arrête ; on la trahit, on veut lui faire signer son déshonneur, elle jette la plume. Elle veut se lever, mais elle tremble, ses genoux se dérobent sous elle, elle tombe sans connaissance.

Schack ramasse la plume, la met dans la main inerte de

la reine sans connaissance, et achève la signature en y ajoutant les lettres qui manquaient.

Les commissaires se hâtent de se retirer, comme feraient des coupables après une mauvaise action. Au bruit qu'ils font en sortant, Caroline revient de son évanouissement, elle rouvre les yeux... les commissaires ont disparu. Cet empressement à emporter sa signature lui dit assez l'importance qu'ils y attachent. La pensée qu'elle a été trompée, qu'elle a tout perdu, même l'honneur, la jette dans le désespoir, et une seconde fois, elle tombe évanouie.

L'ébranlement causé par de si terribles agitations fut si fort qu'il fallut plusieurs jours à la reine pour rétablir sa santé, et retrouver un peu de calme.

Les détails que nous donnons sur la manière perfide employée pour extorquer la confession de l'adultère, sont généralement admis par tous les auteurs. Une seule particularité est mise en doute par Lascelles Wraxall : il n'admet pas que la signature à demi formée par Caroline ait été achevée et complétée par les commissaires, parce que la chose est invraisemblable. C'est attesté par le prince de Hesse et Falkenskiold ; il serait incroyable que les auteurs les mieux informés eussent inventé un pareil détail. En fait de déloyauté, de la part de Schack, rien ne doit étonner.

CHAPITRE XVIII.

LE PROCÈS DE LA REINE.

La cour de justice. — L'avocat du roi et celui de la reine. — Protestation de Reverdil. — Divorce prononcé. — Critique de la défense et illégalité de l'arrêt.

La Commission qui venait d'instruire le procès de la reine fut érigée en cour de justice, composée de 34 membres, et chargée de rendre une décision définitive. La première réunion de cette cour eut lieu le 16 mars 1772. Oland-Lund-Bang fut désigné pour plaider la cause du roi contre la reine.

La reine n'eut pas le choix de son défenseur, on lui imposa Uhldal, qui avait toujours été d'un autre parti que celui de Struensée.

Les apparences de la justice furent sauvées aux yeux de l'Europe, et la condamnation de la reine allait avoir un grand retentissement.

Toutes les pièces du procès longtemps tenues secrètes sont aujourd'hui connues et publiées *in extenso*. Dans ce volumineux dossier, pour éviter les fastidieux détails, je me bornerai à indiquer les plus importants.

Le 24 mars, Bang soutint l'accusation ; son réquisitoire est écrit et signé. Uhldal obtint un délai pour voir sa cliente, et partit aussitôt pour Kronborg.

La reine avait eu le temps de réfléchir. Le divorce, c'était la perte de son honneur et de son trône, l'abandon de son fils, la honte peut-être de sa fille.

Uhldal fut ému, ou parut l'être, lorsque Caroline-Mathilde lui affirmait que si elle avait pu être imprudente, elle n'avait jamais été coupable et qu'elle espérait que son époux ne la laisserait pas tomber dans un abîme de malheurs sans fin.

Résumons les débats.

Lascelles Wraxall, qui reproduit en entier le discours de Bang, emprunte un mot à notre langue, pour le qualifier, et le traite de *pot pourri.*

Sans un ordre du roi, dit Bang, il n'eût jamais attaqué la reine. Le roi comme époux a le droit de se plaindre ; comme chef de sa maison il a le devoir de veiller à la conservation de la dignité et de la pureté de la race royale. (Ici longue dissertation sur le danger de l'adultère dans une famille illustre comme celle des souverains du Danemark.)

La reine s'est-elle rendue coupable d'adultère ? Elle avoue son crime. La maxime *nemo creditur perire volens* ne peut être invoquée, puisqu'il y a ici concordance entre les déclarations des deux accusés.

Bang invoque le témoignage des filles d'honneur, Blechinberg et Sciotte, et d'une femme de chambre Anna Petersen ; à la fin de 1769 et au commencement de 1770, Struensée faisait de longues et fréquentes visites à la reine. Anna Petersen remarqua qu'on ouvrait la nuit la porte d'un petit corridor secret, qui conduisait de la chambre de la reine à l'*hermitage,* c'est-à-dire aux *Mezzanines,* où était logé Struensée. Un valet *décédé,* Hansen qui avait la nuit entendu du bruit dans le couloir, pensa que la reine pouvait ouvrir la porte, parce qu'elle avait une clef dont la garde n'était confiée qu'à une seule femme de chambre. Il prit cette clef sur la toilette de la reine et y mit un peu de cire et de papier qu'il n'y vit plus quelques jours après, ce qui prouvait qu'on s'était servi de la clef. Une femme de chambre répandit de la poudre dans l'obscur passage, et y constata ensuite des empreintes de pas.

La curiosité des femmes de chambre les portait à tout examiner, jusqu'au lit de leur maîtresse.

Deux filles dévouées, Bruhn et Horn racontèrent à la reine, en pleurant, que l'on disait que le comte Struensée passait la nuit avec elle. Sur le conseil du comte, Caroline dit à ses femmes : « Ne savez-vous pas que ceux qui outragent la reine par leurs propos, méritent d'avoir la langue coupée ? »

La fille d'honneur Von Eyben aurait reçu des confidences de Caroline. Berger et Brandt avaient aussi conçu des soupçons, Von Eyben déclare que dans le voyage au Holstein en 1770, la reine alla se promener seule en voiture avec Struensée, et ne rentra qu'à sept heures du soir.

Une nuit, au château de Frédériksberg, la reine monta l'escalier qui conduisait à la chambre de Struensée, elle l'appela ; il s'habilla aussitôt et descendit chez la reine.

Struensée allait à toute heure chez la reine, même quand elle était couchée ; elle éloignait quelquefois les femmes de service, en disant de les laisser seuls.

La reine tenait des propos peu convenables avec ses femmes : elle leur disait que si elle devenait veuve, elle épouserait un homme qu'elle aimerait, dût-elle lui sacrifier son pays et sa couronne.

La reine manquait de décence dans sa manière de s'habiller quand elle était chez elle, et s'inquiétait peu d'être vue du dehors par des regards indiscrets.

Elle recevait des cadeaux de Struensée, et lui en faisait. Était-il convenable d'accepter de lui des jarretières rayées de rouge? Struensée s'excuse en disant qu'il les avait achetées à Hambourg, que la reine les trouva jolies, le pria de les lui céder et en remboursa le prix.

Elle accepta du comte son portrait fait à l'encre de Chine. Elle tenait aussi de lui une croix d'or qu'elle portait toujours sur elle et baisait souvent avec passion.

Les cadeaux qu'elle fit à son tour à Struensée sont détaillés, énumérés ; on en compte sept et on reproche à la jeune reine d'avoir notamment donné au comte son portrait en miniature, une épingle avec des brillants, et de belles bagues.

Struensée dit que l'une de ces bagues, ornée de grands saphirs, fut un cadeau du roi et non de la reine.

Caroline un jour consulta son docteur pour un mal au sein, et renvoya ses femmes, en disant qu'elle n'était pas un enfant pour avoir toujours besoin d'être gardée.

Lorsque la reine fut arrêtée le 17 janvier, sa première parole fut de dire d'appeler Struensée, et son premier mouvement de vouloir aller le chercher elle-même.

Bang en terminant, dit que les témoignages ont confirmé les aveux et que le défenseur lui-même ne manquera pas de reconnaître que les témoins sont dignes de foi.

Dans ses conclusions, il requiert que la cour prononce le divorce et décide que le roi pourra contracter un nouveau mariage.

Voici l'exorde du défenseur :

« C'est avec une réelle émotion que je viens accomplir le devoir qui m'est imposé, par la volonté du roi, de présenter les raisons qui peuvent sauver la reine.

« La dignité des personnages les plus haut placés, l'importance et les conséquences de l'affaire, le vif désir de remplir dignement ma tâche, la juste appréhension de l'insuffisance de mes forces, tout ne justifie que trop ma douleur de voir la reine, hélas ! dépouillée de la pourpre royale, descendue du trône, et obligée, comme la plus misérable des femmes, à demander protection à la justice ! A-t-on jamais vu un plus frappant exemple de l'instabilité du bonheur humain ! Celle, en qui nous devons honorer le sang de tant de rois, est accusée de s'être déshonorée ! Celle qui a donné à notre monarque sa main et son cœur, a pour accusateur celui qui lui avait promis aide et protection ! Celle que le peuple a tant de fois surnommée *la mère de la patrie* est jugée aujourd'hui, par des hommes qui naguère lui disaient qu'ils seraient heureux de verser leur sang pour la défendre ! Qu'elle est malheureuse la reine Caroline-Mathilde ! Jamais de toutes les reines du Danemark aucune ne subit pareille infortune ! A la fleur de l'âge et douée de toutes les qualités qui semblaient devoir assurer sa félicité, elle est en ce moment sur le bord d'un abîme où peuvent s'engloutir à jamais, son honneur, sa dignité, la paix de sa vie ! Quelle horrible pensée que la crainte de perdre à la fois, son époux, ses enfants, son trône, et d'être obligée de survivre à tant de malheurs !

« Soupçonnée, accusée, en danger de traîner encore pendant de longues années le fardeau de la plus triste existence, y a-t-il rien de plus affreux pour un cœur qui sait sentir et comprendre l'horreur de cette position ! C'est ainsi que la reine envisage sa destinée et voici ce qu'elle me disait lorsque j'ai eu l'honneur de la voir.

« Je serais inconsolable, si j'avais eu d'autres désirs que le bonheur du roi et de la patrie. J'ai commis peut-être des imprudences, j'invoque pour excuses mon âge, mon sexe, mon rang élevé. Je n'ai jamais eu la pensée que je pouvais être exposée à d'odieux soupçons. Quoique ma

13

confession semble prouver que je suis coupable, ma conscience me dit que je suis parfaitement innocente ! La loi exige que l'on ne puisse me condamner sans preuve. Mon époux m'a accordé des juges, j'espère qu'il sera convaincu par leur propre bouche que je ne me suis jamais rendue indigne de lui. »

« Je cite exactement les propres paroles de Sa Majesté, mais que je voudrais pouvoir reproduire l'émotion avec laquelle elle les prononçait, la loyale franchise qui leur donnait du poids, l'accent de sa voix tremblante qui remuait vivement la pitié dans mon âme ! Supposer qu'un seul homme puisse refuser de compatir à une telle infortune, ce serait faire outrage à l'humanité ! »

Le défenseur s'attache ensuite à réfuter pas à pas toutes charges de l'accusation.

La sainteté du mariage, la nécessité de protéger le lit du roi contre toute souillure, ce sont des principes que personne ne conteste, et la reine n'a jamais manqué à ses devoirs envers son époux.

L'honneur du roi et de la famille royale a-t-il donc plus à gagner à la démonstration de la culpabilité de la reine qu'à celle de son innocence ! Est-il croyable qu'une princesse renommée par sa décence, sa vertu, son affection pour le roi, son dévouement au pays, ait tout à coup banni de son cœur les nobles sentiments de toute sa vie !

L'avocat Bang invoque contre la reine trois sortes de preuves, la confession de Struensée, celle de la reine et les dépositions des témoins.

L'accusation d'un prisonnier, qui n'a pas prêté serment de dire la vérité, qui n'agit que dans l'espoir de se sauver n'est pas une preuve. Le texte du code danois est ainsi conçu : « Il ne suffit pas que l'accusé avoue ; dans ce cas, l'accusateur a l'obligation légale de le traduire devant la cour, et doit prouver clairement qu'il est coupable. »

Le défenseur dit que le texte du code est formel et explique les motifs de la loi.

Il discute ensuite les témoignages. Les soupçons contre la reine ne reposent que sur des bruits vagues. Ces bruits excitèrent la curiosité des femmes de chambre qui épièrent leur maîtresse ; la reine, indignée d'être en butte à de tels soupçons, chassa les personnes de son service qui l'outrageaient par leurs doutes sur sa vertu.

La loi protège le foyer domestique et n'accepte pas les témoignages des domestiques. Ici ils ne rapportent que des suppositions et des faits mal interprétés. Quelle preuve a-t-on produit de l'adultère ? aucune. Que la reine ait donné des témoignages de confiance au comte, ce n'est pas contesté, mais un témoin, Mlle Brunh, interrogée sur la question de savoir si elle a remarqué quelques familiarités coupables entre la reine et le ministre, répond : « Je n'ai jamais aperçu la moindre inconvenance de la part de la reine. » En parlant de l'intimité de Caroline-Mathilde et de Struensée, les témoins n'ont pu citer ni un mot ni un geste qui confirmât leurs suppositions.

Struensée avait des rapports fréquents avec la reine, il en avait de plus fréquents avec le roi qui le comblait de témoignages d'affection.

La loi n'admet comme preuve légale d'un fait que l'affirmation de deux témoins sous la foi du serment. Les déclarations de Struensée et de Brandt ne sont pas admissibles; elles manquent des caractères et des garanties exigées pour la validité des témoignages en justice.

Comme médecin, Struensée a été appelée un soir par la

reine, mais c'était pendant que le prince royal était malade de l'inoculation, et la mère en allant chercher des secours pour son enfant ne s'est cachée de personne.

Caroline-Mathilde avait une clef pour un couloir qui conduisait aux mezzanines, mais ce couloir existait avant l'arrivée de Struensée qui n'avait pas besoin de la fameuse clef, puisqu'il avait un passe-partout.

Qu'importe qu'on soit passé la nuit et le jour dans ce corridor, dont la clef était à la disposition des gens du palais ?

Si la reine chez elle n'a pas eu, dans une circonstance, une tenue décente, c'est qu'elle était en ce moment fatiguée par sa grossesse, mais elle n'a jamais reçu personne, pas même son médecin, avant d'être habillée convenablement.

Si la reine a acheté à Struensée, qui avait beaucoup voyagé, des objets rapportés des pays étrangers, cela ne prouve rien. Si elle lui a fait des cadeaux comme médecin ou comme ministre, elle lui en a fait moins que le roi ne lui en faisait. Après avoir démontré que toutes les présomptions relevées par l'accusation ne prouvent rien quand on les examine de près et avec impartialité, le défenseur Uhldal dit en finissant que Sa Majesté la reine a la conviction que son époux sera heureux d'apprendre sa justification et qu'elle compte sur l'impartialité de ses juges.

Par ces motifs, il conclut à ce que Sa Majesté la reine Caroline-Mathilde soit acquittée de l'accusation portée contre elle par Sa Majesté le roi.

Parmi tous ceux qui se disaient si dévoués à la reine lorsqu'elle brillait sur le trône, jeune, belle et toute-puissante, aucune voix ne s'éleva en sa faveur lorsqu'elle fut en prison entourée d'ennemis conjurés contre elle.

Je me trompe, un homme de cœur prit sa défense, Reverdil, qui n'avait jamais été un chaud courtisan de Caroline-Mathilde, mais qui était d'une honnêteté parfaite. Le défenseur n'avait pas osé se servir d'un argument tiré d'un principe de la loi danoise qui porte : « Aucun mari ne peut obtenir le divorce pour cause d'adultère s'il a contribué à la séduction de la femme, ou si, connaissant son infidélité, il a continué à cohabiter avec elle. »

Reverdil, qui avait été le précepteur du roi avant d'être mêlé lui-même à la direction des affaires publiques, lui disait avec franchise dans la défense de Caroline-Mathilde : « N'est-il pas vrai, Sire, que dès le commencement de votre mariage vous n'avez pas montré le moindre respect pour la sainteté de l'union conjugale ? Que vous avez dit plusieurs fois que vous dispensiez votre femme de tenir son serment de fidélité ? N'est-il pas vrai que vous excitiez vos favoris à lui faire la cour ? N'avez-vous pas dit et répété devant beaucoup de personnes que sa grande tendresse était un ennui pour vous ? Que votre plus grand malheur était d'avoir à vous occuper d'elle ? Vos commissaires ont eu l'effronterie de demander à la reine où étaient ses complices. Tous ses amis étaient en prison, enchaînés, et ils avaient la générosité de garder le silence sur votre compte. Mais ce qu'ils ne disaient pas, votre conscience doit vous le dire, c'est vous qui auriez été le séducteur.

« Vous rappelez-vous le moment où cette princesse, qu'on veut aujourd'hui vous faire condamner, fut confiée à votre amour et à votre loyauté ? Les Anglais vous la laissèrent seule sur vos rivages, sans une personne amie qui pût lui donner des conseils. A peine sortie de l'enfance, elle en gardait encore les grâces, l'innocence, la naïveté ; mais son esprit était plus cultivé et plus mûr qu'on ne pouvait s'y attendre ; vous en fûtes étonné ; tous les cœurs étaient portés vers elle. Sa bienveillance lui gagna toutes les classes de la nation. N'avez-vous pas alors négligé votre femme pour vous livrer à un favori et à de vils compagnons qui vous poussaient au libertinage le plus éhonté? Vous montriez pour la jeune reine plus que de l'indifférence. La reine vous aimait, elle se taisait, elle gardait son calme en public, et se contentait dans l'intimité de pleurer avec sa grande maîtresse. C'était la confidente que vous lui aviez donnée. Vous l'avez privée de cette consolation. Vous avez remplacé la grande maîtresse par la sœur de votre favori. Vous avez entouré la reine de femmes de mœurs équivoques ; que peut faire de plus le mari séducteur dont parle la loi ?

« L'homme que l'on accuse d'être le complice de votre femme, vous avez forcé la reine à le recevoir quand elle le repoussait. C'est vous qui avez brisé la barrière qui l'éloignait de la reine ; c'est vous qui avez rapproché la distance qui les séparait ? C'est vous qui avez toléré leur relations intimes, et qui en avez plaisanté jusqu'à la nuit du 17 janvier.

« Vos fautes sont inséparables de celles de votre femme. Lorsque le monde entier la condamnerait, vous, vous ne pouvez pas la condamner ; vous en êtes empêché par un sentiment de respect de vous-même, si ce n'est par un pur sentiment d'équité. »

Les juges parurent délibérer pendant deux séances de 7 heures chacune, c'était un simulacre de délibération. On n'a cité personne qui ait résisté au mot d'ordre du gouvernement nouveau.

Le divorce fut déclaré par un arrêt rendu le 6 avril, mais qui ne fut pas prononcé à l'audience. Le baron Juel

Wind, justicier de la cour suprême, accompagné du commandant de Kronsborg, alla le signifier à Caroline-Mathilde le 9 avril.

On fit peu de bruit de cette sentence, dont il ne fut donné avis qu'aux gouverneurs de province et aux baillis. Une note très brève, sans aucun motif, fut communiquée aux cours étrangères pour leur donner connaissance que le mariage de Christian VII et de Caroline-Mathilde était rompu par le divorce en vertu d'une sentence judiciaire.

Une grave question, débattue sans bruit, fut celle de savoir si le divorce n'entraînait pas comme conséquence l'illégitimité des enfants de la mère déclarée coupable, au moins celle de la princesse Louise.

Les femmes, en Danemark, étaient habiles à succéder à la couronne, en vertu d'une ordonnance du 14 novembre 1665, rendue par Frédéric III et confirmée par ses successeurs.

Falkenskiold dit qu'en frappant la mère il n'était pas plus difficile de frapper en même temps les enfants. Ce n'est point par générosité, mais par habileté que Guldberg conseilla de ne pas aller jusque là. Christian VII avait reconnu sa fille, et notification officielle de la naissance avait été faite aux puissances étrangères. Le roi d'Angleterre était à ménager; il fallait lui faire des concessions au lieu de le pousser à bout.

La défense de Caroline-Mathilde fut déplorable et la sentence prononcée contre elle est une monstruosité judiciaire.

Uhldal, qui jouissait de la faveur des ennemis de Caroline-Mathilde, n'a dit que ce qu'il pouvait dire sans les blesser.

Il avait un moyen de droit décisif. Il ne l'a pas plaidé. Il n'a pas osé dire aux juges qu'ils étaient incompétents.

La loi danoise dit formellement que le roi seul est juge des faits commis par les membres de sa famille et défend à tout magistrat de juger les cas réservés à la décision suprême du roi.

Uhldal n'aurait-il pas dû demander que la reine pût avoir elle-même une explication avec son mari ? N'aurait-il pas dû expliquer que les lettres qu'elle écrivait à son époux ne lui arrivaient pas, et que l'envoyé du roi d'Angleterre ne pouvait parvenir à le voir ? N'aurait-il pas dû parler des notes échangées entre la cour de Londres et celle de Copenhague ?

Le seul moyen de droit que l'avocat ait mis en avant, c'est qu'il n'y avait pas de preuve légale ; mais il avait l'air en même temps de regarder le fait comme certain.

Après une phraséologie sentimentale, en faveur de la reine tombée du haut des grandeurs dans un abîme d'infortunes, il ne sort de son âme aucun cri d'indignation contre les calomnies flétrissant une reine dont la vie fut toujours si pure ; aucune protestation d'innocence, si ce n'est quelques mots qu'il met dans la bouche de sa cliente et dont il a l'air de ne pas oser assumer la responsabilité personnelle.

En discutant les témoignages, il a des ménagements pour les serviteurs qui n'épargnent pas leur maîtresse. Il eût dû faire ressortir leur indigne conduite, leur vil espionnage, quand ils marquaient une clef qui était à la disposition de tous, quand ils semaient de la poudre dans un couloir où tant de gens passaient, quand ils supposaient à la reine de galantes intrigues parce qu'ils en avaient eux-mêmes ! Aussi il fallait dévoiler les mœurs de ces filles d'honneur chassées avec raison. Il fallait dire à Mlle d'Eyben qu'elle avait pour amant un acteur français, nommé Latour, et que leurs relations étaient un scandale public (1).

Le devoir du défenseur eut été de ne pas épargner Bang qui avait érigé de simples présomptions en preuves et accueilli comme vrais des faits d'une fausseté évidente.

Ainsi Bang fait grand bruit d'une croix d'or donnée par Struensée, que la reine portait sur son sein et baisait avec passion.

Or, ce bijou n'était pas le don d'un amant, mais d'une mère, c'était un porte-bonheur, une sorte d'amulette qui avait été donnée à la reine au moment où elle quittait une famille qui l'adorait, et s'embarquait pour des régions inconnues.

Uhldal savait que l'aveu avait été surpris, arraché; qu'il n'avait pas été fait avec réflexion et qu'il avait été énergiquement rétracté; il a soin de taire ce qui aurait pu blesser des hommes puissants, et sur la scène des aveux, garde un silence prudent.

En présentant une défense complète et énergique, en disant hautement que l'aveu obtenu, comme il l'avait été, n'avait pas de valeur juridique et que les juges n'étaient pas compétents pour juger la reine, il n'aurait pas gagné peut-être sa cause devant les juges, mais il l'eût gagnée devant le public, et l'Europe n'aurait pas cru que l'adultère de la reine était avoué et incontesté.

(1) *Mémoires de Falkenskiold*, p. 231.

CHAPITRE XIX.

PROCÈS DE STRUENSÉE.

L'accusation et la défense, critique de l'une et de l'autre. — Arrêt de mort.

Christian VII à Paris fut charmé de l'éloquence de l'avocat Gerbier ; il le fit appeler, et lui montra qu'il avait su l'apprécier. S'il eût conservé son intelligence et assisté aux débats où son fiscal général attaquait son premier ministre, nous croyons fort, qu'il était trop honnête et avait trop bon goût, pour applaudir à une éloquence qui fait peu d'honneur à l'éloquence danoise du dernier siècle.

Le fiscal général Wiwet reçut des ordres le 2 avril pour traduire en justice le comte Struensée et Brandt. Le 21 avril il produisit par écrit et signées de sa main les charges de l'accusation et ses conclusions.

Lascelles Wraxall dit que Host n'a osé publier que des fragments des documents du procès, parce qu'il écrivait en 1824 sous le règne du fils de Caroline-Mathilde. Host a eu raison d'épargner à ses lecteurs les détails inutiles. La vétusté de plusieurs pièces volumineuses leur a fait perdre l'intérêt qu'elles avaient jadis. Tout ce qu'on dit de trop est fade et rebutant, tout ce qui n'éclaire pas obscurcit. Ne mettons en lumière que les points principaux des débats dont nous voulons donner une idée.

Le fiscal général Wiwet, dans son exorde, parle de la séquestration du roi, du ridicule qu'on a jeté sur sa personne et de l'audace d'un sujet exerçant tout le pouvoir royal. Quel était cet ange révolté? se demande le fiscal, et alors il raconte la vie de Struensée dans un style pitoyable, émaillé de plaisanteries, qui seraient de mauvais goût dans le monde, et qui révoltent quand elles sont adressées à un homme qu'on veut faire condamner à être écartelé!

Pas un mot de pitié pour une chute si terrible; pas un mot de justice pour ce qui a été fait de bien. Il condamne tout en bloc.

Comme Molière avait mis à la mode les railleries contre les médecins, il plaisante Struensée sur son titre de docteur qui lui a octroyé le droit de tuer impunément : *veniam occidendi per totam urbem*. Il prétend que lorsque l'accusé était médecin à Altona, le nombre des morts dépassait de beaucoup celui des naissances. Lorsqu'il fut devenu aussi mauvais ministre qu'il avait été mauvais médecin, le peuple de Copenhague fatigué d'être gouverné par ce *doctor medicinæ* avait eu envie de le *disséquer, non secundum artem*... etc. Le fiscal reproche à l'accusé d'avoir traité la nation avec mépris et le peuple comme s'il n'avait pas de *sentiments* (sic). Il cite des fragments de lettres confidentielles, écrites en français par Struensée à Brandt. Il fait grand bruit de cette phrase : « Vous me reprochez que j'inspire la peur à tout le monde et vous m'en devriez faire compliment, parce que c'est la seule ressource pour un État énervé, affaibli, avec une cour et tout un public intrigant et un maître faible qui a le même penchant pour le changement que son peuple. »

Il accuse le ministre déchu d'avoir été toujours dur pour ses domestiques, qu'il menaçait de faire enfermer dans la *tour bleue*, la prison du château.

Après une longue dissertation préliminaire sans ordre

ni méthode et terminée par des vers latins, Wiwet examine un à un tous les griefs d'accusation qu'il vient d'amalgamer ensemble.

Ier Grief.

Le comte Struensée s'insinua dans la familiarité de la plus haute dame du pays à un tel degré qu'il dépassa toutes les limites qui doivent être respectées entre les personnes de l'un et de l'autre sexe.

Il n'a pas été séduit par la grande dame, c'est lui qui a été le séducteur et qui, par son ambition, a attenté à la vertu d'une femme que sa haute naissance et sa grande éducation n'ont pu protéger contre son impudence *inhumaine*.

La preuve de la culpabilité résulte de son propre aveu signé de sa main ; il est confirmé par l'aveu de la reine, et les dépositions des témoins.

IIe Grief.

Le comte Struensée était informé que le comte Brandt maltraitait Sa Majesté, et il n'a pris aucune mesure pour l'empêcher ; il traitait lui-même le roi avec mépris.

Struensée a été le complice de Brandt, il le poussait à agir avec le roi comme il l'a fait, en lui écrivant, en français : « La reconnaissance que la reine vous aura, si vous réussissez et les marques incontestables que vous en avez déjà reçu, vous en récompenseront. »

IIIe Grief.

Chargé d'élever Son Altesse Royale le prince de la couronne, le comte Struensée l'a traité comme s'il voulait le rendre incapable de vivre ou du moins de régner.

Si le comte n'avait pas été médecin, il eût pu dire que le mode d'éducation du prince ne regardait pas le maître des requêtes, mais comme docteur, c'est lui qui a donné tous les ordres. Le comte, qui remplissait son ventre comme Vitellius, faisait souffrir la faim et le froid au jeune prince. Les animaux ont plus de soin de leurs petits. Le comte ne mérite pas même l'honneur d'être classé parmi les animaux. Par son arrogance, sa méchanceté, il a traité le prince royal de telle façon que ce n'est pas sa faute si l'enfant vit encore. Il doit donc être puni pour avoir attenté aux jours de Son Altesse Royale.

IVe Grief.

Le comte Struensée a commis le crime de haute trahison en s'arrogeant l'autorité royale, en rendant des ordonnances qu'il revêtait de sa signature au lieu de celle du roi.

Struensée dit qu'il n'a pris que de sages résolutions et que par conséquent il n'a fait aucun préjudice à l'État, c'est le contraire qui est prouvé. Peut-on croire qu'un homme étranger aux affaires politiques, soit devenu apte, dans deux années, à gouverner deux royaumes ! Il abolit le conseil d'État pour absorber à lui seul tout le pouvoir de plusieurs hauts personnages. Il n'avait appris l'art de gouverner qu'en chantant et en dansant. Comme médecin, il savait que dans l'homme il y a un cœur, mais il ne savait rien de l'influence du cœur humain. Ce n'est pas en *jouant l'harlequin* qu'on apprend à gouverner les États. D'après la loi *regia,* nul autre qu'un descendant de Frédéric II ne peut exercer la puissance absolue. Struensée en l'exerçant a commis le crime de haute trahison.

Ve Grief.

En supposant qu'il eût reçu du roi lui-même une grande

autorité, il serait toujours criminel parce qu'il en a fait mauvais usage.

Il a licencié la garde à cheval et la garde à pied parce qu'il redoutait de recevoir quelque jour la récompense de son crime et de trouver le palais royal trop bien défendu. Il n'en avait rien dit au roi que lorsque Sa Majesté dispensa les gardes de devenir de simples grenadiers comme l'avait décidé Struensée.

VIe Grief.

Struensée une fois maître des finances de l'État les a dilapidées, à son profit et au profit de ses frères et amis. « Cela m'entraînerait trop loin, dit le fiscal général, si je rapportais tous ses tours d'adresse, et la commission m'excusera de ne pas en mettre sous les yeux toutes les preuves. »

Il n'y a pas un aussi grand fripon dans toutes les foires d'Allemagne. Il a donné 3,000 dollars à Falkenskiold; 3,000 dollars à son frère, député des finances; 10,000 dollars à la reine; il en a pris 60,000 pour Brandt et autant pour lui. Ces 60,000 ne devaient être que 6,000, et c'est par un faux qu'il a changé le chiffre.

VIIe Grief.

Struensée fut le conseiller et le complice de la reine qui vendit à Hambourg pour 10,000 dollars une parure qui valait 40,000 dollars.

VIIIe Grief.

Afin d'empêcher que ses intrigues et mauvaises actions ne parvinssent à la connaissance du roi, il donna l'ordre que toutes les lettres adressées à Sa Majesté fussent portées au cabinet, dont il était ministre.

IXe Grief.

Lorsque Struensée prévit les approches de sa chute, il prit des mesures pour se défendre, il fit dresser partout des canons et le commandant choisi par lui, le major général Gude, reçut des instructions pour *maintenir le bon ordre*. Il est évident que le comte, prévoyant qu'il ne pouvait plus tenir, se préparait à fuir avec quelques amis.

En conséquence, dit le fiscal général, je demande que le comte Jean-Frédéric Struensée, comme châtiment des crimes par lui commis, soit condamné à perdre sa dignité de comte, son honneur, sa vie et ses propriétés, que l'écusson de ses armes soit brisé par le bourreau, que sa main droite soit coupée pendant sa vie, que son corps soit écartelé et mis sur la roue, que sa tête et sa main soient exposées sur des poteaux, que toute sa fortune soit confisquée au profit du roi, et que ses héritiers, s'il en a, soient déchus de tout rang dû à leur naissance.

Le lendemain Uhldal présentait la défense.

Il commence par reprocher au fiscal général de n'avoir rien trouvé dans les actes du comte qui ne fût méprisable et ridicule.

Pas un mot de compassion pour un infortuné qui avait mérité longtemps l'approbation de Sa Majesté pour ses principes politiques.

Pas d'insignifiante circonstance qui n'ait été relevée contre lui. On le traite d'étranger et il est né dans les États du roi dont il est le sujet dès sa naissance.

On le regarde comme indigne de devenir religieux et la religion est sa seule consolation dans son infortune.

Il ne suffit pas de rendre un accusé odieux et ridicule, il faut fournir des preuves de sa culpabilité.

La première charge contre le comte Struensée, c'est le décret du 14 juillet, qui l'investit d'une autorité absolue.

Le fiscal n'a pas le droit d'examiner et de critiquer la part que le roi a voulu donner au comte dans l'administration des affaires.

On a beaucoup crié contre les médecins se chargeant de gouverner l'État. L'histoire cite des hommes qui, partis de très bas, sont arrivés très haut.

Struensée a supprimé le conseil d'État, mais la forme du conseil d'État n'est pas une des bases de la constitution de Danemark.

On dit que Struensée a chassé les nobles de Copenhague ; un seul, le comte Lauerwig a été banni de la cour. Struensée était de l'avis du duc de Sully qui recommandait aux seigneurs de France sans emploi public, de rester plutôt dans leurs terres pour faire prospérer l'agriculture que de se ruiner dans les villes par leur luxe et leurs folies.

On fait un crime à Struensée de l'autorité excessive que le roi lui a conférée. Il n'a rien fait de lui-même, c'est le roi qui agissait et il n'avait mission que d'exécuter ses ordres.

Le décret qui nomme le comte Struensée, ministre du cabinet est signé de la main même de Sa Majesté.

Struensée pouvait abuser de la confiance du roi ; qu'importe ? s'il n'est pas prouvé qu'il en a criminellement abusé !

Le fiscal général cite des actes où le comte aurait apposé sa signature sans consulter le roi, notamment le licenciement des gardes.

L'armée voyait de mauvais œil les privilèges accordés aux gardes. Il a paru juste de rétablir l'égalité dans les régiments. Struensée n'a rien fait que d'accord avec le roi qui a tout sanctionné par sa signature.

Quant au crime d'avoir vendu une parure royale, cette vente, qui n'a en rien profité à Struensée, a été faite par le roi et la reine.

On reproche des mesures de prudence, prises pour contenir le peuple. Le ministre n'a rien dit au major général Gude, que de maintenir l'ordre et la tranquillité.

Quant aux attentats que Struensée aurait médités contre la personne du roi, aucun fait et aucune preuve ne sont sérieusement produits.

L'accusation d'avoir éloigné de la cour Sa Majesté la reine Marie-Julienne et le prince Frédéric n'est point fondée. Struensée n'a rien fait pour exciter la mésintelligence entre les membres de la famille royale.

Quant à l'éducation du prince royal « je m'en réfère, dit l'avocat, à ce que le comte a déclaré dans ses mémoires » ; il proteste de la pureté de ses intentions et soumet volontiers à la décision des médecins habiles la question de savoir si son système a profité à la santé du prince.

La complicité d'un attentat commis contre la personne du roi par Brandt, n'a rien de sérieux. Tout a été fait *en badinant* (sic).

Struensée a toujours eu le *sentiment* (sic) de ne rien négliger des égards dûs à la majesté du roi.

Il n'a commis qu'un crime contre le roi, le premier qui est reproché par le fiscal général, et dont je n'ai point parlé, dit Uhldal; il reconnaît sa faute, il l'a déplorée amèrement, ses larmes, ses sanglots, son désespoir, le rendent digne de quelque pitié; c'est pourquoi il espère qu'en considération de son vif repentir, on lui allégera autant que possible la peine qu'il a méritée.

Le 23 avril, le fiscal général répliqua et persista dans ses impitoyables conclusions.

Falkenskiold et Reverdil ont avec raison critiqué Wiwet et Uhldal, qui n'ont pas brillé dans cette affaire.

Reverdil, en parlant du discours de Wiwet, dit qu'il est impossible de rien voir de plus plat, de plus diffus, de plus dégoûtant. C'est le style d'un laquais qui, dans une taverne, s'amuse aux dépens d'un misérable qu'on va pendre. Il insulte à plaisir et sans utilité pour la cause, un malheureux qui est dans les fers, et il ne voit pas que les outrages qu'il adresse au ministre, rejaillissent sur le roi qui l'a approuvé et qui a revêtu de sa signature les actes qu'on flétrit comme des crimes.

Uhldal n'aurait pas dû accepter le mandat de défendre Struensée : il avait été toujours un des opposants à son ministère. Il avait trop d'intérêt à flatter les puissants du jour pour oser rien dire qui pût leur déplaire ; il s'entendait avec eux.

L'indépendance de caractère et la liberté de la parole lui font également défaut.

La défense de la reine fut faible, la défense de Struensée fut une véritable trahison.

On critique la vie entière de Struensée, on déclare que tout ce qu'il a fait est méprisable, et son défenseur ne trouve pas un élan du cœur pour repousser l'injure inutile adressée à un homme enchaîné dans un cachot, et il ne trouve pas une parole courageuse pour proclamer ce qu'il a fait de réformes utiles, qui lui ont valu l'approbation des génies les plus renommés de l'Europe !

Comment Uhldal s'est-il borné à dire *en passant* (sic) que le roi couvrait tous les actes de son ministre ; son devoir était de citer textuellement les termes de la loi *regia* qui réprouve et punit les juges qui condamnent dans la personne du ministre la volonté et les ordres du roi.

Comment n'a-t-il pas fait voir combien étaient injustes et mal fondés les reproches d'avoir dilapidé les finances et usé même de faux pour se faire donner des sommes pour lui et ses amis.

Struensée avait mis de l'ordre dans les finances et pris des mesures pour empêcher les prodigalités de la cour. Le comte de Moltke pendant 22 ans qu'il resta au pouvoir avait ramassé de grandes richesses, et nous avons dit que Frédéric était allé dans sa générosité jusqu'à lui donner tout meublé un magnifique château royal, que Christian VII se fit rendre. Le comte Holck tirait grand bénéfice de sa position de favori par les dons qu'il recevait du roi ou de ceux qui avaient besoin de son crédit. Pendant qu'il était à Paris, l'honorable comte Bernstorff ne crut rien faire de contraire à l'honneur en lui offrant 30,000 couronnes pour qu'il engageât son maître à maintenir l'alliance avec la Russie et à résister aux séductions de la cour de France. Les abus de cette nature étaient fréquents à la cour de Danemark. Struensée, sans fortune, ayant des dettes, a reçu des dons du roi quand il est arrivé au faîte du pouvoir, afin de pouvoir soutenir son rang. Mais il n'avait pas reçu des terres, et il est mort sans laisser de fortune.

On l'a accusé d'avoir fait un faux pour se faire donner 60,000 dollars au lieu de 6,000 dont Christian croyait le gratifier. Il était clair pour tout le monde que le roi signait tout ce que lui présentait Struensée, et qu'il aurait donné sa signature pour 60,000 aussi bien que pour 6,000.

Un défenseur jaloux de faire son devoir aurait précisé chaque accusation et expliqué chaque fait. Ainsi, on reproche comme crime à Struensée d'avoir fait compter

3,000 dollars à Falkenskiold. Il fallait dire que ce n'était pas un don ; mais le payement de diverses sommes légitimement dues. Lorsque Falkenskiold fut rappelé des frontières de la Turquie pour prendre du service en Danemark, il reçut mille dollars. Il fut chargé ensuite de missions diplomatiques qui l'obligèrent à deux reprises différentes de faire chaque fois un séjour de six semaines à Saint-Petersbourg ; pour toutes dépenses, honoraires et frais de voyage il toucha une somme de deux mille dollars.

Sans nous arrêter à toutes les lacunes volontaires ou involontaires de la défense, ce qui est véritablement indigne d'un avocat honnête, c'est la péroraison.

Uhldal a l'air de se vanter de n'avoir rien dit du crime d'adultère, et il avait beaucoup à dire.

En droit, le crime de Struensée était connexe avec celui de la reine, et si la reine ne pouvait être jugée que par le roi, Struensée devait être jugé comme elle.

En fait, il fallait dire que l'aveu de Struensée lui avait été arraché par la promesse de sa grâce et discuter toutes les raisons du fiscal qui étaient fausses. Ainsi Wiwet prétendait que Struensée avait été le séducteur, Falkenskiold fait remarquer avec raison que s'il y a eu des relations illicites entre une reine et un très humble sujet, il est à présumer que c'est la grande reine qui a fait le premier pas pour encourager l'audace de celui qui lui a fait oublier son rang.

Au lieu de trouver dans son cœur quelques nobles paroles pour dire aux juges qu'ils ne pouvaient pas condamner Struensée, il le représente comme un grand criminel sans autre excuse que son repentir et demandant par ses larmes l'adoucissement d'une peine méritée.

Ce qui montre encore que le défenseur avait été bien

choisi par les ennemis de son infortuné client, c'est qu'après la réplique du fiscal au lieu d'y répondre, comme c'était son droit et son devoir, il a gardé le silence. N'était-ce pas une espèce d'approbation tacite de l'accusation, une désertion de la défense.

La sentence rendue contre Struensée est terminée ainsi : « Déclare le comte Jean-Frédéric Struensée atteint et convaincu d'avoir mérité de perdre ses biens, l'honneur et la vie, comme juste punition de ses crimes et pour servir d'exemple et d'horreur à ceux qui pourront être aussi mal intentionnés, le condamne à être privé de sa qualité de comte et de tous les autres titres à lui concédés, à être les armoiries du comte brisées par les mains du bourreau; après quoi, à avoir ledit Jean-Frédéric Struensée le poing droit et puis la tête coupés, son tronc écartelé et exposé sur la roue, la tête et la main attachées à des poteaux.

« La commission du Palais de Christiansborg, le 25 avril 1772. »

Suivent les signatures : J. Juell Wind, Stampe, Kofod Ancher., F. E. Sevel, G. A Braem, A. J. Cartens, J. E. Schmidt, O. Guldberg.

Owe Guldberg ! l'âme du complot, celui qui a dirigé les arrestations, l'ennemi notoire de Struensée, ne craint pas de figurer parmi les juges de l'homme dont il convoite la puissance ! Il ne craint pas d'ériger en crimes dignes de mort les actes qu'il commettra lui-même ! Struensée a-t-il jamais exercé une pression sur un roi imbécile, comme celle qui fut exercée sur Christian pour lui arracher l'ordre d'arrêter la reine ! Struensée a-t-il jamais séquestré le roi comme le fit Guldberg, qui l'empêchait de voir l'envoyé d'Angleterre et de lire les lettres de sa femme !

Guldberg condamne à mort Struensée pour avoir reçu

du roi 60,000 dollars et sur une note du même roi lui-même a touché plus tard une gratification de cent mille couronnes (1).

Guldberg était un homme de grande valeur, mais il était ambitieux. Il n'avait pas d'instincts cruels et il commit des cruautés.

Affermir le pouvoir de Julienne, c'était s'assurer la première place de l'État ; le retour de Struensée et de Caroline-Mathilde, c'était sa perte.

L'arrêt de mort fut imprimé en 1772. Dans l'ouvrage de Lascelles Wraxall, qui a reproduit *in extenso* toutes les pièces traduites en anglais, l'accusation occupe 39 pages in-8°, plus la réplique à laquelle Uhldal ne prit pas la peine de répondre ! La défense qui ordinairement est plus longue que l'accusation ne prend que 18 pages et l'arrêt en prend 29 !

Existe-t-il un arrêt de mort aussi longuement motivé ? il nous semble impossible d'en citer un plus diffus et d'une rédaction où la passion transpire d'une manière plus évidente.

C'est Wiwet qui rédigea l'arrêt après avoir soutenu l'accusation ! Pour tromper ceux qui ignoraient la décadence rapide et complète des facultés intellectuelles de Christian VII, on fit écrire au bas de l'arrêt ces mots :

« Nous approuvons en tous point la sentence rendue par la commission d'enquête nommée par nous en notre palais de Christiansborg, qui déclare le comte Struensée coupable du crime de lèse-majesté et le condamne en conséquence à subir le dernier supplice (dont on répète les détails). Le roi signa de sa main, cette pièce, qui est datée

(1) *Mémoires de Falkenskiold*, p. 208.

du 27 avril 1772, et contresignée par Thott, Luxdorph Schumaker, Dons, Hoyer.

Cette sentence fut publiée dans les journaux étrangers, notamment dans la *Gazette,* à Leyde.

L'œuvre de Wiwet parut si singulière dans la forme et si cruelle au fond que son authenticité fut révoquée en doute.

Les *Annales belges* (mois de mai 1772), firent de sages critiques de cette décision : « Un arrêt, y est-il dit, doit simplement préciser les faits et déclarer la peine qu'ils entraînent contre les coupables. Il faut éviter de mêler à ces précisions des raisonnements et des épithètes injurieuses, qui dénotent de la part des juges une disposition à la vengeance ou à des passions quelconques ; et c'est ce qu'on remarque du commencement à la fin dans le *pamphlet*, qui est qualifié *d'arrêt.* »

CHAPITRE XX.

PROCÈS DE BRANDT.

Accusation et défense. — Critique de l'accusation et de l'arrêt de mort.

La même nuit où la reine et Struensée furent arrêtés, leurs amis le furent aussi. Brandt, créé comte en même temps que le premier ministre, devait suivre son sort. Il n'avait joué qu'un rôle secondaire ; s'il eût joué le rôle principal, on a prétendu qu'il eût montré autant d'habileté et plus de prudence que son ami. C'était un charmant homme, doué d'une gaîté et d'une vivacité d'esprit inaltérables.

Le colonel de Samls, chargé de son arrestation, trouva sa porte fermée à clef. « Ouvrez, cria-t-il, je suis porteur d'un ordre du roi, et si vous n'ouvrez pas vite, je fais sauter la serrure. »

Brandt se lève, ouvre la porte et reçoit le colonel l'épée à la main, en lui disant : « Vous vous trompez, je suis ministre d'État et je n'ai pas commis de crime. » Le colonel le pria de le dispenser de faire usage de la force et de céder aux ordres de Sa Majesté.

« Eh bien, Monsieur, je vous suivrai tranquillement. Il fut mis en voiture et envoyé à la citadelle.

Le commandant lui fit un accueil disgracieux. « Vous avez ici de beaux appartements, dit Brandt. — Vous allez en voir de plus beaux, dit le commandant d'un air brutal, » et il le fit conduire dans une sombre cellule. « Ma foi, dit Brandt, le commandant a dit la vérité ! le logement est superbe. »

Il fut enchaîné au poignet droit et à la cheville du pied gauche. Sa gaîté et son courage ne l'abandonnèrent pas un instant. Il cherchait à se distraire en jouant de la flûte. Il répétait surtout un air du *Déserteur*, commençant par ce vers :

Mourir est mon dernier ressort.

« Un petit esprit, disait-il, se laisse abattre par le moindre choc ; quand on a du cœur, on lève la tête quelle que soit sa destinée ! » Il prétendait qu'il économisait 6 schellings sur les 24 qu'on lui donnait par jour, afin de pouvoir faire un cadeau au bourreau. Il se louait d'avoir une chaîne assez longue pour pouvoir se coucher et se tenir debout.

Le 22 février, le comte Brandt subit un premier interrogatoire. Ses réponses furent calmes, réfléchies et loyales.

Le 21 avril, le fiscal général Wiwet après avoir soutenu l'accusation contre Struensée la soutint contre le comte Brandt.

Dans son exorde, il s'étonne qu'un homme *à qui l'on ne peut contester de jouir de son bon sens* ait pu s'associer aux entreprises de Struensée. Pourquoi, après avoir été exilé de la cour, y est-il revenu ? Pourquoi n'est-il point parti, puisqu'il avait tant le désir de retourner à Paris ?

Sa mission était de rester toujours près du roi afin d'empêcher ceux qui n'étaient pas de son parti de pouvoir approcher de Sa Majesté. Brandt dit dans une lettre écrite en français : « Mais j'ai la force de vivre avec le roi et pour comble de disgrâce, je suis encore obligé à le traiter *dure-*

ment à ce qu'il appelle, afin qu'il ne devienne pas insolent vis-à-vis de la reine. Si cela arrive par hasard j'en porte la faute ; cela tout seul est un enfer. » Le fiscal général après un exorde assez court relève trois chefs d'accusation.

Ier Grief.

Brandt a attaqué, battu et mordu Sa Majesté.

Le comte a avoué devant la Commission qu'un jour, à déjeuner, Sa Majesté lui adressa une parole qu'il considéra comme une injure ; le roi lui jeta alors un citron à la figure. D'après le conseil de Struensée, Brandt demanda raison de ce fait, au roi ; en conséquence, il défia Sa Majesté, l'attaqua et la maltraita.

Le comte, dit le fiscal, prétend que le roi s'est battu avec Holck et d'autres favoris, et que d'ailleurs il lui a tout pardonné. La faute des autres n'excuse pas la sienne et le pardon qu'il prétend avoir reçu est contesté.

Brandt a manqué de respect au roi en se présentant devant lui en *peignoir* (sic) et le chapeau sur la tête.

Le grand crime de frapper le roi dispense d'énumérer tous les manquements de l'accusé envers la majesté royale. *Crimine ab uno discimus omnia.*

IIe Grief.

Le comte Brandt a été le complice de son ami Struensée, dont il connaissait les relations coupables avec une grande dame à laquelle on devait du respect. Struensée ne lui cachait rien. On lit dans une lettre en français que lui écrivait Struensée. « Je n'ai partagé avec personne la confiance que je vous ai donnée ; vous êtes le seul qui possédez mes secrets, et à qui je m'explique sur tous les objets sans réserve. »

Brandt, pour de l'argent, s'est vendu aux ennemis du roi et a violé le serment de fidélité qu'il lui avait prêté.

IIIe Grief.

Il a été le complice de Struensée pour les dilapidations du trésor public.

Il a touché 60,000 dollars tandis que le roi ne voulait lui en donner que 6,000.

Après un bref réquisitoire le fiscal conclut à ce que le comte Brandt soit déclaré coupable d'avoir frappé *l'oint du Seigneur* et puni du même supplice que Struensée.

Le 23 avril, Bang présenta la défense du comte Brandt. Il fait dans son discours des divisions dont les titres sont en latin.

Ad præliminaria.

Ce n'est pas un crime de s'être fait présenter au roi par le ministre auquel Sa Majesté accordait sa confiance. On ne prouve pas que Brandt ait empêché aucun de ceux qui avaient le droit de voir le roi d'arriver jusques à lui. La correspondance intime de l'accusé, sainement interprétée, n'a rien qui puisse être incriminé.

Ad passum primum.

Le comte Brandt reconnaît qu'il a volontairement et avec préméditation frappé le roi. En avouant tous les détails de cette affaire, Brandt a parfaitement expliqué qu'il n'y avait rien de criminel dans sa conduite.

Le roi, en admettant le comte dans son intimité, avait exigé que, dans leurs rapports privés de chaque instant, une sorte d'égalité régnât entre eux. C'est ainsi que Frédéric III recommandait, dans ses parties de plaisir, une grande familiarité à ses invités en leur disant : *le roi n'est pas chez lui.*

Christian VII provoquait sans cesse Brandt ; il répétait que les lâches ne convenaient pas à sa nature héroïque, et comme le comte n'osait pas s'écarter du respect dû à son maître, le roi ne cessait de dire qu'il n'avait jamais vu de lui aucune preuve de courage. Un jour, en présence de la reine, de Struensée et d'autres personnages, il alla jusqu'à dire qu'il saurait, à coups de bâton, le forcer à ne pas toujours reculer.

Le comte prit conseil de ses amis, et se décida un jour à déclarer à Sa Majesté : « Je suis prêt à me mesurer avec vous, si vous m'en donnez l'ordre. »

Le roi parut satisfait de sa soumission. Il commença l'attaque et la renouvela cinq ou six fois avant que Brandt pût se résoudre à y répondre. Enfin excité par la provocation du roi, il finit par soutenir le combat contre Christian, qui le pressait de montrer du courage, et lui disait *præsta te virum* (montre que tu es un homme). Brandt saisit le roi à bras le corps et le jeta à terre pour lui prouver qu'il était le plus fort. Dans la lutte, Christian, involontairement sans doute, avait mis le doigt dans la bouche de Brandt ; celui-ci machinalement le mordit. Brandt s'excusait ; son loyal adversaire l'embrassa tendrement et tout fut fini. Le roi se montra depuis lors plus affectueux pour Brandt qu'il nomma grand maître de la garde robe.

Le comte a été toujours plein de vénération pour la majesté royale ; si on l'a vu un jour le chapeau sur la tête jouer de la flûte devant le roi, c'est au retour d'une chasse fatigante et par ordre de son maître. S'il a pu paraître en *peignoir*, en *surtout*, chez le roi, c'est pour obéir à Sa Majesté, qui avait exigé que le comte entrât chez elle dans le costume qu'il porterait au moment où il serait appelé.

Ad passum secundum :

Le comte Brandt a-t-il été le complice de Struensée et a-t-il violé son serment de fidélité en ne révélant pas au roi les crimes de Struensée et ses liaisons coupables avec la reine ?

Brandt pouvait avoir des soupçons de ces liaisons, mais il n'en avait aucune preuve. Témoigner des doutes, c'était un outrage envers Sa Majesté la reine régnante ; c'était une honte pour la maison royale. S'il eût dénoncé la reine au roi, il risquait de perdre la vie comme dénonciateur calomnieux et diffamateur de Sa Majesté.

Ad passum tertium :

Le comte s'est-il rendu coupable de faux pour avoir reçu 60,000 au lieu de 6,000 ?

L'avocat répond : sur un mandat signé du roi lui-même, il a touché 10,000 dollars. Le baron Schimmelman lui a compté une autre fois 50,000 dollars comme présent du roi. Il s'est empressé de remercier Sa Majesté, et elle lui a dit : « Il faut bien que je donne *une douceur* (sic) à celui qui est toujours avec moi. »

Obligé de jouer gros jeu à la cour et avec son maître, le comte avait perdu de fortes sommes.

Lorsqu'on parla du cadeau que lui avait fait le roi, Brandt s'empressa de dire qu'il restituerait tout si la reine le désirait.

L'avocat Bang en terminant disait qu'il avait prouvé

que tous les faits avaient été exagérés; il concluait à l'acquittement de Brandt et le recommandait en tout cas à la clémence de son très gracieux souverain.

La défense signée et datée du 23 avril 1772, était courte, mais précise.

Personne n'ignorait l'état mental du roi et ses manies. Il avait eu toujours la prétention assez ridicule d'avoir une force physique remarquable. Nous l'avons déjà dit en parlant de ses aventures nocturnes à Londres, il recevait des coups, mais il était fier de les rendre lui-même, sans recourir au bras de Holck. Nul ne doutait de la sincérité du récit de Brandt. Le défenseur n'avait pas besoin de tout dire; à la cour tout se savait.

Reverdil dit que le comte montra bien son don quichottisme, la légèreté et les inconséquences de son caractère en comptant sur l'impartialité de ses juges. Il leur écrivit pour les prier de remettre au roi une lettre qu'il lui adressait. Il leur recommande de choisir un moment favorable pour que le roi fût bien disposé à lire lui-même la lettre.

Il pose à Sa Majesté la question de savoir s'il n'est pas juste d'après la nature de l'affaire qu'il obtienne sa grâce.

« Avec la franchise que j'ai, dit-il, toujours montrée dans le cours de l'information, j'ai demandé, dût-il m'en coûter la liberté ou la vie, que la lumière soit faite sur cette affaire, ce qui est facile, puisqu'il y a des témoins qui ont tout entendu... Si j'ai mordu le roi ce n'est point *animo nocendi* : mais instinctivement par un mouvement machinal; la bouche se ferme naturellement quand on vous tire la langue. Aussitôt je demandai pardon, et le roi en me tapant la joue amicalement me dit. « Il n'y a pas de mal. » Le roi m'avait répété souvent. « Je suis certain que tu es un lâche, je me mettrai un jour derrière la porte pour te tuer. » Il me forçait ainsi à lui donner une preuve de courage...

« Je déclare devant Dieu, qui connaît mon cœur, que jamais avant ni depuis, aucune scène fâcheuse ne s'est passée entre Sa Majesté et moi. Un jour il me frappa au visage avec son gant; je tressaillis et je me bornai à dire : « Pourquoi faites-vous cela? je ne vous ai pas fâché? » et il parut satisfait de ma réponse.

Brandt dit qu'il subit en silence le courroux du roi qui l'a jeté dans le feu; il baise la main qui le frappe et rappelle qu'Henri IV a relevé Sully lui demandant pardon à genoux.

Puis il ajoute en finissant : « O mes juges! Si vous aviez pu bien voir quelle était ma position auprès du roi et si vous pouviez comprendre ce qu'elle est aujourd'hui! Vos yeux se mouilleraient de larmes et vos cœurs seraient émus de compassion! Je remets ma cause entre les mains de Dieu! Quant à vous, je vous demande, ce que je n'ai pas besoin de vous demander, de suivre vos convictions, et cela me suffira.

« Dans ma lettre à Sa Majesté je sollicite la faveur d'achever mes jours en paix et d'obtenir une simple charge de bailli dans une province éloignée. Je ne sais s'il y a quelque vacance qui puisse convenir pour moi, mais je sais que le bailli Arnholdt de Branstedt, dans le Holstein, désire beaucoup quitter son poste qui est un des plus mauvais. Mon ambition ne va pas plus loin et je ne demande que ce que je puis raisonnablement obtenir.

14 avril 1772. « Brandt. »

Fort de sa conscience, qui ne lui reprochait aucun

crime, Brandt ne se doutait pas du sort qui l'attendait. Un crime se pardonne ; une blessure faite à l'amour-propre ne se pardonne jamais.

L'arrêt rendu contre Brandt fut rédigé par Wiwet et prononce contre les deux comtes la même peine.

En voici les principaux motifs. Brandt était chargé de séquestrer le roi.

Directeur des spectacles (sic), il a exclu le prince Frédéric de la loge royale et lui a donné une loge spéciale.

Sans avoir rendu de grands services, il a touché une somme de 60,000 dollars.

Il a trahi son serment de fidélité en ne révélant pas au roi les crimes de Struensée et ses relations avec la reine.

Il a frappé et mordu le roi. « Il est vrai, porte l'arrêt dont nous reproduisons les expressions inconcevables, il est vrai que le comte Brandt a allégué pour excuse que Sa Majesté l'avait pardonné, *mais quand cela serait*, IL FAUT SUPPOSER *que Sa Majesté a désiré qu'un si grand outrage fût oublié pendant un temps.*

Lorsque Brandt lut les étranges motifs de l'arrêt il se borna à dire : *celui qui a rédigé cela mériterait cent coups de fouet.*

Il avait raison.

Des cœurs honnêtes, comme celui de Reverdil bondirent d'indignation en entendant une condamnation si horrible basée sur des causes si légères. Guldberg, si cruel pour Struensée dont il convoitait la succession ministérielle, aurait, dit-on, été assez disposé à faire accorder grâce à Brandt, dont l'opinion publique n'approuvait pas la condamnation. Mais les moindres manquements envers ceux qui étaient à la tête du gouvernement nouveau étaient, par une sorte de vengeance rétrospective cruellement réprimés par ceux qui flattaient les puissants du jour.

Ainsi, le baron de Bulow, écuyer du roi, fut exilé de Copenhague pour avoir retiré les chevaux du prince Frédéric de l'écurie royale et les avoir fait loger dans une écurie particulière.

Ainsi, le colonel de Falkenskiold souffrit la prison et l'exil, pour n'avoir pas interrompu la musique du régiment lorsque le prince Frédéric passait sur une place en même temps que le colonel.

CHAPITRE XXI.

LE DOUBLE SUPPLICE.

Struensée se prépare à la mort ; ses lettres d'adieux. — Horreurs du supplice. — Struensée jugé par la postérité. — Peines prononcées contre ses amis. — Détention de Falkenskiold et souvenirs de la tour de Munckholm d'après l'histoire de Danemark et le roman de Victor Hugo.

Le jour même où la terrible sentence fut signée, Struensée en eut connaissance par son défenseur. Il supporta la fatale nouvelle avec calme et résignation. Il fut curieux de savoir quels étaient les faits qui avaient été considérés comme des crimes. Il demanda ce qu'on avait jugé relativement au système d'éducation employé pour le prince royal. Quand on lui dit que la sentence rangeait ce fait parmi les crimes, il se borna à dire : « Si j'avais eu des enfants, c'est ainsi que je les eusse élevés. »

En apprenant la condamnation de Brandt, il parut éprouver une plus vive émotion que lorsqu'il avait appris la sienne.

Il ne refusa pas de se pourvoir en grâce, mais il ne se faisait aucune illusion sur le résultat de cette démarche. Il savait bien que le roi n'était pas libre et que ceux qui, dans ce moment, le dominaient et dirigeaient sa main seraient sans pitié. Christian VII ne comprenait plus la portée de ce qu'on lui faisait faire. Il aurait volontiers sauvé de l'échafaud deux hommes auxquels naguère il témoignait tant d'amitié, s'il eût eu la conscience de ses actes. Après avoir passé la soirée du 26 avril dans une mascarade, il signa, le 27, l'arrêt de mort de Struensée et de Brandt en même temps qu'il organisait un concert.

Struensée se préparait à mourir. Lorsque l'avocat qui l'avait défendu lui porta l'affreuse nouvelle, il avait près de lui le docteur Münter qui ne put cacher sa violente émotion. Le condamné en fut touché, mais le savant docteur, qui avait si bien rempli la mission donnée par la reine douairière de réconcilier le prisonnier avec Dieu, ne fit aucune démarche pour lui sauver la vie.

Struensée n'eut pas un ami qui tentât de lui faire obtenir grâce.

Il n'en chercha pas.

Il écrivit à ses parents une lettre qui ne pouvait, hélas ! leur parvenir que lorsqu'il ne serait plus. La voici :

« Vos lettres ont augmenté ma douleur, mais je trouve en elles cette tendresse que vous m'avez toujours témoignée. Le souvenir de tout le chagrin que je vous ai causé en vivant d'une manière si contraire à vos bons conseils, et la grande affliction que mon emprisonnement et ma mort vont vous occasionner me font d'autant plus de peine qu'éclairé par la vérité, je vois distinctement le mal que je vous ai fait. C'est avec le plus sincère repentir que je viens implorer votre pardon et l'oubli de mes fautes. Je dois l'état actuel de mon âme à la foi que j'ai dans la doctrine et la rédemption du Christ. Vos prières et vos bons conseils y ont puissamment contribué. Soyez assuré que votre fils a trouvé le grand bien que vous regardez comme le seul vrai. Considérez ses malheurs comme le moyen qui l'a conduit là. Toute tristesse causée par mon sort sera adoucie par cette pensée qui a contribué à ma résignation. Je me recommande à vos prières.

« Je prie incessamment le Christ mon rédempteur qu'il

vous donne la force de supporter ce malheur. Je dois mon courage à son assistance.

« Mes tendresses à mes frères et mes sœurs. »

La résignation chrétienne du condamné ne fut jamais troublée dans ses derniers jours par un regret de la vie, par une tentative d'obtenir sa grâce. Dans ses écrits, pas une plainte, pas une parole amère. Il pardonne tout aux autres comme il espère que Dieu lui pardonnera tout à lui-même.

Il écrit une lettre d'adieux à Mme de Berkentin, gouvernante du prince royal, et la termine par ces mots : « Je vous prie de ne considérer mon infortune qu'au point de vue religieux. J'y gagne plus que je n'y perds. »

Il remet au docteur Münter une lettre destinée au comte de Rantzau.

Loin de lui en vouloir d'avoir été le chef du complot, dont il est la victime, il ne cherche qu'à lui prouver qu'il ne mérite pas le reproche d'avoir été ingrat envers son premier bienfaiteur. Il est faux qu'il ait voulu lui nuire, puisqu'il aurait eu le pouvoir, s'il l'eut voulu, de l'éloigner de Copenhague. Il excuse le comte d'avoir agi comme il l'a fait, parce qu'il a pu croire que le roi courait des dangers qu'il ne courait pas. Voici en quels termes il finit sa lettre : « Je ne garde aucune haine, dit-il, contre le comte. Éclairé par la lumière de la religion, je continue envers lui les sentiments affectueux que j'avais pour lui, et qui, à raison de certaines circonstances, ont pu paraître suspects à ses yeux. Je fais des souhaits pour son bonheur. Il n'est pas dans mon pouvoir de lui donner d'autres preuves de la sincérité de mes vœux que de lui souhaiter toutes les satisfactions que la vérité de la religion me permet de ressentir... 27 avril 1772. »

Struensée ne se sentit pas la force de faire ses derniers adieux à son frère. Il chargea le docteur Münter de lui demander pardon de l'avoir entraîné dans son malheur et de lui exprimer toute sa tendresse fraternelle. Le jour même, le docteur s'acquitta de la commission et apporta à Struensée la réponse de son frère désolé de son sort.

Le 28 avril était le jour fixé pour le double supplice.

La condamnation à la peine des parricides infligée à deux hommes qui n'avaient jamais fait verser une goutte de sang, qui avaient un génie supérieur et qui avaient fait de grandes choses, fut mal accueillie par la douce et honnête population de Copenhague.

La place ordinaire des exécutions parut trop petite aux ennemis de Struensée, et l'on préféra des allées, consacrées aux exercices militaires, où, sur une esplanade près du Vesterbro, on dressa un échafaud de dimensions extraordinaires : 27 pieds de hauteur, 24 pieds de longueur et autant de largeur. Deux grands poteaux portaient quatre roues chacun.

On rapporte qu'il fallut user de subterfuges et tromper les ouvriers pour leur faire construire le théâtre du supplice. Cette triste besogne répugnait aux charpentiers et aux charrons; on leur fit croire que c'étaient des essais de tréteaux rustiques.

La curiosité attira la foule au sanguinaire spectacle de l'exécution. Plusieurs voulurent dire aux patients un dernier adieu ou les saluer d'un regard attendri. Aucun ne fit entendre un mot de malédiction contre eux. Un morne silence régnait parmi les spectateurs de ces sinistres scènes.

Le déploiement de la force publique était extraordinaire et aurait suffi pour mettre toute la ville en émoi : 4,400 matelots armés de piques, 1,200 fantassins, 300 dragons et, ce qui parut étrange, le corps militaire des cadets, furent rangés, sous les ordres du général d'Eikstedt, autour de l'échafaud ou dans les rues que les condamnés devaient traverser.

Pendant les funèbres apprêts, au premier rayon du matin, le docteur Münter se hâta de se rendre auprès de Struensée.

Il n'avait pu passer tant de jours en relations si suivies avec un homme comme Struensée sans s'attacher à lui.

Pendant qu'il entrait dans sa cellule le pasteur Hée entrait dans celle de Brandt.

Münter trouva Struensée occupé à lire un sermon sur la passion de Notre-Seigneur. L'esprit du condamné était calme, sa piété édifiante. Cependant son œil inquiet se tournait souvent vers la porte, et le moindre bruit de ce côté le faisait tressaillir. Hélas! cette porte ne devait s'ouvrir que lorsqu'on viendrait le chercher pour l'amener au supplice.

Brandt, en attendant avec courage l'instant fatal, causait avec le pasteur. Il lui demandait s'il avait jamais assisté à des exécutions et lui faisait des questions sur ce lugubre sujet.

Il était vêtu en habit de cour, vert clair, bordé partout de galons d'or.

Struensée portait un habit de velours bleu à boutons d'argent. Tous deux avaient de magnifiques pelisses en fourrures.

Hélas! la richesse des vêtements des condamnés faisait un triste contraste avec les fers dont ils étaient chargés!

L'iniquité de la sentence qui frappait Brandt, cet homme aimable dont toute l'ambition avait été de mener une vie de plaisir, avait tellement frappé tous les esprits que l'on prétend que Guldberg lui-même n'aurait pas été éloigné de lui faire grâce.

Ce n'était pas sans exemple en Danemark que la grâce royale fût accordée au condamné sur l'échafaud après lui avoir laissé souffrir tous les apprêts de la mort.

On comptait sur la clémence du roi. L'arrêt fut exécuté sans pitié.

Le bailli donna lecture de la sentence prononcée contre Brandt.

Le bourreau prit l'écusson du comte, et lui demanda si c'étaient ses armes. Sur un signe affirmatif il brisa l'écusson en disant : « C'est un juste châtiment de vos crimes. »

Pendant ce triste préliminaire du supplice, Brandt priait et écoutait avec foi les exhortations du ministre lui promettant la rémission de ses fautes par la grâce de Dieu.

Hée tenait beaucoup, trop peut-être, à lui faire faire un aveu public de son crime, comme un témoignage de repentir agréable au Seigneur.

Brandt se borna à dire : « Je prie Dieu, le roi et mon pays de me pardonner; je prie Dieu de bénir mon roi et ma patrie. » Après ces mots, le pasteur le remit à la justice.

Lorsque le bourreau voulut déshabiller le patient, Brandt lui demanda avec douceur et fermeté de ne pas le toucher; il se déshabilla lui-même, se mit à genoux, plaça la tête sur un billot, étendit sa main sur un autre, et se mit à prier. Tandis que le pasteur lui disait : « Que le sang du Christ intercède pour vous », l'exécution était faite!

Le bourreau, après avoir tranché le poignet et la tête, divisa le corps en quatre quartiers, et pendant que ces quartiers et les entrailles étaient placées dans un char, il montrait au peuple la tête et le poignet sanglants.

On prépara aussitôt l'échafaud pour la seconde victime. Pendant l'exécution de Brandt, Struensée, dans la voiture, attendait son tour. Münter, pour lui cacher l'horrible spectacle de la mort de son ami, avait demandé que la voiture fût tournée de manière à ne pas voir Brandt sur l'échafaud. « Hélas ! dit Struensée, je l'ai déjà vu ! »

Le docteur lui faisait les exhortations suprêmes, et lui demandait, à l'exemple du Christ, de pardonner à ses ennemis. « Je n'ai pas, dit Struensée, d'ennemis personnels ; j'aime à croire que ceux qui me font périr ont eu en vue le bien public. Je dois dès à présent me considérer comme appartenant à un autre monde, et avoir par conséquent les sentiments qui y règnent. Je fais des vœux pour que ceux qui sont ici-bas contre moi aient aussi la part des joies éternelles dont je compte jouir, et j'implore pour eux comme pour moi la miséricorde divine. »

Quand il fut appelé pour le supplice, il s'arma de courage, mais sa pâleur indiquait les efforts qu'il faisait sur lui-même ; il s'achemina vers la mort en tenant la main de Münter et en saluant les personnes qu'il reconnaissait dans la foule. Ce n'est pas sans peine qu'il gravit les quinze degrés de l'échafaud. Arrivé sur la plate-forme, Münter lui répétait à voix basse les paroles consolantes de l'Évangile : « Celui qui croit en moi, quoiqu'il soit mort, vivra toujours. »

Après la lecture de la sentence capitale, on mit sous ses yeux la signature du roi qui l'approuvait.

Le bourreau brisa ses armes, lui ôta les fers et le laissa un instant s'entretenir avec le docteur qui préparait son âme à paraître devant Dieu. L'insistance du docteur pour obtenir une confession publique du patient fut excessive, mais sans résultat. Quand le bourreau reprit le condamné, celui-ci voulut bien ôter lui-même sa pelisse, mais les forces lui manquèrent ; il demanda qu'on lui bandât les yeux ; on lui répondit que ce n'était pas nécessaire.

Il chancelait en marchant sur le plancher ensanglanté, et ne pouvait se résoudre à poser sa tête sur le billot ruisselant encore du sang chaud de son ami. La main droite ne fut pas entièrement tranchée et la tête ne tomba pas du premier coup. Le patient fut saisi par d'affreuses convulsions, se redressa tout mutilé, tout inondé de sang, et ce fut une scène horrible lorsque le bourreau, traînant de force sa victime par les cheveux, la plaça sur le billot et lui porta les derniers coups d'une main mal assurée.

Les débris des corps décapités et écartelés furent promenés dans toute la ville et portés à la voirie où une affreuse exposition des membres des cadavres des suppliciés devait avoir lieu jusqu'au moment où les oiseaux de proie auraient achevé l'œuvre de destruction.

Un Anglais enleva les crânes des deux comtes et Coxe les a vus vers 1775 (1).

Ernest, le fidèle serviteur de Struensée, cherchant à dire un dernier adieu à son maître, s'était placé près de l'échafaud ; à l'aspect des horreurs du supplice, son émotion fut si violente qu'il tomba évanoui et faillit mourir de douleur.

Les ennemis de Julienne racontent qu'elle s'était cachée avec Guldberg dans un endroit d'où elle pouvait bien voir sans être vue, qu'elle battit des mains quand elle vit Struensée monter sur l'échafaud et qu'elle témoigna l'af-

(1) *Voyages de Coxe*, t. III, p. 1. 1802.

freux regret qu'il ne fût pas accompagné de Mathilde.

Rien ne justifie ces faits. La reine douairière était trop maîtresse d'elle-même pour laisser voir des sentiments indignes d'elle.

Elle fit appeler, après le double supplice, Münter et Hée, qui lui donnèrent des détails sur la conversion et l'exécution des condamnés.

« Je suis touchée des infortunes de ces deux hommes, dit Julienne. J'ai examiné dans ma conscience ce que j'ai fait contre eux et je n'ai trouvé aucun sentiment de haine personnelle qui m'ait fait agir ; ma conscience ne me reproche rien ! » Elle donna au docteur Münter une tabatière en cristal de roche et à Hée une tabatière en porcelaine.

Au récit des horribles détails de la fin tragique de Struensée, Julienne ne put contenir ses larmes devant les deux pasteurs... « Rien d'étonnant, dit un auteur danois, les crocodiles savent bien pleurer. »

Brandt, chassé par Holck, avait fait chasser Holck à son tour et jamais il ne fut plus avant dans l'intimité du roi qu'après avoir été disgracié et exilé par lui. Que les auteurs de la révolution du palais aient regardé la mort des deux comtes comme indispensable pour les mettre à l'abri d'une contre-révolution et de terribles représailles, cela n'est pas douteux.

Struensée a été jugé par la postérité; il n'avait pas mérité sa condamnation, qui fut un crime judiciaire.

Höst, auteur danois, a publié un ouvrage sérieux sur la vie et le ministère de Struensée, et voici comment il l'apprécie :

« Nous ne craignons pas d'être démenti par un public juste et éclairé, quand nous assurons que Struensée avait bien mérité de la patrie. Nous ne prétendons pas qu'il ait été exempt de quelques faiblesses morales, telles que l'ambition, l'amour du pouvoir, l'arrogance et même un peu d'intérêt personnel (1), mais ces faiblesses ne détruiront pas son grand mérite comme administrateur de l'État, et lors même que sa manière de voir l'aurait induit en erreur, il est hors de doute qu'il eut constamment pour but le bien général et que, par l'établissement de la liberté de la presse, il réveilla une foule d'idées saines et lumineuses que depuis il a été impossible d'effacer ; aussi un grand nombre de ses institutions, anéanties d'abord par le pouvoir qui succéda au sien, ont-elles été rétablies plus tard. »

L'opinion de la postérité, on le voit, n'est pas défavorable à Struensée.

A l'opinion de Höst joignons celle d'Allen, historien moderne, qui fait autorité en Danemark :

« Struensée offre un exemple frappant du danger qu'il y a de vouloir changer par la force la manière de voir et les opinions d'un peuple. Il était doué de remarquables facultés intellectuelles et d'une perspicacité qui lui faisaient voir les imperfections dont souffrait le corps social.

« C'est pour y remédier qu'il entreprit la plupart des changements, mais il manquait de sérieux et de pureté morale qui ne sont pas moins nécessaires à l'homme d'État qu'au particulier pour produire quelque bien désirable (2). »

Ce n'est point par la *pureté morale* que brillaient les hommes qui renversèrent Struensée.

Le reproche le plus grave que font encore les auteurs

(1) *Struensée og hans ministerium*, 1824. Copenhague, 3 vol. in-8° (le troisième volume est composé de pièces justificatives).

(2) *Histoire du Danemark*, t. II, p. 204.

modernes du Danemark à Struensée, c'est d'avoir préféré l'allemand au danois. Il était né dans les États du roi de Danemark, mais dans les duchés. Lors de son procès, le procureur fiscal le traita d'étranger. Aujourd'hui l'antagonisme entre les Allemands et les Danois est plus accentué que jamais. Un écrivain danois, M. Bricka, en rendant compte de l'ouvrage récent d'un Allemand, le professeur Wittich, dit qu'en quelques endroits il s'est montré trop favorable à Struensée. « Aussi, dit-il, sa situation de compatriote de Struensée semble-t-elle avoir influencé à son insu sur son jugement. Néanmoins, nous ne saurions trouver un ouvrage historique d'un auteur allemand moderne qui révèle d'une manière aussi évidente le désir de se montrer impartial pour les Danois et nous sommes heureux d'en féliciter ici l'auteur. Nous ne voulons pas dire qu'il en soit arrivé à une intelligence sympathique de la nation danoise ; il parle assez froidement de l'esprit national du ministère qui succéda à celui de Struensée et il ne reproche pas à Struensée d'avoir négligé complètement la langue danoise (1). » Nous ne reprochons pas aux Danois leur patriotique passion pour l'idiome national, mais ils ne devraient pas faire un si grand crime à Struensée de ses préférences pour une langue parlée dans son pays natal et très répandue en Europe.

Au moment où Struensée arriva au pouvoir, la vieille Europe féodale sentait partout le besoin des réformes. Le ministre, qui depuis longtemps avait étudié les théories philosophiques nouvelles, voulut les mettre en pratique, et se lança trop rapidement dans les voies nouvelles, comme s'il eût eu le pressentiment que ses jours étaient comptés.

(1) *Revue historique*, Paris, t. XV, p. 200.

Le temps lui a manqué pour corriger, compléter, achever son œuvre. Après lui, les innovations les plus utiles furent rejetées parce qu'elles venaient de lui. On repoussa des progrès qui s'imposèrent plus tard, et Guldberg fit beaucoup de choses qu'il avait punies de mort parce que son prédécesseur les avait faites.

Struensée, tout-puissant, fut loin de traiter ses ennemis comme il fut traité par eux. Il les fit congédier avec des honneurs et des pensions. Il ne versa pas une goutte de sang. On fut sans pitié pour lui et il ne fut méchant pour personne.

Lorsqu'il fut arrêté, dix-sept arrestations suivirent la sienne. Ses prétendus complices languissaient depuis le 17 janvier en prison, enchaînés, torturés par le supplice de l'attente, et la perspective de l'échafaud.

Le sang versé par le bourreau avait fait une mauvaise impression sur la population danoise. On accusait la reine Julienne d'avoir été cruelle ; elle voulut se montrer indulgente.

La commission chargée d'instruire l'affaire des complices avait reçu ordre de remettre son rapport ; il fut envoyé le 5 mai et soumis au conseil d'État qui refusa de s'en occuper. Pour en finir, les ministres furent obligés de statuer eux-mêmes sur le sort de tous les prisonniers. M. de Gohler recouvra la liberté, mais défense lui fut faite de paraître à la cour. Le lieutenant général de Gohler fut dépouillé de ses dignités, exilé de certaines provinces et subit une réduction de sa pension.

Le contre-amiral Hansen cessa de faire partie du collège de l'amirauté. Le lieutenant-colonel Heisselberg et le conseiller de légation Sturtz furent relégués dans une ville du Séeland. Le lieutenant Aboë, quoique déchargé de toute accusation, fut banni du royaume pendant dix ans. Le conseiller d'État Willebrandt et le médecin ordinaire Berger obtinrent cent écus de pension, mais ils reçurent l'ordre de vivre dans de petites villes avec défense de rentrer à Copenhague.

Struensée, député des finances, resta en prison, chargé de fers, jusqu'après l'exécution de son frère dont on le regardait comme complice. C'était un homme honorable, et sa conduite ne pouvait être attaquée même de la part de ceux qui ne voulaient pas reconnaître les services qu'il avait rendus au Danemarck. On lui imposa l'engagement de ne rien écrire sur la révolution qui avait renversé Caroline-Mathilde, et de donner sa démission de toutes ses fonctions. Il partit pour la Prusse où son mérite fut fort apprécié ; il devint ministre d'État et fit une belle fortune. Plus tard, en 1789, le roi de Danemark, qui avait fait périr et dégrader son frère, lui conféra des lettres de noblesse !

Le colonel de Falkenskiold perdit son régiment, sa clef de chambellan et sa liberté. C'était un brave officier, qui avait rendu des services au Danemark. Il a laissé d'intéressants mémoires.

Le 12 juin 1772, deux officiers de marine entrèrent dans sa prison et lui signifièrent qu'ils avaient ordre de le conduire au fort de Munkholm, où il devait être enfermé.

« Pour combien d'années ? » demanda Falkenskiold. « Pour toute la vie, » lui fut-il répondu.

Il partit le 16 juin et n'arriva que le 4 août à Munkholm.

Près de l'antique cathédrale de Norvège, au milieu du port de Drontheim, sur une masse de rochers, battus par les flots, dans une petite île solitaire, s'élève la forteresse de Munkholm que l'histoire, et surtout le roman, a rendue célèbre.

C'est là que Victor Hugo a placé le théâtre de son terrible roman, *Han d'Islande*, qu'il écrivit, dit-il, à dix-huit ans, *dans un accès de fièvre*. Quelques rochers déserts comme Monte-Christo ont dû souvent à la plume d'un illustre romancier plus de renommée que les lieux témoins de grands événements historiques.

Au milieu de la mer et de hautes montagnes, Canut le Grand, en 1028, avait fait bâtir une abbaye sur la grève d'une île solitaire. Lorsque les couvents furent supprimés en Danemark, le monastère de Munkholm fut transformé en forteresse et en prison d'État.

Falkenskiold en arrivant à Munkholm y retrouva encore vivant le souvenir d'un prisonnier célèbre dont Victor Hugo a popularisé parmi nous le nom si connu en Danemark.

Pierre Schumacher avait beaucoup voyagé ; il parlait dix langues, et les savants de Paris, Gui Patin notamment, l'eurent en grande estime. Il gagna la faveur des rois de Danemark, Frédéric III et Christian V ; simple bourgeois, il devint comte de Griffenfeldt ; pauvre, il acquit des terres et une fortune colossale ; fils d'un marchand de vin, il devint le premier personnage de Danemark, chevalier de l'Éléphant, comte du Saint-Empire, grand chancelier, et il eût épousé une princesse du sang royal, à laquelle il était fiancé, s'il n'eût été trop amoureux d'une princesse de la Trémoille dont parle Mme de Sévigné. Il avait rendu au pays de réels services, mais une coalition de médiocrités jalouses parvint à obtenir que le grand homme d'État fût renversé du pouvoir. Son plus redoutable ennemi, un frère consanguin du roi, Gyldenlœve (1), ne lui pardonnait pas d'avoir refusé de ratifier un traité conclu par le

(1) Allen, *Histoire du Danemark*, t. II, p. 122.

prince, mais contraire aux intérêts du royaume. Jugé, condamné, dégradé, le comte de Griffenfeldt, redevenu Pierre Schumacher, allait comme Struensée périr sur l'échafaud, lorsque le bourreau qui s'apprêtait à lui trancher la tête, déjà posée sur le billot, fut arrêté par un ordre du roi qui commuait la peine de mort en une détention perpétuelle au fort de Munkholm. Là, l'infortuné captif regretta souvent la mort qui lui aurait épargné tant de souffrances. Sa cellule a conservé l'empreinte des coudes sur lesquels il appuyait sa tête pensante ; les vitres de la lucarne étaient remplis de sentences et de vers écrits par lui ; on lui avait refusé le papier et l'encre, et il traçait les caractères avec le diamant de sa bague. Le roi eut enfin pitié de tant d'infortunes et accorda grâce entière au prisonnier. Hélas ! c'était bien tard ! Schumacher était entré à Munkholm à la force de l'âge, il en sortit à soixante-trois ans, après vingt-trois ans de captivité.

Sa santé, minée par la tristesse, le défaut d'exercice, la maladie, ne lui permit pas de rentrer dans son palais et de revoir sa fille qui avait été honorablement mariée. Il mourut en 1699, à Drontheim, peu de mois après sa délivrance.

Ce que le roman raconte de Schumacher est assez conforme à l'histoire ; Victor Hugo seulement fait jouer à sa fille chérie un rôle qu'elle n'a pu jouer ; on refusa au prisonnier, enfermé *à la tour de cuivre,* d'avoir près de lui sa fille pour le consoler dans sa captivité.

Cette enfant qu'il adorait, et à laquelle il destinait une immense fortune qui fut confisquée, se vit obligée de quitter un des plus somptueux hôtels de Copenhague pour l'humble demeure de son aïeule la veuve d'un débitant de vin !

Enfermé dans la prison de Munkholm, si remplie de tristes souvenirs, Falkenskiold compara souvent dans son esprit le sort du comte de Griffenfeldt et celui du comte Struensée !

« Lorsque le temps était mauvais, je me promenais, dit-il, dans la grande salle de la tour qu'avait habitée le comte de Griffenfeldt. » En songeant aux longues années de souffrances du célèbre prisonnier, qui ne sortit de prison que pour mourir des maladies qu'il y avait contractées, le colonel se disait : « J'aurai la même destinée que lui, mais je resterai ici moins de temps que lui, car je me sens déjà atteint du mal qui l'a emporté. »

Le colonel occupait une petite chambre au rez-de chaussée. Dans ces régions glacées où la neige commence à tomber au mois de septembre et tombe encore au mois de juin, il eut beaucoup à souffrir du froid. Il se plaint surtout d'être privé à Munkholm de bonne eau à boire et de bon pain à manger. Heureusement pour lui, il pouvait se promener, lire et écrire. Aussi a-t-il tenu note des moindres détails de sa monotone existence pendant sa captivité.

Il fut atteint un jour d'une maladie plus douloureuse que grave. Le commandant de Munkholm se rendit aussitôt auprès du malade, qui ne demandait que du repos. Le commandant lui dit : « Vous devriez faire votre testament en ma faveur. — Mais je ne suis pas pressé de mourir ; je vais mieux. — Vous vous trompez, vous êtes plus dangereusement atteint que vous ne croyez. »

Falkenskiold ne chercha pas à prolonger la visite et ne fut pas fâché de la voir finir.

Enfin le 23 septembre 1776, le lieutenant général d'Osten, grand bailli de Drontheim, entra dans la chambre du prisonnier en criant « *grâce! grâce!* au nom du roi. »

La joie de Falkenskiold en apprenant sa délivrance fut grande et il souscrivit promptement aux conditions imposées à sa mise en liberté. Voici les principales :

1° Fixation de sa résidence en France, en Provence ou dans le Languedoc.

2° Défense de jamais reparaître dans les États du roi de Danemark.

3° Défense de quitter sa résidence et de voyager sans la permission du roi.

4° Défense d'aller à Orange où se trouvait le comte de Rantzau.

5° Défense d'entrer au service d'aucun souverain étranger.

6° Défense de ne rien dire ni écrire contre le roi et la famille royale.

7° Défense de s'occuper de politique.

Falkenskiold promit tout ce qu'on voulut et tint parole. Malgré son empressement à quitter la Norvège, la mer fut si mauvaise et le voyage si long qu'il ne put arriver que le 12 avril 1777 à Montpellier, où il allait se fixer. En 1781, il lui fut permis de changer de résidence et de s'établir en Suisse où Reverdil son ami l'attirait.

Falkenskiold avait servi dans l'armée française. Une belle position lui fut offerte en 1787 dans l'armée russe, mais la cour de Danemark lui refusa l'autorisation de l'accepter.

Elle lui permit en 1788 de revenir en Danemark pour y régler ses affaires. Il ne fut pas désireux de rester longtemps à Copenhague, et se hâta de rentrer à Lausanne où il finit paisiblement ses jours. Il mourut le 30 septembre 1820 âgé de plus de quatre-vingt-deux ans.

Jamais il n'avait pu voir les motifs de sa condamnation à une détention à perpétuité. La commission avait raison de cacher les ridicules motifs qu'elle avait eu le courage d'inscrire sur ses sentences. Ainsi, pour ne citer qu'un de ces motifs (*ab uno disce omnes*) le général Gohler est condamné *parce qu'il avait donné lieu qu'on le soupçonnât !!*

CHAPITRE XXII.

CAROLINE-MATHILDE AU CHATEAU DE CELLE.

Départ de Kronborg. — Le château de Celle, la ville et les souvenirs de Sophie-Dorothée. — Comment la reine avait réglé l'emploi de son temps. — Sa charité. — Son enjouement. — Son talent mimique. — Son salon.

La prononciation du divorce devait avoir pour conséquence l'expulsion de Caroline-Mathilde du royaume de Danemark où elle devenait une étrangère.

Ses ennemis la tenaient dans leurs mains et n'étaient pas pressés de lui rendre sa liberté.

Ils ne pouvaient pas cependant la lui refuser, car ils devaient compter avec son frère le roi d'Angleterre et avec sa sœur la princesse de Brunswick mariée au neveu de la reine Julienne.

Les derniers jours passés par Caroline-Mathilde dans la triste forteresse de Kronborg furent bien douloureux pour elle, et aucune amertume ne lui fut épargnée; on ne manqua pas de la prévenir du jour et de l'heure du double supplice de ses amis.

Ce jour-là, la reine resta enfermée dans sa chambre, et Dieu seul fut témoin de sa douleur!

Elle ne cessa durant tout le cours de sa vie de célébrer ce triste anniversaire par ses prières et ses larmes.

On prit plaisir à lui raconter les affreux détails de l'horrible exécution, comme pour lui enfoncer un poignard dans le cœur.

Caroline, maîtrisant sa terrible émotion, se borna à dire à Mlle de Mosting, sa fille d'honneur :

« O les malheureux ! ils ont payé cher leur attachement au roi et leur zèle à me servir ! »

Jamais il ne lui échappa un mot de reproche contre Struensée, qui avait eu la lâcheté de faire une déclaration si fatale pour elle. Elle ne se souvenait que du dévouement du seul ami qui l'eût protégée et défendue au milieu d'une cour remplie de tant d'inimitiés et d'intrigues.

Tombée de la hauteur de la puissance royale dans un abîme de misères, elle était trop fière pour laisser échapper une plainte. Ses infortunes et ses méditations, durant une longue détention, avaient, en mûrissant sa raison et en épurant son âme, fait disparaître les légèretés de la jeunesse et grandir les qualités dont la nature l'avait douée. Ses malheurs l'avaient rendue plus compatissante aux malheurs des autres. Charitable sur le trône, elle le fut même en prison. Ayant appris que des prisonniers étaient enfermés comme elle au fort de Kronborg, elle leur envoya chaque jour deux plats retranchés de son dîner.

Le commandant de Kronborg demanda à Sa Majesté de retirer ses bontés à un officier qui, d'après lui, n'en était pas digne, elle lui dit pour toute réponse ce vers de Voltaire :

« Il suffit qu'il soit homme et qu'il soit malheureux. »

Caroline, ignorante du sort qui lui était réservé, était résolue à lutter avec courage contre l'adversité. Elle voulait vivre, dans l'espoir qu'enfin luirait un jour, où le Danemark serait désabusé des calomnies inventées contre elle et lui rendrait justice.

Elle avait, avec raison, grande confiance dans le dévouement du colonel Keith, envoyé d'Angleterre. Keith avait tenu le roi son maître au courant de tout ce qui se passait et transmis copie des pièces du procès.

Ces pièces furent soumises à l'examen des plus éminents jurisconsultes anglais, qui furent unanimes pour décider qu'il n'y avait aucune preuve qui pût motiver une condamnation. Ils délibéraient encore lorsqu'un courrier de cabinet, envoyé officiellement par la cour de Copenhague, vint porter la nouvelle du jugement rendu contre Caroline qui cessait d'être reine de Danemark.

Des pamphlets, où Caroline était traitée comme une Messaline, furent répandus à Londres et ne firent qu'irriter la population.

Une flotte anglaise fut réunie et le bruit courut qu'elle allait faire voile vers Copenhague.

Keith, appuyé et approuvé par le roi son maître, obtint pour Caroline-Mathilde, qu'elle conserverait le titre de reine ; qu'elle serait traitée comme telle ; qu'elle quitterait le Danemark ; que sa dot lui serait rendue ; qu'une pension annuelle de 30,000 thalers lui serait payée par le gouvernement danois ; qu'elle aurait la liberté de vivre où le roi d'Angleterre voudrait, et que nulle atteinte ne serait portée aux droits de son fils, prince royal, héritier de la couronne.

La reine allait à chaque instant sur le haut des remparts regarder si la flotte anglaise qu'on avait annoncée paraissait sur les flots lointains. Un jour qu'elle était rentrée triste de ne rien voir venir, le colonel Keith vint lui annoncer que tout était conclu comme nous l'avons dit, et qu'elle allait recouvrer sa liberté.

A cette nouvelle inattendue l'auguste captive versa des

larmes de joie et embrassa le colonel qu'elle appela son libérateur (1).

Elle écrivit à son frère Georges une lettre où elle lui témoignait toute sa tendresse et protestait avec énergie de son innocence. Elle sollicitait de lui la faveur de retourner à Londres, où s'étaient écoulés les beaux jours de son enfance. Elle déclarait du reste s'en remettre en tout et pour tout à son affection fraternelle.

Après un conseil tenu au palais de Buckingham, le roi assigna pour résidence à sa sœur le palais ducal de Celle, et lui donna pour soutenir son rang 200,000 francs de rentes.

Caroline allait quitter le pays où elle avait tant souffert et jouir dans les États d'un frère qui l'adorait d'une liberté dont elle avait été cruellement privée.

L'heure si longtemps désirée de la délivrance ne fut pas exempte pour la reine de tristesses et de larmes !

Jamais durant sa détention, on ne lui avait permis de voir son fils, le prince royal. L'embrasser avant de s'éloigner de lui pour ne plus le revoir, hélas ! c'eût été, à l'heure d'une séparation cruelle, un grand bonheur pour la tendre mère, elle ne put l'obtenir; un impitoyable refus lui fut opposé.

Ce n'est pas tout. Elle avait gardé auprès d'elle sa fille en bas âge, qui avait été la douce consolation des afflictions de la captivité; le 30 mai on vint arracher l'enfant des bras maternels.

Ce fut pour Caroline une des plus vives douleurs qu'elle ait ressenties dans sa vie, lorsqu'elle fut obligée d'abandonner à ses ennemis sa chère petite Louise qu'elle couvrait de baisers et de larmes.

(1) Voir les *Mémoires de Sir R. M. Keith* (t. I, p. 28) et les *Voyages de Coxe*, t. V, p. 113.

« Le jour viendra, dit la reine (1), où le roi désabusé finira par comprendre qu'on l'a trompé à mon égard. Le mensonge et la calomnie ne triomphent qu'un temps, mais aujourd'hui que d'angoisses pour moi en songeant que mes enfants sont livrés à ceux qui ont détrôné leur mère ! »

Jamais l'épouse répudiée n'a prononcé aucune plainte, aucune parole amère contre le mari qui lui avait infligé tant de hontes et de souffrances. — C'est qu'elle le connaissait bien, le roi inconscient de ses actes, à qui on avait pu faire signer son arrêt de mort, et qui, s'il l'avait revue, l'aurait accueillie avec joie !

Georges III voulait un écrit signé de Christian VII, constatant la dissolution du mariage par le divorce. Keith, envoyé d'Angleterre obtint une audience du roi qui se montra disposé à donner la signature demandée. « Non, Sire, dit Keith, Votre Majesté doit tout lire avant de rien signer. Cet acte vous sépare pour toujours de votre femme. — Ma femme, dit Christian, je l'aime, je ne veux pas la perdre, je ne veux pas signer ; je veux la voir. Je n'ai pas vu depuis longtemps Brandt ni Struensée. Que sont-ils devenus ? — Par un ordre signé de votre main, Sire, ils ont été mis à mort et écartelés. Comme on pourrait faire périr aussi la reine, ma cour exige qu'elle lui soit rendue. »

Christian VII éprouva un instant d'indicible douleur. Il voulait voir Caroline-Mathilde, il voulait voir Brandt et Struensée, il les appelait, il commanda de les faire venir. Hélas ! ce n'était qu'un éclair d'intelligence. Les moments lucides n'avaient qu'une courte durée ; on les laissait passer.

Le 27 mai, deux frégates et un cutter anglais arrivaient à

(1) *Memoirs of an infortunate queen*, p. 98.

Elseneur pour chercher la sœur infortunée de Georges III.

Caroline-Mathilde, malgré le divorce, devait quitter le Danemark en reine.

Une chaloupe royale danoise la transporta le 30 mai à bord de la frégate anglaise.

Sa Majesté la reine, accompagnée par l'envoyé d'Angleterre et par quelques personnages, s'embarqua à six heures du soir et fut saluée par vingt-sept coups de canon.

L'escadre mit à la voile pour Stade d'où la reine devait se rendre à Celle en voiture.

La marche des bâtiments fut ralentie par des vents contraires.

Debout sur le pont, immobile et absorbée par ses pensées la reine contempla, jusqu'à ce que la nuit fut venue, la forteresse de Kronborg. Le lendemain le fort paraissait encore, et tant que cette apparition ne se fût pas complètement effacée à ses yeux, l'attitude pensive de la reine ne cessa point.

Kronborg, c'était pour elle une prison où elle avait éprouvé les souffrances morales les plus poignantes, mais à Kronborg, elle avait sa fille, dont les sourires charmaient sa douleur.

Elle respirait avec bonheur l'air de la liberté, mais dans cette cour de Copenhague qu'elle était heureuse de fuir, étaient restés ses chers enfants. Quand pourrait-elle les revoir ? — Jamais !

On a publié une pièce de poésie, où Caroline-Mathilde déplore son sort. Les vers qui lui sont attribués ne paraissent pas être son œuvre, et nous ne sommes pas les seuls qui en contestent l'authenticité. Ces vers en anglais sont très faibles et ne pourraient que perdre encore dans une traduction en français.

Ce n'est qu'après cinq jours de navigation pénible, que la petite escadre aborda à Stade.

Les honneurs dûs aux têtes couronnées furent rendus à Caroline au moment où elle débarqua. Les hauts fonctionnaires hanovriens s'empressèrent de déposer leurs hommages aux pieds de la sœur de leur souverain.

Les Danois qui avaient accompagné la reine prirent congé d'elle. La reine leur distribua des cadeaux; elle donna comme souvenir un solitaire au comte de Holstein, et une tabatière d'or à la femme du commandant de Kronborg.

Le premier soin de Caroline redevenue libre fut de s'entourer de personnes sûres et dévouées. Elle régla ainsi sa maison : une grande maîtresse, deux filles d'honneur, un grand maître, un chambellan, un gentilhomme, un page et de nombreux domestiques.

En touchant le sol du royaume de Danemark, la jeune reine dut se séparer de tous ses serviteurs anglais qui lui étaient dévoués et qui avaient soigné son enfance. Pas une amie de son jeune âge ou de sa famille n'eut le droit de rester auprès de sa personne.

Elle fut entourée de Danois, d'inconnus. Plus tard lorsqu'elle eût pu connaître sa nouvelle patrie, elle ne fut pas libre de choisir son entourage. Nous avons dit la vive peine qu'elle éprouva quand la grande maîtresse qu'elle aimait fut remplacée par la sœur de l'homme qu'elle détestait le plus.

Échanger des serviteurs chargés de l'espionner pour des serviteurs d'un dévouement certain, ce fut un bonheur, et la reine se sentit heureuse, au sortir d'une prison, de n'avoir auprès d'elle que des personnes sympathiques, dont la seule ambition était de lui plaire.

Elle fut obligée de passer quelques jours au château de Göhrdre pour attendre qu'on eût achevé les réparations faites pour la recevoir au vieux château de ses ancêtres. C'est à Göhrdre qu'elle reçut les adieux de Keith qui l'avait accompagnée, et la première visite de sa sœur Augusta de Brunswick qui allait être sa voisine.

Celle, que l'on écrit indifféremment *Celle, Zelle* ou *Zell,* est une petite ville du Hanovre, située près du confluent de la Fushsa et de l'Aller. Il n'est pas inutile de dire qu'elle est à 6 lieues de Brunswick, à 8 du Hanovre, à 25 de Hambourg et à 26 de Lunebourg.

Cette ville avait été la capitale des ducs de Brunswick-Lunebourg-Zelle. Le château ducal était séparé de la ville par des fortifications. Depuis longtemps abandonné par ses maîtres, il avait gardé son aspect féodal, et ne ressemblait guère aux splendides palais royaux du Danemark. Il était difficile de rendre à cette vieille demeure princière sa splendeur du passé, mais le roi d'Angleterre avait ordonné de restaurer les grands appartements de manière qu'ils fussent dignes, par le confort et l'élégance, d'être habités par une reine.

Caroline-Mathilde se trouvait là chez elle au milieu de souvenirs de famille.

C'est là que son aïeule Sophie-Dorothée avait passé des jours plus heureux que dans de grands palais.

Nous parlons de Sophie parce que sa vie offre avec celle de Caroline-Mathilde de tristes traits de ressemblance.

Mlle d'Olbreuze, d'une famille protestante de France, avait émigré, et reçu asile à Celle, auprès de Georges-Guillaume, duc de Brunswick-Lunebourg-Celle. Le duc obtint pour elle, de l'empereur d'Allemagne, le titre de princesse d'Harbourg et ne tarda pas à l'épouser.

La jeune duchesse, femme aussi remarquable par l'esprit que par la beauté, attira à la cour de Celle de nombreux compatriotes. Un jour, un Français admis à sa table remarqua que tous les convives étaient Français et dit en plaisantant : « Il n'y a ici que Monseigneur qui soit étranger. »

Georges-Guillaume mourut le 28 août 1705, ne laissant de son mariage avec Mlle d'Olbreuze qu'une fille, Sophie-Dorothée, mariée à Georges-Louis de Hanovre.

Sophie à la cour de Hanovre regrettait sa chère petite ville de Celle où elle avait passé si doucement ses premières années. Sa belle-mère était froide pour elle, et son mari très dur. Elle ne voyait autour d'elle que de sombres visages et l'ennui la gagnait. C'est avec plaisir qu'elle accueillit un voyageur distingué qu'elle avait connu au château de Celle, le comte de Kœnigsmark, dont la sœur, la comtesse Aurore, avait eu d'Auguste, roi de Pologne, un fils célèbre : le maréchal de Saxe.

La bienveillance que Sophie témoigna au comte de Kœnigsmark donna lieu à des interprétations méchantes, à des rapports perfides au mari qui se montra envers sa femme d'une humeur et d'une brutalité insupportables.

Mlle d'Olbreuze avait quitté la France pour garder la religion protestante; sa fille conçut le projet de se retirer en France pour se faire catholique et s'enfermer dans un couvent.

Le comte de Kœnigsmark, qui lui avait promis son aide, fut un soir attaqué dans une allée obscure du château par quatre hommes qui le tuèrent à coups de pique.

Le duc Georges-Louis désapprouva cet assassinat, mais il consentit à exiler Sophie et à demander le divorce.

Sophie fut reléguée au château d'Ahlden ; c'est de là que lui vient le nom de princesse d'Ahlden.

Georges-Louis fut proclamé roi d'Angleterre le 12 avril 1713. Les enfants qu'il avait eus de Sophie avaient gardé tous leurs droits à la couronne. Georges Ier se prit à regretter sa femme, qu'il avait légèrement soupçonnée et traitée durement. Il lui offrit une réconciliation, qu'elle refusa fièrement en disant : « Si je suis coupable, je ne suis pas digne de lui ; si je suis innocente, il n'est pas digne de moi. »

Caroline-Mathilde s'installa le 30 octobre au vieux château de Celle, si regretté de son aïeule Sophie.

Sa sœur Augusta de Brunswick lui fit de fréquentes visites. La reine aimait sa sœur et se plaisait à avoir avec elle des causeries intimes. Mais le malheur rend prudent. Elle n'oubliait jamais que le mari de sa sœur était le neveu de Julienne, qui pourrait employer Augusta (même à son insu) à une sorte d'espionnage.

Dès qu'elle fut fixée à Celle, la reine s'empressa de régler sa vie selon son goût et comme une femme d'ordre, maîtresse de ses actions. Elle s'était mal trouvée d'avoir suivi les conseils de ses amis en se lançant avec ardeur dans les plaisirs du sport, qui à cette époque n'étaient pas appréciés, comme en Angleterre, dans les autres États, surtout à Copenhague. Elle renonça à sa passion pour les chevaux et à son désir d'être admirée pour la grâce infinie qu'elle avait à cheval.

Elle s'était fait remarquer par son talent merveilleux à danser le menuet et les danses nouvelles. Elle renonça aux bals, aux mascarades, aux fêtes bruyantes.

Les toilettes éclatantes et peu décentes de la cour de Louis XV firent place à des toilettes presque de deuil.

Un portrait conservé à Celle la représente voilée, pensive, et, selon moi, le costume le plus modeste n'était pas celui qui lui allait le moins bien.

Après avoir été agitée par tant de tempêtes, par tant de secousses violentes, il lui semblait être arrivée au port, et elle savourait le plaisir d'être à l'abri des orages Le triste apprentissage qu'elle avait fait des vanités du monde l'en avait dégoûtée. Elle avait vu en peu d'années bien des illusions s'évanouir; ce qui lui était resté profondément gravé dans l'âme, c'était le souvenir des jours heureux et tranquilles passés dans la maison familiale, lorsque la pratique des vertus domestiques et les charmes de l'étude suffisaient à son cœur et à son esprit.

Elle essaya de revenir aux paisibles habitudes de sa première jeunesse.

La douleur épure l'âme et la ramène à la pensée de Dieu; celui qui envoie ici-bas la douleur est le seul qui puisse la guérir.

La reine avait peut-être lu dans Marmontel, qu'on lisait beaucoup à cette époque, des maximes qui étaient les siennes sur la religion : « La paix, l'indulgence et l'amour, voilà son esprit, son essence. Son triomphe, c'est de consoler l'homme dans le malheur, c'est de mêler une douceur céleste aux charmes de la vie. »

Elle faisait l'aumône de ses mains et pratiquait le conseil de Jean-Jacques Rousseau : « Ce n'est pas d'argent seulement qu'ont besoin les infortunés; il n'y a que les paresseux de bien faire qui ne sachent faire le bien que la bourse à la main. »

La reine elle-même avait fait arranger dans une tour une pièce aux tentures de damas vert, où elle avait placé sa bibliothèque qu'elle trouvait trop petite. Elle demandait au roi son frère de lui envoyer des ouvrages anglais.

Elle avait étudié avec ardeur dans sa jeunesse la littérature française et Christian partageait son goût pour nos auteurs français. Nous avons déjà fait remarquer que Caroline-Mathilde répondait souvent, à des questions qui lui étaient faites, par quelque vers de Voltaire.

La littérature allemande avait été un peu négligée par elle, et elle eut, à Celle, le désir de l'étudier plus sérieusement.

Elle lisait beaucoup, et se passionnait en lisant. La *Mort d'Abel* lui faisait verser des larmes. Elle déclamait les vers qui répondaient à ses pensées intimes : Ainsi lui entendait-on souvent redire ce vers d'un hymne de Gellert : « Je ne veux pas outrager ceux qui ont voulu me couvrir d'outrages. »

Elle avait tant de goût pour la poésie, qu'on dit qu'elle a elle-même composé des vers, mais ceux qu'on lui a prêtés ne lui feraient pas grand honneur comme œuvre littéraire, et nous ne regrettons pas, pour elle, qu'ils ne soient pas authentiques. Elle écrivait bien, et si elle n'a pas rédigé les *Mémoires d'une reine infortunée*, elle a pu les inspirer.

Dans la salle de la bibliothèque où Caroline aimait tant à passer chaque jour de douces heures de recueillement et d'étude, la lecture n'était pas sa seule distraction. Elle avait la passion de la musique, et un vrai talent sur la harpe. Pour se perfectionner, elle ne dédaigna pas à son âge de reprendre des leçons. Elle devint très forte et souvent quand elle se livrait à ses inspirations on eût dit qu'elle traduisait sur son instrument les sentiments secrets qui agitaient son âme.

Hélas ! une reine peut se consoler d'une couronne qui

n'était pas sans épines, mais une mère ne renonce jamais à ses enfants, et l'idée qu'au lieu d'être entourés des soins maternels, ils sont entre les mains d'une ennemie, est un tourment qu'on peut éloigner un instant de la pensée, mais qui y revient toujours.

Caroline-Mathilde ne pouvait pas voir des enfants sans que ses yeux ne fussent remplis de pleurs.

Pour la distraire, un théâtre avait été disposé au château et on y jouait des comédies.

La tragédie et le drame y étaient interdits. La reine avait versé tant de larmes amères qu'on voulait même lui épargner celles qu'auraient pu lui faire couler des émotions douces mais trop vives.

Un jour une troupe renommée arrive à Celle. Elle devait, notamment, jouer une comédie d'Holberg. Le plancher du parterre avait été élevé à la hauteur de la scène et des fauteuils avaient été disposés pour Sa Majesté et la cour.

La reine ne manquait pas d'assister à toutes les représentations. Elle en paraissait charmée. Dans une pièce intitulée : les *Apparences trompeuses*, des enfants jouaient un rôle sur la scène.

Dès que la reine les aperçut, elle ressentit une émotion qui devint si forte qu'elle ne put la contenir. Elle fut obligée de quitter la salle, et malgré la rigueur du froid, elle se promena longtemps dans le jardin avant de pouvoir se rendre maîtresse d'elle-même.

Comme elle aimait son fils le prince royal, et sa fille la compagne de sa prison ! C'est dans ces êtres chers qu'elle avait concentré toutes les tendresses de son âme.

Un jour, en 1774, Mme d'Ompcéda, la grande maîtresse, entendit la reine parler avec animation, elle entra dans sa chambre et s'étonna de la trouver seule. Des larmes étaient dans ses yeux et des sourires sur ses lèvres, Caroline-Mathilde, avec bonheur et attendrissement, lui montra le portrait du petit prince son fils adoré. » Je lui parlais, dit-elle, je lui adressai, en les modifiant un peu, ces vers :

« Eh ! qui donc comme moi goûterait la douceur
« De t'appeler mon fils, d'être chère à ton cœur !
« Toi qu'on arrache aux bras d'une mère sensible
« Qui ne pleure que toi dans ce destin terrible.

Larscelles Wraxall (1) dit qu'il a trouvé cette anecdote dans les papiers de son aïeul qui l'accompagne de quelques lignes en français que nous reproduisons parce qu'elles émanent d'un homme qui a connu Caroline-Mathilde : « Tout cœur capable de sentiment pourra imaginer combien dans la situation de la jeune reine si digne d'un meilleur sort, des scènes pareilles devaient être attendrissantes, et à quel point on devait être touché et pénétré d'admiration, en voyant que ce n'était pas le faste, la grandeur, le trône, l'objet de l'ambition même des plus grands héros, mais l'éloignement de sa famille royale, et ses retours sur la situation de celle-ci, qui étaient la source de ses douleurs et de ses larmes d'autant plus amères qu'elle les cachait avec soin. »

Une grande satisfaction pour la reine c'était de pouvoir correspondre avec sa famille à cœur ouvert. Nous détachons d'une longue lettre écrite à sa sœur ces détails sur sa vie intime :

« Vous désirez savoir quels sont mes amusements et « mes occupations dans ma résidence de Celle. Je me lève

(1) *Life and times of Caroline-Mathilde*, t. III, p. 17.

« entre sept et huit heures. Je me promène dans le jardin « si le temps le permet. Je donne mes instructions au jar- « dinier sur ce qu'il doit faire dans la journée. Je regarde « travailler les ouvriers avec un plaisir qui est pour moi une « fête continuelle. Je rentre au château pour le déjeuner. « Je m'habille de dix à onze. Je fais une apparition dans « mon petit cercle à midi : vers une heure, je me retire « dans mes appartements, ou je lis; puis, je fais une pro- « menade avant dîner. Je me promène encore après le « repas dans le jardin pendant une heure avec les dames « de ma suite. Je prends le thé, je joue de la harpe, quel- « quefois une partie de cartes, *la quadrille*, en attendant « le souper ; et il est rare que je ne sois pas couchée à mi- « nuit. Le lundi, je reçois des demandes pour des œuvres « de charité et je suis heureuse de secourir les pauvres « selon mes facultés. C'est ainsi que chaque semaine se « passe dans un cercle régulier de conversations sérieuses, « *de lectures amusantes et instructives* (1), de chants, de « musique, de promenades et de quelques jolis petits ou- « vrages d'aiguille. Je vois tout le monde heureux autour « de moi et tous à l'envi cherchent à me donner des témoi- « gnages de dévouement et d'affection pour ma personne. « Maintenant je puis cultiver l'amitié et la philosophie « qui restent étrangères à ceux qui sont sur le trône. »

Nous avons dit déjà que la vie de famille était en honneur chez la princesse de Galles et à la cour de son fils Georges III ; aussi paraît-il naturel que le roi d'Angleterre voulût avoir des nouvelles de sa sœur et bien connaître la vie nouvelle qu'elle menait dans la résidence qu'il lui avait choisie. Lord Suffolk avait chargé sir R. M. Keith de le

(1) Ces mots sont en français dans la lettre écrite en anglais.

tenir au courant de ce qui se passait à Celle. Voici le résumé d'une lettre de Keith du 2 novembre 1772.

La reine est touchée et reconnaissante des témoignages réitérés d'affection fraternelle qu'elle reçoit du roi.

Rien dans le Danemark ne l'intéresse plus, si ce n'est la santé et l'éducation de ses chers enfants. Elle n'a pas écrit un mot à Copenhague. Les amis qui lui restent vivent loin de la cour, dans le Holstein.

La reine souffre beaucoup de la pensée que ses enfants sont confiés à des ennemis qui lui donneront de fausses impressions sur elles. J'ai cherché à la consoler sur ce point en lui disant que le prince royal et la princesse Louise étaient encore dans un âge trop tendre pour qu'on essayât de les tromper au sujet de leur mère.

La reine ne veut suivre d'autre direction que celle du roi son frère, elle aurait plaisir à avoir avec lui une correspondance intime et désirerait recevoir des réponses écrites de sa propre main.

Elle se plaît au château de Celle mais elle voudrait qu'on y préparât des appartements où elle pût recevoir convenablement sa sœur.

Caroline aimait encore le monde au moment où elle le fuyait, et était curieuse d'en entendre les échos. Elle voulait savoir ce qui se passait à Celle. Sa police avait parfaitement reconnu les espions secrets envoyés par la police de la reine Julienne, et ceux qui étaient chargés de la surveiller étaient surveillés eux-mêmes. A la porte de la ville, chaque étranger était obligé en entrant de dire son nom; Caroline tous les matins lisait les noms des personnes récemment arrivées.

Elle était d'un accès facile et se plaisait à recevoir les visiteurs qui lui donnaient des nouvelles des pays lointains et des cours de l'Europe. Elle parlait plusieurs langues et de préférence le français; quand elle rencontrait des personnes distinguées, elle prenait plaisir à les faire causer, et au feu de la conversation les tristesses du passé s'oubliaient, la gaîté de la jeune femme renaissait et l'enjouement naturel de son esprit était plein de charmes.

Elle avait malheureusement pour elle le don d'imiter d'une façon étonnante la voix, le geste, l'air, la tournure, les ridicules des personnes dont elle parlait ou qu'elle faisait parler.

Son goût pour les acteurs comiques et le succès de rire qu'elle obtenait dans son salon l'avaient portée à perfectionner son talent mimique. Elle contrefaisait surtout de la manière la plus plaisante le prince Frédéric qui était fort disgracié de la nature sous tous les rapports.

Rien ne plaît comme de voir rire aux dépens d'autrui ; rien ne blesse comme de voir rire à ses propres dépens et d'être tourné en ridicule. Un acte de violence se pardonne plus facilement qu'une raillerie incisive.

Julienne adorait son fils. Toujours correcte dans sa tenue et son langage, elle était naturellement vindicative ; sa haine, si grande contre Caroline, ne fut-elle pas envenimée par de petites choses ? Caroline, naturellement douce et bonne, par des légèretés de paroles et des plaisanteries qu'elle croyait innocentes, n'a-t-elle pas amassé contre elle des orages de colère et de méchancetés qui ont fini par l'accabler ?

A Celle, la reine était d'une prudence extrême quand sa sœur Augusta se trouvait chez elle ; mais, dans son cercle d'amis, elle ne se gênait pas et faisait les délices de son salon par son affabilité et son enjouement.

Elle avait des *amis*, et personne n'avait plus intérêt à

être l'ennemi d'une jeune et charmante reine, sœur du puissant roi d'Angleterre et de Hanovre.

Le grand maréchal de Hanovre, le baron de Lichtenstein lui était profondément dévoué et toute la noblesse de Celle et de Lunebourg ambitionnait l'honneur d'être dans ses bonnes grâces.

Elle aimait à recevoir aussi, dans sa solitude, les étrangers qui passaient dans sa petite ville ; elle était curieuse d'apprendre ce qui se passait à l'étranger et son nom avait fait trop de bruit en Europe pour qu'on ne fût pas curieux de la voir.

Parmi les visites faites à la reine dans son château de Celle, il en est qui offrent un intérêt tout particulier, et qui méritent d'être racontées avec quelques détails.

CHAPITRE XXIII.

RÉCONCILIATION DE CAROLINE-MATHILDE AVEC LE COMTE DE RANTZAU.

Projet de régence du prince Frédéric. — Résistance de Rantzau. — Son bannissement. — Sophie Livernet. — Rantzau à Odensée et puis à son château d'Achsberg. — Fêtes et tristesses. — Départ de Danemark. — Scène de réconciliation à Celle. — Le comte de Rantzau tué à Avignon.

Le comte de Rantzau avait élevé au pouvoir la reine Julienne, qui lui inspirait peu de sympathie et fait conduire en prison la reine Caroline-Mathilde qui l'avait charmé, lorsqu'il eut l'honneur de la recevoir dans son château. Elle gouvernait le roi et était gouvernée par Struensée. Dans l'impossibilité de séparer la reine du ministre, Rantzau avait consenti à les renverser tous les deux à la fois. Il s'était fait une double illusion ; il se croyait assez fort pour relever la reine qu'il avait fait tomber du trône, et assez puissant pour prendre en main le pouvoir qu'il avait retiré à Struensée.

Rantzau n'était pas homme d'État. Il réussit, en aidant les autres à faire le mal; il était incapable de faire seul le bien qu'il avait rêvé.

Il s'exagérait la position qu'il avait à la cour par sa naissance, sa fortune, son influence sur l'armée.

N'ayant pu convaincre Struensée de l'excellence de son plan de gouvernement, il avait compté le faire adopter par Julienne. Voici ses idées : La féodalité avait fait son temps en Danemark comme partout. Les institutions surannées du pays devaient faire place à des institutions modernes. Mais, au lieu d'agir comme Struensée, faisant des réformes à tort et à travers, au gré de sa fantaisie, il fallait prendre simplement pour modèle le gouvernement représentatif d'Angleterre.

Rantzau avait joué le premier rôle dans la révolution du 17 janvier; il crut que le premier rôle lui serait donné dans le gouvernement nouveau issu de cette révolution. On le décora de l'ordre de l'Éléphant : mais ce n'est pas à lui que songeait Julienne pour la direction des affaires. Son fils Frédéric était d'âge à gouverner; le faire proclamer régent et gouverner elle-même sous le nom de ce prince insignifiant, tel était le but de la reine douairière.

Ce projet fut habilement élaboré et mystérieusement organisé entre elle et Guldberg.

Rantzau n'avait pas été consulté; mais quand tout fut décidé on crut prudent de demander son concours. Pouvait-il refuser de marcher avec le parti de Julienne, puisqu'il avait rompu d'une manière si éclatante avec le parti de Caroline-Mathilde?

Le comte, ignorant des intrigues ourdies à la cour nouvelle, reçut un jour un billet charmant de la reine douairière qui l'engageait à venir passer deux jours chez elle dans le château de Frédériksborg.

Rantzau, flatté de cette invitation dont il était loin de deviner le but, se rend à Frédériksborg en costume de cour, en voiture de gala à quatre chevaux.

Toutes les séductions l'attendaient et on lui fit grand accueil. Le prince Frédéric le reçoit au haut du grand escalier et l'introduit lui-même dans sa chambre, où se trouvaient réunis la reine douairière, Guldberg, Eickstedt et Köller.

Le comte est entouré des attentions les plus délicates et de démonstrations du plus affectueux respect. Enfin la conversation s'engage sur les affaires politiques. Le prince Frédéric fait à Son Excellence le comte de Rantzau des protestations d'amitié toute particulière. Guldberg prend ensuite la parole. « Pour assurer, dit-il, la paix dans le royaume et une bonne entente avec les cours étrangères, le meilleur moyen c'est de mettre un prince du sang à la tête du gouvernement. Le prince royal n'a pas l'âge ; le prince Frédéric peut seul être régent. Il faut prier la reine sa mère de le décider à accepter cette charge. C'est le vœu de tous les nobles qui ont été consultés, et nous comptons sur l'approbation de Son Excellence. »

Rantzau avait de grands défauts, mais il avait aussi de grandes qualités. Loyal gentilhomme, fidèle aux traditions monarchiques, il était sincèrement dévoué au roi et au prince royal, héritier légitime de la couronne. L'ambition secrète de Julienne n'était que trop visible. Il ne crut pas devoir s'associer à ses projets.

Il devint rouge de colère en entendant le discours de Guldberg. Jetant sur lui un regard de dédain et d'indignation, il lui répondit : « Le plan que vous avez conçu n'est qu'une trahison envers le roi, pire que celle de Struensée. Mon épée est prête à châtier ceux qui voudraient tenter une si déloyale entreprise contre la royauté. »

Eickstedt et Köller en voyant le comte se lever furieux se levèrent aussitôt en portant instinctivement la main à leurs épées.

La reine pâlit de frayeur ; mais, tandis que Guldberg cherchait à obtenir un peu de calme, elle reprit son sang-froid. Elle n'approuva pas Guldberg et dit les choses les plus aimables à Rantzau qu'elle regardait, disait-elle, comme un des plus fidèles soutiens du gouvernement.

Le comte comprenait trop bien le langage des cours pour ne pas voir qu'entre lui et la reine tout était rompu ; et qu'au lieu des dignités qu'il avait espérées, il devait désormais s'attendre à d'inévitables persécutions.

Il prétexta qu'il étouffait de chaleur, tandis qu'il étouffait de colère ; il demanda à respirer l'air et sortit aussitôt du palais. Il eut hâte de repartir sans dire adieu et sans tenir compte de l'invitation de passer deux jours chez la reine. Il envoya chercher sa voiture par un dragon et rentra chez lui.

Le lendemain matin, Julienne chargea le major Harboë d'aller faire au comte une proposition d'arrangement. Ce n'était qu'un prétexte. Rantzau avait l'expérience des intrigues de la cour et se tenait sur ses gardes ; il était évident qu'on ne cherchait qu'à pressentir ses projets.

La disgrâce de Rantzau fit du bruit. En quittant le parti, où Julienne l'avait engagé, il ne pouvait pas rentrer dans celui de Caroline, dont les amis étaient furieux contre celui qui avait arrêté la reine.

Le vide se faisait autour de lui et il comprit qu'il devait s'éloigner de Copenhague. Son amitié devenait compromettante. Il lui resta deux personnes dont le dévouement modeste, mais sincère et complet, lui rendit de grands services et ne lui fit jamais défaut.

Il avait été si touché de la fidélité d'Ernest envers Struensée, qu'après la mort de son maître, il le prit à son service.

Dans la cour corrompue de Copenhague, le comte était le plus renommé pour la multiplicité de ses maîtresses. Sa dernière passion fut Sophie Livernet, qui renonça pour lui à sa célébrité comme première danseuse de l'Opéra et à sa réputation de vertu qu'elle avait su conserver. Rantzau lui assura, ainsi qu'à sa famille, une position de fortune indépendante.

Sophie était vraiment belle. Elle ressemblait plutôt à une Italienne qu'à une blonde fille du Nord. Son teint avait un tel éclat, qu'elle n'avait pas besoin de fard pour paraître sur la scène. Ses grands yeux noirs, sa petite bouche rose, ses blanches dents, sa riche chevelure châtain foncé, l'élégance de sa taille, la grâce de ses mouvements, tout séduisait en elle, mais sa beauté physique était dépassée encore par celle de son âme.

Sophie avait tant de douceur et de bonté qu'elle avait su se faire pardonner sa supériorité par ses camarades. Elle avait tant d'intelligence et de distinction qu'elle n'aurait été déplacée nulle part. Elle avait une finesse d'esprit et un enjouement aimable qui donnaient un grand charme à sa conversation.

Ces qualités brillèrent lorsque le comte de Rantzau occupait le premier rang dans la haute aristocratie danoise; mais Rantzau ne se doutait même pas des qualités du cœur qu'elle lui révéla dans ses jours de proscription et de tristesse.

Il comptait qu'elle resterait avec sa famille à Copenhague, et, incertain du sort qui l'attendait lorsqu'il se vit obligé de fuir les colères de la cour, il lui rendit sa liberté et l'engagea à ne pas le suivre.

Nous la verrons reparaître auprès du comte, dès que sa présence pourra lui apporter un secours ou une consolation. Nous verrons la jeune fille veiller sur ce vieillard comme un ange gardien.

En quittant Copenhague, où il ne devait plus rentrer

Rantzau laissa Sophie dans son hôtel et n'amena avec lui qu'Ernest le confident le plus sûr, le serviteur le plus utile.

Quelques auteurs et surtout Brown (1) nous fournissent de longs et curieux détails sur les aventures de Rantzau et sur sa fin. Ces détails, aussi exacts qu'intéressants, se rattachent à notre sujet ; nous n'hésitons pas à les raconter ; on dirait une page de roman intercalée dans un livre d'histoire.

En quittant sa patrie, en songeant à l'écroulement de toutes ses espérances d'ambition, le comte était tombé dans une tristesse profonde, et tout semblait conspirer pour la rendre plus vive.

A peine était-il embarqué, que le capitaine du vaisseau courut une bordée qui le rapprocha de la ville précisément du côté où étaient exposés encore quelques débris des cadavres de Brandt et de Struensée.

Ce spectacle inattendu frappa d'horreur le comte, et réveilla dans son esprit les plus sombres pensées ! Il ne put contenir les émotions de son âme et il donna un ducat au patron pour qu'il virât de bord sur-le-champ.

Ernest, dans la traversée, se plut à causer avec le capitaine, qui le mit au courant de son histoire. Il s'appelait Nielsen ; il était Norvégien. Lorsqu'un chambellan brutal jeta à l'eau ou laissa tomber le prince royal tout enfant, ce fut lui qui plongea dans les flots et ramena en vie le prince qui devait être Christian VII.

Le marin était dans la misère lorsqu'il eut occasion de voir Caroline-Mathilde et Struensée qui lui firent raconter tous les détails de la scène dont les mystères n'avaient pas été éclaircis.

(1) *Les Cours du Nord*, t. I, p. 181 et suivantes.

Caroline-Mathilde, toujours portée à la charité, voulut récompenser celui qui avait sauvé la vie de son époux. Elle lui fit donner un petit bâtiment et une pension de cent écus.

Quand Nielsen sut qu'il portait dans le navire donné par la reine le comte de Rantzau, qui l'avait arrêtée, il jeta à la mer le ducat en disant qu'il ne voulait pas mêler l'argent de l'homme qui avait trahi sa bienfaitrice *avec son honnête argent.*

Ce n'est pas sans une vive émotion que Rantzau passa auprès de Kronborg. Déjà de vifs remords envahissaient son âme : comment lui, le loyal gentilhomme, le serviteur fidèle de ses rois, avait-il pu arrêter une noble reine et pour qui ?...

Il était puni par ceux dont il avait servi les ambitieux desseins, et dans sa disgrâce, dans son exil, il ne serait approuvé par personne et serait maudit de tous. A l'idée du mépris qu'il inspirait, en voyant le patron du vaisseau repousser son argent, il s'écria : « Je suis donc banni de la société ! Errant comme Caïn, je vois la main de tous les hommes levée sur moi ! » A son arrivée à Warenborg, le comte trouva son équipage qui avait été porté par un autre bâtiment. Il se rendit par terre à Korsoer, où il passa le grand Belt et débarqua à Nyborg ; de là il se rendit à Odensée, ancienne capitale de l'île de Fünen.

Rantzau espérait pouvoir vivre inconnu à Odensée. Il avait changé de nom ; il ne voyait personne si ce n'est quelques paysannes, marchandes de fruits et de fleurs. Il occupait une petite maison à deux lieues de la ville. Cette résidence lui convenait par sa proximité de la frontière, et la facilité de pouvoir se réfugier en Allemagne ou en France.

Lorsqu'il commençait à se croire oublié de ses ennemis, un matin, à cinq heures, un courrier royal frappe à sa porte, et Ernest introduit le major Harboé dans la chambre où il était couché. Le comte, sans se déranger, reçoit le major avec un sang-froid étonnant, et du ton le plus indifférent lui demande quel est l'objet de sa visite si matinale et si peu attendue.

Le major lui remet des dépêches de la cour, qui enjoignaient à Son Excellence de *céder,* ou de quitter immédiatement le pays où il était, parce qu'il était banni à perpétuité des îles de Zélande et de Fünen. Aussitôt le comte sonne son valet de chambre et lui donne ses ordres : « Commandez sur-le-champ des voitures et des chevaux, je pars pour ma terre d'Aschberg, avec le major. Ne perdez pas une minute. Dès que vous aurez payé tout ce que je dois ici, vous me suivrez et vous m'apporterez tous mes effets. Faites servir le café et des rafraîchissements pour M. le major et pour moi. Que le courrier royal soit bien traité. »

Harboé voulut faire entendre au comte que l'option qu'on lui offrait méritait bien un instant de réflexion. « Si vous étiez venu demander ma tête, répondit Rantzau, je vous l'aurais donnée plutôt que de trahir les droits de mon légitime souverain et du prince royal. »

La conversation devint embarrassante pour Harboé ; une allusion maladroite qu'il fit à la surprise que dut causer à la reine Caroline son arrestation nocturne, lui valut une réplique sévère du comte, qui lui demanda si l'honneur de remplir la mission qu'on lui avait donnée l'avait dépouillé de tout sentiment de sensibilité et de convenance. Le major sentit sa faute et offrit au comte des excuses qui furent poliment acceptées.

A peine le déjeuner était-il achevé que Harboé fut fort étonné de voir tous les préparatifs de voyage achevés et une voiture attelée qui les attendait devant la porte.

Le comte et le major partirent ensemble.

Le premier soir ils couchèrent à Hardersleben et le second à Neswig. Le troisième jour les habitants d'Aschberg furent fort surpris de voir paraître leur seigneur.

Le comte fit les honneurs de son château au major et l'invita à y demeurer tout le temps que cela lui ferait plaisir. Harboé dit qu'il n'y resterait qu'un jour pour se reposer, et les deux hommes de cour rivalisèrent de politesses et de prévenances.

Un dîner magnifique fut servi dans les grands appartements. De nombreux domestiques étaient tous en livrées de cérémonie. Sur les tables et les buffets s'étalaient, comme aux grands jours, des porcelaines antiques, des chefs-d'œuvre d'art, des pièces d'argenterie et des objets précieux donnés par les rois qui avaient reçu l'hospitalité au château d'Aschberg. Le dîner était en rapport avec ces magnificences. Le village entier avait voulu célébrer l'arrivée de leur seigneur. Des jeunes et jolies filles furent admises à offrir pendant le repas des fruits et des fleurs; puis, des croisées de la vaste salle à manger, on put voir la fête champêtre et les réjouissances des bons paysans. Cet enthousiasme populaire était la manifestation non équivoque des sentiments qu'inspirait le comte, l'idole du pays.

Pendant que la jeunesse dansait, les vieux soldats, qui avaient servi sous Rantzau, venaient rendre leurs hommages à celui qu'ils proclamaient le plus illustre général des armées du royaume.

Le major, en prenant congé du comte, lui demanda ce

qu'il devait dire à la reine douairière : « Rien, répondit-il, à moins qu'il ne vous plaise de lui raconter l'accueil qu'on m'a fait ici et dont vous avez été le témoin. »

Les persécutions commençaient ; il était facile de voir qu'elles iraient plus loin. Banni d'une partie du royaume, Rantzau comprit qu'il devait volontairement s'exiler de l'autre, s'il voulait vivre tranquille. Résolu à aller chercher la sûreté et le repos sur la terre étrangère, il voulait, en quittant ses vassaux adoucir leur condition, et laisser un bon souvenir au château de ses ancêtres.

Nous avons déjà dit que la plus grande qualité du comte était la générosité, et le libertinage son plus grand vice.

Il fit annoncer son prochain départ pour un long voyage, et convoqua tous ses amis à ce château qui devint un séjour de fêtes et de plaisirs non interrompus.

Les nobles des environs, les riches banquiers de Hambourg, d'Altona, de Lubeck étaient invités sans cesse à de splendides dîners, à des concerts, à des bals parés et masqués.

La joie qui brillait au château débordait sur le village. Les bals champêtres et les divertissements populaires attirèrent de toutes parts les gais villageois, les jolies villageoises, et leurs bruyants plaisirs ne déplaisaient pas au comte qui ne cherchait qu'à s'étourdir. Sophie, qui avait quitté Copenhague pour Aschberg, organisait tout sans qu'on s'en doutât, inventait des distractions nouvelles, se grimait et se déguisait en paysanne pour ménager des surprises au maître.

Les vanités du monde ne peuvent chasser les ennuis qui ont trop avant pénétré dans le cœur. Les partisans de Julienne eux-mêmes faisaient courir le bruit que le comte, en arrêtant la reine, avait été envers elle d'une brutalité infâme. Ces propos n'avaient pour but que de soulever encore plus vivement les haines des partisans de Caroline-Mathilde contre Rantzau.

Celui-ci avait beau s'éloigner de la capitale, se détacher de la politique, tous les jours, dans sa lointaine retraite, arrivaient des lettres anonymes qui le blessaient et irritaient ses remords. Comment un gentilhomme avait-il eu la déloyauté d'arrêter une reine à laquelle il avait juré fidélité et dévouement ? Comment un Rantzau, après avoir eu l'honneur de recevoir chez lui une reine qui l'avait comblé de témoignages de bienveillance, s'était-il introduit chez elle, la nuit avec effraction, comme un brigand, pour lui faire perdre l'honneur et le trône !

Les reproches, qui tombaient sur lui de tous côtés, comme des malédictions d'en haut, ne répondaient que trop à ceux qu'il se faisait en lui-même.

Un jour, dans un moment de désespoir, il prit la résolution d'en finir avec la vie, il se retire dans sa chambre, arme ses pistolets ; au moment de tirer, son bras est retenu par Sophie qui le désarme, le console et lui fait donner sa parole qu'il se résignera à vivre.

Sophie avait renoncé à la douce vie qu'elle pouvait mener à Copenhague, pour venir partager la tristesse du comte condamné à une vie d'exil et d'amertume. Aucun intérêt ne la guidait. Elle sacrifiait à Rantzau sa jeunesse, elle lui offrit aussi de lui sacrifier sa fortune si c'était nécessaire en pays étranger.

Tant de dévouement, de désintéressement et de cœur émut si profondément Rantzau qu'il lui offrit de l'épouser.

A son grand étonnement, son offre fut nettement refusée. Je ne suis pas digne, dit-elle, d'être comtesse de Rantzau.

Je serais dédaignée de votre famille et l'on attribuerait à des motifs d'orgueil et d'ambition ce que je ne fais que par affection. Ma fortune et mon cœur sont à vous. Je ne veux partager que vos peines et je ne souhaite que de pouvoir les adoucir.

Sa parole était sincère et nous verrons l'allégement qu'elle apporta aux tourments du comte, qui ne se pardonnait pas d'avoir sacrifié Caroline-Mathilde à Julienne.

Rantzau était bon et généreux pour ses vassaux. Il avait toujours tenu à honneur qu'on pût dire qu'il n'y avait pas de paysans mieux vêtus et mieux nourris que ceux de ses terres. Avant de les quitter, il voulait que son nom fût béni dans leur mémoire. Il leur accorda de longs baux à de meilleures conditions ; il renonça à des arrérages de ferme que les pauvres avaient peine à payer, il les déchargea des droits féodaux onéreux et dont ses héritiers pourraient abuser.

A mesure que l'heure du départ approchait, les bals, les concerts, les divertissements de toute sorte attiraient de plus en plus la foule bruyante des invités au château que l'absence du maître allait condamner à un long silence.

Pour clore magnifiquement tant de belles fêtes, le comte donna à ses bons villageois un gigantesque banquet. Leur table touchait à celle de leur seigneur et de ses amis. Tout était abrité sous de belles tentes. Le nombre des plats fut si considérable qu'on n'avait jamais vu tant de luxe et d'abondance.

Rantzau n'avait rien négligé pour répandre la gaieté parmi les paysans, il excita leur enthousiasme lorsqu'il fit une solennelle renonciation à ses droits de haute justice et de comte du Saint Empire.

Dès que cette dernière fête fut achevée, les préparatifs du

départ commencèrent. Ordre fut donné d'enlever tout ce qui était facile à vendre et qui pouvait produire une bonne somme d'argent comptant. Pièces d'orfèvrerie, vaisselle plate, bijoux, objets précieux, tout ce qui était or et argent, jusqu'aux cadres d'argent des glaces de Venise, tout fut emporté dans des caisses, et le château d'Aschberg fut dépouillé en quelques instants des trésors que des siècles y avaient accumulés.

Les reliques du passé, les souvenirs de tant de princes reçus par ses pères et par lui-même dans le château dont il portait le nom, tout allait disparaître avec lui-même, et ce ne fut pas une des moindres tristesses qui navrèrent le vieux comte.

Tout fut vendu à Hambourg. La vente produisit un capital considérable qui fut placé partie à Amsterdam et partie à Paris.

Le comte ne voulut quitter les bons villageois d'Aschberg qu'en plein jour, en pompeux équipage, tous ses domestiques en grande livrée. Ses vassaux l'entouraient, l'acclamaient, priaient Dieu pour lui, et le chapeau en l'air ils le saluèrent aussi loin que leurs yeux purent le suivre.

Dans le Danemark, la haute considération dont le nom de Rantzau était entouré depuis des siècles, protégeait le vieux général, mais le respect, qu'il rencontrait partout chez lui, ne le suivit pas sur la terre étrangère. A Hambourg, des officiers danois et anglais, dévoués à la reine Caroline, le regardaient de mauvais œil, et la police dut intervenir pour lui épargner des affronts.

La fin de sa carrière lui apparaissait sous les couleurs les plus sombres. Au lieu de l'achever dans le pays natal, entouré de richesses et d'honneurs, il allait mener une vie errante, dans des régions étrangères, obligé de se cacher comme un malfaiteur, forcé de renier un nom illustre, avec la triste pensée qu'il ne pourrait même pas le faire graver sur sa tombe de peur que ses cendres ne fussent profanées !

La malédiction de Caroline-Mathilde résonnait sans cesse à son oreille, elle le poursuivait partout comme une malédiction du ciel qui empoisonnait sa vie. Sophie avait épuisé, pour chasser l'obsession de l'idée qui le poursuivait, toutes les distractions qu'elle avait pu imaginer. Elle parvenait à l'égayer un instant en faisant de la musique, en chantant, en dansant, en le faisant sourire par ses saillies. Mais le comte ne tardait pas à retomber sur ses pensées qui devenaient de plus en plus sombres. Le seul remède à cette profonde mélancolie, c'était, Sophie le comprit bien, la réconciliation de Rantzau avec la reine Caroline-Mathilde.

Elle cherchait le moyen d'arriver à son but. Ernest n'était pas moins dévoué qu'elle à leur maître, et tous deux s'entendaient pour le servir ; c'étaient les seuls amis vrais qui fussent restés au comte dans son infortune.

Struensée en sa prison avait remis à Ernest un précieux médaillon en lui disant : « Si je dois vivre encore, tu me le rendras ; si je dois mourir, tu le remettras de ma part à la reine. »

Hambourg n'était pas très loin de Celle. Sophie eut l'idée de faire le voyage, et de profiter de l'occasion du médaillon pour plaider auprès de la reine la cause de son maître.

Elle fit part de son projet au comte. Elle accompagnerait Ernest, qui remettrait le médaillon, et sous un nom d'emprunt, elle pourrait aborder Caroline-Mathilde et la réconcilier avec lui.

Le comte de Rantzau examina le bijou et sous le portrait de la mère, il découvrit celui de la fille, la petite princesse Louise. Son premier mouvement fut de partir lui-même pour Celle, de se jeter aux pieds de Caroline-Mathilde, de lui demander grâce, et s'il ne pouvait l'obtenir, de se tuer sous ses yeux.

Sophie lui fit comprendre que pour fléchir la colère d'une femme blessée, il fallait une douceur, une habileté de persuasion que son cœur saurait lui inspirer, parce que rien n'est impossible à celle qui aime, comme elle aimait Rantzau.

Son plan fut adopté. Ernest et elle partirent pour Celle. En arrivant, ils prirent des informations sur les personnes qui habitaient le château. Parmi les serviteurs de la maison, se trouvait encore un nommé Stuart qu'Ernest avait connu lorsqu'ils habitaient tous deux Christiansborg où l'un servait la reine, et l'autre Struensée.

Stuart fit bon accueil à son ancien ami, et lui donna d'utiles conseils.

Ernest ne devait pas remettre lui-même le médaillon, sa brusque apparition, sans être annoncée, pouvait, en rappelant de cruels souvenirs, causer de trop violentes émotions à Sa Majesté dont l'extrême sensibilité devait être ménagée.

Mlle Kruger (c'était le nom pris par Sophie) était une inconnue. Le médaillon à remettre était un motif suffisant d'introduction auprès de la reine. Elle pourrait préparer Sa Majesté à recevoir Ernest, et lui donner le désir de le faire appeler.

Caroline-Mathilde reçut l'étrangère qui lui était annoncée par Stuart.

Sophie, mettant un genou en terre, présenta avec respect le double médaillon à Sa Majesté.

La restitution posthume d'un don fait dans d'heureux jours, causa une vive surprise à Caroline, qui éprouva bientôt une douce émotion en revoyant l'image de sa chère Louise.

Sophie parlait avec tant de sentiment et de grâce qu'elle se faisait écouter avec plaisir. La première préoccupation de la reine, de la tendre mère, fut d'avoir des nouvelles de ses enfants. Sophie parla alors d'Ernest qui pouvait mieux qu'elle répondre à toutes les questions de Sa Majesté sur ce sujet. Ernest fut bientôt introduit. Il ne donna que quelques détails qui n'étaient pas de fraîche date, puisqu'il y avait longtemps qu'il avait quitté Copenhague. Il raconta qu'il avait fait une traversée avec un Norvégien nommé Nielsen, capitaine d'un yacht qu'il devait à la générosité de Sa Majesté, pour laquelle il professait un dévouement sans borne. Il promit de s'entendre avec cet homme afin qu'il servît d'intermédiaire pour une correspondance secrète qui procurerait à l'auguste mère des nouvelles de ses chers enfants.

La reine posa de nombreuses questions à Ernest. Elle lui demanda, ce qu'elle s'était souvent demandée à elle-même, comment Struensée qui lui avait tant donné de preuves du plus absolu dévouement, avait-il pu faire à des commissaires résolus à le perdre des déclarations mensongères qui la déshonoraient et fournissaient contre elle des armes aux ennemis dont le but était de la détrôner.

Ernest lui raconta ce qu'il savait du cœur de son maître, et ce qu'il avait recueilli. La nouvelle de l'arrestation de la reine avait profondément ému Struensée, qui jamais n'avait éprouvé plus d'adoration pour Sa Majesté que lorsqu'il apprit qu'elle partageait son sort. La sauver, la venger, c'était son unique préoccupation et pour elle il aurait volontiers tout sacrifié.

Ernest rapporta les manœuvres employées pour terrifier, pour tromper son maître. On lui fit entendre que l'unique moyen d'échapper à ses juges, c'était d'associer sa cause à celle de la reine que le roi seul pouvait juger.

Il tenait à sauver sa vie pour sauver celle de Sa Majesté. Il aurait tout affronté pour sa délivrance et pour sa restauration sur le trône.

Caroline écoutait émue et pensive des détails qui confirmaient ses pressentiments. Elle avait foi en Struensée, et cette foi n'avait jamais failli malgré de terribles apparences.

Elle savait par expérience les moyens perfides qu'on employait pour arracher les aveux ; elle n'avait jamais cru que Struensée l'avait volontairement trahie; elle fut heureuse d'avoir la preuve qu'elle ne s'était pas trompée sur ses sentiments.

Sophie attendait le moment favorable pour parler de Rantzau. Ernest devait en faire naître l'occasion. Il raconta que le comte l'avait pris à son service parce qu'il avait été fidèle à son maître jusqu'au dernier soupir.

Sophie alors trouva dans son cœur les paroles les plus émues pour faire un touchant tableau des déceptions, des remords, du désespoir du comte. Son unique but était de renverser Struensée. Il n'avait arrêté la reine que pour la sauver de l'émeute qui aurait été sans pitié contre ceux que l'on regardait comme les complices du ministre.

Après avoir mis dans une forteresse la reine à l'abri d'un premier moment d'effervescence populaire, il eût été heureux et fier de la replacer sur le trône. Ses intentions se sont bien manifestées par son refus d'accepter les offres du nouveau gouvernement, par les haines et l'exil qu'il a encourus en restant fidèle à la cause du prince royal qui est celle de Sa Majesté.

En butte aux persécutions d'ennemis implacables, obligé de fuir à l'étranger, sa plus grande douleur c'est de passer pour traître envers la reine qu'il croyait sauver. Il ne se pardonne point d'avoir encouru la disgrâce de Sa Majesté.

Sophie parla avec tant d'émotion de son incurable désespoir, de la scène où elle était parvenue à lui sauver la vie, que Caroline-Mathilde si bonne naturellement, si compatissante pour les âmes souffrantes, se donnait des torts pour diminuer ceux de Rantzau ; elle se reprochait d'avoir été trop dure pour l'homme capable de tout sacrifier à la défense des droits de son fils.

Sophie n'avait jamais joué de rôle d'une manière plus si éloquente ni plus pathétique, parce qu'elle avait mis toute son âme dans ses paroles.

Caroline-Mathilde, cédant aux entraînements de cette voix touchante et de son propre cœur, ne put refuser d'écrire un mot au comte qu'elle remerciait de son dévouement au roi et au prince royal.

Le comte attendait avec impatience le retour d'Ernest et de Sophie. Il reçut son pardon de la reine avec autant de bonheur qu'un coupable reçoit sa grâce, et son âme se sentit soulagée d'un poids qui l'oppressait.

La promesse faite à Caroline-Mathilde fut remplie ; une correspondance secrète fut organisée pour procurer à la mère des nouvelles de ses enfants et Nielsen se chargea du transport des dépêches.

Rantzau semblait réconcilié avec lui-même et ses espérances d'avenir se réveillèrent dans son esprit. Il n'était pas le seul qui après avoir fondé le gouvernement nouveau, regrettait la jeune reine et l'aurait préférée à Julienne. En attendant qu'une contre-révolution pût éclater,

Rantzau persista dans son désir de faire le mort, de cacher son nom, de vivre inconnu dans quelque recoin de la France.

Dans ses pérégrinations, il gardait toujours près de lui Ernest et Sophie, mais quand il quittait une ville il n'emmenait jamais aucun des domestiques qui l'avaient servi et dans chaque résidence, il changeait de nom et de serviteurs.

Les relations du Danemark avec nos provinces méridionales étaient rares, et si le bruit de la chute de Caroline et de Struensée avait retenti jusque-là, il commençait à y être oublié.

Aussi, dans sa vie vagabonde, Rantzau n'avait pas de peine à passer inaperçu et à effacer facilement les traces de ses pas. Il s'était arrêté à Avignon où tout lui promettait le calme et la tranquillité dont il était aussi avide qu'il l'avait été naguère de renommée et d'honneurs.

Un jour, en 1780, il rencontra un capitaine anglais sir O*** qui le reconnut. Ce capitaine avait accompagné Caroline-Mathilde en Danemark lors de son mariage, et était resté à son service dans la garde royale à cheval.

Le traitement qu'on avait fait subir à une reine, à une princesse du sang royal d'Angleterre, son arrestation nocturne, sa détention, la perte de son honneur et de son trône avait profondément blessé l'officier anglais et il avait juré de venger Caroline-Mathilde du comte de Rantzau, qui traître comme Judas l'avait livrée à ses ennemis. A l'aspect inattendu du comte, la colère le saisit ; et sans vouloir rien entendre, il lui adressa les provocations les plus outrageantes.

Une rencontre eut lieu ; Rantzau, qui avait eu la triste réputation de terrible duelliste et qui avait fait de nombreuses victimes, périt en duel, mortellement frappé pour venger la reine.

L'homme pardonne au repentir quelquefois, Dieu toujours, l'histoire jamais.

Le jugement porté par la postérité contre Rantzau est sévère mais juste.

Comblé des bontés de Caroline-Mathilde, il s'est chargé lui-même de la vile mission de l'arrêter. Il ne l'a détrônée que pour entraîner dans sa chute un homme dont il enviait la puissance et qu'il avait l'ambition de remplacer.

Quelque teinte de pitié que nous ayons pu répandre sur le récit des tristesses d'une âme agitée par le remords, ce n'est pas nous qui demanderons la réhabilitation de sa mémoire et la réformation de l'arrêt de la postérité.

CHAPITRE XXIV.

PROJET DE RESTAURATION DE CAROLINE-MATHILDE SUR LE TRÔNE.

Projet de contre-révolution. — Wraxall, agent de négociations secrètes entre les nobles danois, la reine Caroline et le roi d'Angleterre. — Dénoûment imprévu et fatal.

Le concours prêté à la reine Julienne n'avait pas été désintéressé et malgré son habileté, elle n'avait pu satisfaire toutes les ambitions. Le comte de Rantzau ne fut pas le seul dans la haute noblesse danoise, qui se repentît, après avoir cédé au désir de renverser Struensée, d'avoir, en détrônant Caroline-Mathilde, porté atteinte aux traditions monarchiques de respect pour la majesté royale.

Le nombre des mécontents grandissait chaque jour, et le peuple, qui avait beaucoup vanté la vertu austère de Julienne sous le règne de Caroline, se mit à vanter sous le règne de Julienne, l'inépuisable charité de la jeune et charmante reine.

Le parti vaincu se taisait, mais on comprend la sourde colère, le désir ardent d'une revanche de ceux qui avaient été chassés du pouvoir, exilés de leur pays, persécutés et proscrits.

Un travail se faisait avec mystère dans les esprits; plus d'un regard de compassion et d'espérance se tournait vers Caroline-Mathilde et la pensée de sa restauration sur le trône gagnait chaque jour du terrain.

Ce qu'une révolution avait fait dans une nuit, une contre-révolution pouvait le défaire, et Christian VII donnerait aussi facilement sa signature pour arrêter Julienne qu'il l'avait donnée pour arrêter Caroline.

Le feu couvait sous la cendre. D'où viendrait l'étincelle qui l'allumerait ? Personne n'osait faire le premier pas; on attendait.

Le 18 septembre 1774, arrivait à Celle un voyageur anglais N.-W. Wraxall. Ce jeune homme avait déjà su se faire une position dans les Indes, lorsqu'il eut l'idée de venir chercher fortune à Londres. Sans nom, sans argent, sans amis, n'écoutant qu'une ambition démesurée, il cherchait le moyen de sortir de son obscurité et de parvenir à la renommée.

Le talent, l'activité et l'énergie ne lui manquaient pas mais à cette époque il était bien difficile de s'élever au-dessus de la position où l'on était né.

Les pays du Nord étaient peu connus; le voyage de Regnard en Laponie avait fait beaucoup de bruit ; Wraxall entreprit d'écrire un voyage en Danemark, en Suède et en Russie. Il revenait de ses excursions lointaines ; se trouvant assez près de Celle, il eut la curiosité de connaître cette ancienne capitale ducale, et surtout de voir la noble reine dont il avait tant entendu parlé à Copenhague.

Il s'adressa au chambellan, le baron de Sackendorf, pour obtenir de Sa Majesté une audience qui lui fut accordée (1).

Il ne manqua pas de se rendre à l'heure indiquée, une heure et demie, le 18 septembre, au château de Celle. Le chambellan, chargé de l'introduire le présenta d'abord au

(1) Le *Private Journal* de N.-W. Wraxall va nous fournir des détails sur ses rapports avec la reine.

grand maître de S. A la princesse de Brunswick. Un quart d'heure s'était écoulé lorsque la princesse de Brunswick entra dans le salon ; elle donna à Wraxall sa main à baiser et commença à causer avec lui. La conversation fut interrompue par l'arrivée de Sa Majesté à laquelle le visiteur fut présenté selon le cérémonial d'usage. La reine et la princesse prirent plaisir à adresser de nombreuses questions à un compatriote qui avait le don de les intéresser par sa manière de causer et par les curiosités de mœurs observées dans les régions lointaines. Il est facile de comprendre que ce n'était pas ce qui se passait à la cour de Suède et de Russie qui préoccupait le plus Caroline-Mathilde, mais que se passait-il à la cour de Danemark? Pourrait-elle apprendre quelques nouvelles de ses chers enfants?

La princesse de Brunswick fit des questions, qui eussent été embarrassantes pour sa sœur. Elle fit parler Wraxall des projets de mariage du prince Frédéric, puis l'interrogeant sur la reine douairière : « C'est ma tante, dit-elle, mais vous pouvez tout dire en pleine liberté et le roi comment va-t-il ? »

L'aimable voyageur fut retenu à dîner et la conversation ne cessa pas d'être très animée. Elle toucha aux sujets les plus divers. Du roi d'Angleterre et des grandes affaires politiques, on arriva à parler de cuisine et de macaroni ; de l'âge du jeune gentleman et de celui de Caroline qui lui dit : « Nous sommes nés la même année ».

Dans leur petite ville de Celle les aimables causeurs n'étaient pas nombreux et les nouvelles des royaumes du Nord n'y arrivaient pas toujours dans leur première fraîcheur.

L'esprit de Wraxall avait produit une bonne impression sur la reine, mais elle, par la distinction du langage, par son affabilité, et nous ajouterons par sa beauté et sa rare élégance, avait excité un véritable enthousiasme chez le voyageur anglais, qui consigne dans son journal le moindre mot qu'elle lui a dit, le moindre détail de sa toilette et la description de chaque trait de son visage.

Il parle moins de la princesse de Brunswick qui a, dit-il, un teint charmant, mais dont les dents sont bien moins jolies que celles de sa sœur.

Le mardi 20 septembre Wraxall, en observateur consciencieux et attentif, parcourait Celle où sa visite chez la reine allait lui fournir un des plus intéressants épisodes de ses voyages.

Le château du moyen âge, témoin de tant d'événements lorsqu'il était la résidence des ducs de Lunebourg et de Celle, avait des fortifications en dehors de celles de la ville dont il était détaché. Ses fossés étaient toujours pleins d'eau ; son aspect avait toujours l'air menaçant quoique deux tours de sa construction primitive eussent été supprimées. Les belles promenades autour des remparts, les grands et beaux jardins, notamment le *jardin français* et le *jardin anglais* étaient sérieusement observés par le voyageur qui voulait les décrire dans son livre.

Nous ne reproduirons pas tout ce qu'il dit des rues un peu désertes, mais bien pavées, des maisons curieuses par leur antiquité mais de pauvre apparence ; des fortifications qui étaient bien conservées encore, mais qui avaient perdu toute leur valeur militaire d'autrefois.

Tout en visitant les curiosités de la vieille cité ducale, Wraxall arriva vers dix heures du matin sur la place de l'hôtel de ville, où des marchands forains organisaient leur boutiques pour la foire de Celle qui avait lieu ce jour-là.

Il eut l'agréable surprise de rencontrer parmi les curieux la reine et la princesse sa sœur, vêtues simplement *et presque à l'anglaise*. Elles lui firent un aimable accueil, le retinrent auprès d'elles, et se mirent à causer avec lui en anglais. La conversation dura près d'une heure ; elle était devenue presque familière et porta sur *cinquante sujets* selon l'expression de Wraxall.

Celui-ci comptait toucher au terme de son voyage et se dirigeait vers Londres. Il voyageait sans se presser. Il n'arriva à Hambourg que le 27 septembre quoique de cette ville à Celle il n'y eut qu'une distance de 25 lieues.

On sait que Altona (mot qui veut dire *trop près*) est si près de Hambourg qu'aujourd'hui ces deux villes se touchent.

Nous avons dit que plusieurs seigneurs danois avaient été bannis de Copenhague, et internés dans le Holstein comme partisans de la reine déchue.

Ils allaient souvent à Hambourg. C'est dans un dîner chez le consul d'Angleterre que Wraxall eut occasion d'être présenté à quelques personnages de la cour de Caroline-Mathilde, le baron de Schimmelmann, l'élégante baronne de Bulow, et M. Le Texier qui avait été trésorier de Christian VII durant ses voyages.

Wraxall charma les convives par la vivacité de son esprit, et surtout par son ardent enthousiasme pour la reine qu'il venait de voir à Celle.

Pour les proscrits d'Altona tous les rapports avec Celle étaient très difficiles et très périlleux. Ils étaient l'objet d'une surveillance très active et la police danoise avait des espions aussi habiles que nombreux.

M. de Bulow et ses amis voulurent faire la connaissance de Wraxall. Le Texier, qui était au courant de toutes les intrigues de la cour de Copenhague, et des aspirations secrètes pour une restauration de Caroline-Mathilde, fut chargé de se lier avec Wraxall, de l'étudier, de le sonder pour savoir s'il ne pourrait pas servir d'intermédiaire entre la reine et ses partisans d'Altona.

Le jeune Anglais, à la recherche d'une position sociale, fut très fier d'être chargé d'une négociation qui le mettait en rapport avec la sœur du roi son souverain. C'était l'agent le plus sûr et le plus intrépide qu'on pût trouver. Il retarda son retour à Londres, et jura de se dévouer, au péril de sa vie, au succès de l'entreprise.

Le projet d'une contre révolution à Copenhague fut expliqué à Wraxall qui accepta la mission d'aller en conférer avec la reine à Celle dans le plus bref délai.

La prudence exigeait de prendre les plus grandes précautions pour éviter d'éveiller des soupçons et de compromettre de hauts personnages.

Rien ne devait être confié au papier; tout devait être traité oralement, surtout pour les préliminaires d'une si délicate affaire.

Wraxall devait confier à la reine le plan conçu pour la replacer sur le trône. Afin de l'accréditer auprès de Sa Majesté, le baron de Bulow, ancien maître des écuries de la reine de Danemark, lui remit un sceau dont il se servait quand il avait des communications confidentielles à faire à Sa Majesté.

Personne ne devait être nommé. Le sceau ne devait même pas être montré si les premières ouvertures étaient mal accueillies.

L'important avant tout était de pressentir les intentions de la reine; consentirait-elle à rentrer à Copenhague et à prendre la régence pendant la minorité de son fils? Aurait-elle pour le succès du projet le concours de son frère Georges III?

Si les premières ouvertures étaient bien accueillies, on ne nommerait pas les personnes disposées à agir ; on dirait seulement à Sa Majesté que les deux chefs étaient le baron de Bulow et le jeune baron de Schimmelmann.

Trois questions devaient alors être nettement posées :

1° La reine s'engage-t-elle à retourner en Danemark et à prendre les rênes du gouvernement que le roi est incapable de tenir lui-même ?

2° S'engage-t-elle à aider et assister ses partisans par tous les moyens qui seront en son pouvoir ?

3° S'engage-t-elle à ne rien négliger pour que le roi de la Grande-Bretagne, son frère, accorde sa protection et son aide au succès de l'entreprise ?

Wraxall partit le soir du 8 octobre, voyagea toute la nuit et arriva le lendemain à Celle.

Il apprit que la princesse de Brunswick, la nièce de Julienne, était encore au château. Il voulut à tout prix éviter d'éveiller ses soupçons, mais comment parvenir à voir la reine seule ?

Après avoir longtemps cherché dans son esprit, voici le moyen qu'il imagina. Il alla voir le chambellan, et lui dit qu'il voudrait avoir l'honneur de remettre à la reine une lettre du consul anglais de Hambourg qui lui avait souvent procuré des troupes de comédiens et qui avait une troupe excellente à lui proposer.

La reine fit inviter à dîner Wraxall à deux heures. Lorsqu'elle le vit arriver, elle lui dit : Je suis bien aise de vous revoir. Voyons la lettre dont vous êtes chargé. »

Wraxall lui remit alors une lettre qu'il lui écrivait lui-même. Caroline la prit et s'approcha d'une fenêtre pour la lire pendant que la princesse sa sœur causait avec l'aimable voyageur.

La lettre commençait ainsi. « Comme cette lettre est relative aux intérêts les plus chers à Votre Majesté, même à sa couronne et à sa dignité, mon devoir est de vous supplier de ne pas la lire en ce moment, mais quand vous serez seule. Je dois vous demander pour la sûreté de ceux qui sont dévoués à votre service de ne laisser paraître aucune agitation, aucune émotion, et par-dessus tout je vous supplie de prendre toutes les précautions pour n'éveiller aucun soupçon de la part de Son Altesse royale la princesse de Brunswick. »

La reine aussitôt mit la lettre dans sa poche en cherchant à cacher son trouble. Heureusement qu'on annonça en ce moment que Sa Majesté était servie et l'on passa à la salle à manger.

A table, la reine avait repris toute sa liberté d'esprit et sa gaîté fut charmante. Cependant elle ne pouvait contenir son impatience et sa curiosité ; elle était assise assez loin de sa sœur pour n'avoir à craindre aucun regard indiscret de sa part. Elle ouvrit la lettre, la déploya sur ses genoux, et la lut d'un bout à l'autre, en prononçant de temps en temps quelques paroles pour avoir l'air de suivre la conversation.

Dès qu'on eut pris le café, la reine et la princesse rentrèrent dans leur appartement et Wraxall regagna son auberge.

Il n'attendit pas longtemps une réponse. Le baron de Sackendorf vint la lui apporter et lui dit qu'il avait été choisi comme l'intermédiaire des confidences de Sa Majesté. La reine l'aurait immédiatement reçu, mais elle en était empêchée par la visite de sa sœur qui ne la quittait jamais. La présence seule de Wraxall à Celle pourrait devenir suspecte s'il ne s'empressait d'en repartir. Elle le faisait prier de confier au baron les noms des nobles qui l'avaient envoyé, et les explications qu'il avait à ajouter à sa lettre.

Wraxall, après avoir fait promettre au chambellan le secret le plus absolu, lui remit la bague de Bulow où était gravé un cachet particulier, et donna des renseignements précis.

Le lendemain matin, le baron apportait la réponse de la reine à Wraxall qui la mit par écrit sous les yeux même du chambellan.

« Sa Majesté est sous la protection et la dépendance du roi son frère. Elle ne peut ni ne veut rien faire sans son assentiment et son approbation. Si elle ne consultait que sa propre tranquillité, elle ne consentirait jamais à remettre les pieds à Copenhague où elle a été si indignement traitée, mais ses devoirs de mère et de reine, qui doivent l'emporter sur tout autre sentiment, la décident à rentrer à Copenhague malgré tous les outrages qu'elle y a soufferts. En ce qui la concerne, elle ne peut qu'agréer la proposition faite par la noblesse danoise, pourvu qu'elle acquière la preuve, après plus ample information, qu'on a la possibilité de faire la contre-révolution. Sa Majesté désire d'être informée dans une prochaine visite de M. Wraxall des noms des principaux auteurs du projet et de leurs moyens d'exécution.

« En attendant, elle va écrire de la manière la plus pressante et la plus énergique la lettre au roi de la Grande-Bretagne et le prier de lui accorder aide et assistance pour sa restauration sur le trône. »

La reine rendit à Wraxall la bague de Bulow, et sa lettre en tête de laquelle elle traça les initiales C. M. Elle mit le tout dans une enveloppe dont elle écrivit l'adresse de sa main, et qu'elle scella de son cachet particulier.

Le chambellan fit ses recommandations à Wraxall : il devait retourner le plus tôt possible à Celle, où il aurait une audience de Sa Majesté. On lui donna un nom français qu'il dirait à la porte de la ville quand on lui demanderait son nom. Cela suffirait pour avertir la reine de son arrivée, parce qu'elle lisait chaque matin la liste des étrangers arrivés la veille. Wraxall ne devait à son retour entrer à Celle que de nuit et descendre dans la petite auberge Sandkrug, peu fréquentée et dans un faubourg.

L'Anglais repartit, et changeant de route, il passa par Hanovre où il s'arrêta deux jours. Il arriva de nuit à Hambourg, le 13 octobre. Le 17 au matin, le baron de Bulow, à qui il avait donné rendez-vous, l'attendait sur une place. Wraxall, en le rencontrant, eut l'air de ne pas le connaître, mais de loin suivit ses pas. Ils ne se dirent pas un mot qu'ils ne fussent arrivés dans un lieu solitaire, à l'abri des regards indiscrets derrière les ruines d'un bastion. Wraxall remit l'enveloppe donnée par la reine, et le baron dit en français : « Oui, bon, je reconnais cette écriture. »

La commission était bien faite, la réponse satisfaisante. Des entrevues mystérieuses eurent lieu dans la forêt qui séparait alors Altona de Hambourg. La confiance accordée par Caroline-Mathilde à l'agent anglais encouragea les partisans de la reine qui lui donnèrent des instructions nouvelles et l'obligèrent à repartir pour Celle. Voici en résumé ce qu'il devait dire à Sa Majesté. La noblesse danoise était satisfaite de l'accueil qu'avait reçu sa proposition. Le baron de Bulow pouvait compter sur son beau-frère le comte de Laurvig, vice-roi de Norvège, qui répondait de ce royaume. Il citait quelques gouverneurs de forteresses dont le concours était assuré. Des hommes influents dans l'armée, dans la garde, dans l'entourage même de Christian VII, étaient disposés à agir pour une contre-révolution, mais il n'était pas nécessaire que tous les noms fussent divulgués.

Il était urgent de s'assurer du concours du roi d'Angleterre et s'il approuvait un projet dont l'exécution entraînerait de fortes dépenses, il serait urgent de prier Sa Majesté Britannique d'accorder des fonds pour le succès de l'entreprise.

Le baron de Bulow avait d'abord désiré que la reine en temps opportun quittât Celle et vînt sous un déguisement se montrer à ses amis d'Altona, cette idée fut abandonnée.

Le 26 octobre, Wraxall, qui avait fait des détours pour éviter qu'on le vît trop souvent sur la même route, arriva à Celle vers 8 heures du matin, il donna à la porte de la ville le nom français, choisi par Caroline-Mathilde, et se logea dans la petite auberge du faubourg.

Le lendemain il remit au baron de Sackendorf ses dépêches et ne tarda pas à avoir une entrevue avec Sa Majesté au *Jardin français*, vaste jardin de l'électeur de Hanovre.

La reine et Wraxall se promenèrent ensemble pendant une heure, et cette longue conversation peut être ainsi résumée : la reine, pleine de confiance dans le baron de Bulow s'en remet à lui et ne cherche pas à connaître les personnes dont il répond. Elle promet de faire partir pour le roi d'Angleterre une lettre par le courrier royal qui va de Hanovre à Londres. Elle regrette que ses finances ne lui permettent pas de faire des avances. On ne lui a renvoyé de Copenhague aucun de ses bijoux. Elle ne peut même en offrir un à Wraxall. Elle le recommandera au roi d'Angleterre qui payera ses dettes de reconnaissance. En même temps qu'elle écrira à son frère, elle écrira par le même courrier au ministre lord Suffolk et au baron de

Lichtenstein, maréchal de cour à Hanovre, momentanément à Londres, et très bien vu du roi. Elle leur dira qu'ils peuvent ajouter foi à ce qui leur sera rapporté par Wraxall, investi de toute sa confiance.

Une copie de la lettre qui doit être envoyée à Sa Majesté Britannique sera remise à Wraxall pour être communiquée au baron de Bulow.

Le voyageur aux régions polaires, après avoir bien rempli sa mission à Hambourg, rentrait à Londres, fier d'être chargé d'une négociation confidentielle entre le roi, son maître, et une reine qu'il travaillait à faire remonter sur le trône.

Il se présenta, le 13 novembre, chez lord Suffolk, qui ne put le recevoir à cause d'une attaque de goutte. Le baron de Lichtenstein lui fit le meilleur accueil. Il avait reçu la lettre de la reine et était tout dévoué à ses intérêts. Il se hâta d'aller rendre compte de tout à Sa Majesté.

Georges III parut bien disposé, mais ne voulut pas entrer en relations personnelles avec Wraxall : il lui fit dire de ne pas s'adresser à lord Suffolk, et de ne parler de l'affaire qu'au baron de Lichtenstein qui serait le seul intermédiaire accepté par le roi. Sa Majesté donna une première réponse qui fut transmise par lettre écrite en chiffres convenus au baron de Bulow et à la reine.

Enfin Wraxall reçoit l'ordre de repartir pour Hambourg et Celle afin de faire connaître les intentions du roi, écrites par M. de Lichtenstein, et de remettre à la reine une lettre confidentielle de son auguste frère. La volonté du roi était formulée en quatre articles :

1° Sa Majesté Britannique approuve le plan des partisans de sa sœur la reine de Danemark pour sa restauration sur le trône.

2° Sa Majesté veut que l'exécution du projet ait lieu sans verser du sang et sans violence, autant que possible, contre ceux qui gouvernent en ce moment le Danemark.

3° Sa Majesté garantit le payement de toutes les sommes qui seront avancées ou dépensées pour la poursuite de la restauration de la reine sur le trône.

4° Sa Majesté donne pouvoir à son résident à la cour de Copenhague de déclarer publiquement et officiellement, aussitôt après que la révolution en faveur de la reine aura été accomplie, que le roi de la Grande-Bretagne l'approuvait et était prêt à la défendre contre toute opposition.

Le 3 février, Wraxall partit de Londres et n'arriva que le 17 à Celle. Habitué à écrire des voyages et à viser à l'effet, il nous raconte tous les dangers qu'il a courus par des routes terribles (*the roads were terrible*), par des tempêtes, des inondations, il ne nous fait grâce d'aucun détail de ce qu'il a mangé ou remarqué dans les auberges où il s'est arrêté. Ce qui le regarde personnellement offre très peu d'intérêt, mais dans son *journal* ce qui nous a paru intéressant à recueillir ce sont les petits renseignements qui nous initient à la vie intime de Caroline-Mathilde.

Wraxall quitta Hanovre le 17 février et arriva à Celle à dix heures du soir. Le lendemain, suivant les instructions du chambellan, il se rendit à pied au château, à quatre heures de l'après-midi. Montel, valet de chambre de la reine, l'attendait et le conduisit mystérieusement à travers les vastes appartements du château dans une chambre écartée où Sa Majesté était seule et pouvait parler sans crainte d'être entendue.

Caroline-Mathilde était heureuse d'avoir un agent si intelligent et si dévoué, aussi fut-elle pour lui d'une affabilité fascinante : la conversation dura jusqu'à 6 heures.

Après avoir parlé d'affaires, on parla d'autres choses.

« Sa Majesté, dit Wraxall dans son *Private journal*, me fit le récit de son règne, de la révolution, de sa conduite dans la nuit fatale où elle perdit la couronne. Je l'écoutai en silence et dans l'étonnement. Que de faits elle résuma devant moi! Ses paroles se gravaient si profondément dans mon esprit que je pourrais les répéter mot à mot. Je sais sur sa vie des choses que peut-être aucun autre homme sur la terre ne peut savoir. »

Cette page de son *journal* excita ma curiosité, qui fut déçue en tournant le feuillet; au lieu de révélations curieuses, de détails intéressants, le jeune voyageur prend son pinceau pour refaire le portrait de la reine dont il vante encore la beauté, et nous décrit sa toilette, la couleur de sa robe, ses cheveux poudrés et un bijou qu'elle portait sur le sein.

Grâce aux détours que Mantel lui fit faire, Wraxall sortit du château sans être aperçu.

Arrivé de nuit à Hambourg le 21 février, il s'empressa de voir le baron de Bulow pour lui apporter des nouvelles de Londres et de Celle.

Les partisans de la reine furent satisfaits de la réponse de Georges III, sauf sur deux points. Au lieu d'une promesse de remboursement des dépenses faites, on eût préféré que le roi eût fait une avance de fonds. Au lieu d'autoriser son envoyé à Copenhague à dire, *quand tout serait accompli*, que l'Angleterre approuvait la contre-révolution, on eût voulu que cette déclaration fut faite au moment où l'exécution du projet s'accomplirait.

Une lettre fut écrite au roi au nom de la noblesse danoise, qui avait été mystérieusement consultée à Copenhague; on exposait à Sa Majesté le plan arrêté.

Au jour fixé, des personnages qui avaient leur entrée chez le roi de Danemark lui faisaient signer un acte préparé d'avance qui ordonnait à la reine Julienne de rester aux arrêts dans ses appartements, au prince Frédéric de rester confiné à Frédériksborg, aux ministres de donner leur démission sous peine d'être arrêtés. La reine Caroline-Mathilde arrivait ensuite à cheval entourée d'une brillante escorte.

Si en ce moment l'envoyé d'Angleterre se cachait, tout pouvait échouer ; si, au contraire, il se montrait ou déclarait que le roi son maître soutiendrait sa sœur, le succès de l'entreprise était assuré.

Cette lettre devait être appuyée par une lettre pressante de Caroline-Mathilde.

Wraxall retourna à Celle pour faire écrire la dépêche de la reine et rapporter le tout à Londres. Il fut reçu secrètement la nuit parce que Caroline-Mathilde en ce moment avait encore la visite de sa sœur.

Le baron de Lichtenstein ne se trouva pas à Londres quand Wraxall arriva ; il y eut des retards, mais tout marchait bien. Le baron ne négligeait rien pour seconder la reine, et le roi, qui adorait sa sœur, vaincu par ses pressantes sollicitations, allait lui accorder tout ce que la lettre de la noblesse danoise lui demandait, mais tout à coup arriva une nouvelle aussi triste qu'inattendue : Caroline-Mathilde était morte !

Cet événement fut l'écroulement de toutes les espérances du parti de la reine détrônée et le raffermissement d'un gouvernement sauvé d'un danger dont il n'avait pas même eu l'idée.

CHAPITRE XXV.

MORT DE CAROLINE-MATHILDE.

Détails sur ses derniers moments. — Sa lettre à son frère Georges III. — Réhabilitation de sa mémoire.

L'état de santé de la reine laissait à désirer, et se ressentait des terribles secousses qu'elle avait éprouvées. Au moment où Caroline-Mathilde aurait eu besoin du plus grand calme, son esprit fut vivement préoccupé du projet de contre-révolution, des incertitudes de la décision que prendrait son frère, des dangers que pourraient courir ses amis.

Le 3 mai 1775, elle passa une nuit plus agitée que jamais, des visions funèbres hantèrent son sommeil rempli de rêves. Elle se sentit, le matin très souffrante ; elle se leva cependant et fit sa promenade accoutumée au Jardin français.

Son malaise alla toujours en s'aggravant, et deux jours après ses forces lui manquèrent pour monter l'escalier. Les filles d'honneur dûrent la soutenir, et l'aider à marcher. Elle fit un effort pour descendre à l'heure du dîner, mais elle ne put rien manger ; elle se plaignit de mal de gorge et de frissons.

Le soir, il lui fut impossible de tenir les cartes et de faire sa partie ; elle monta dans sa chambre et se mit au lit. La grande maîtresse, effrayée de la rapide aggravation du mal, fit appeler le docteur von Leyser, médecin ordinaire de Sa Majesté.

La reine, dès le premier moment, ne se fit pas illusion sur la gravité de son état. Elle dit au médecin : « Depuis le mois d'octobre vous m'avez guérie de deux maladies ; je crains que celle-ci ne soit au-dessus de votre science. »

Le docteur Leyser affecta d'être rassuré, mais il était loin de l'être; il jugea une consultation nécessaire, et réclama les lumières du docteur Zimmermann, médecin de Hanovre très renommé.

La maladie devenait de plus en plus alarmante. Caroline fit appeler M. Lehzen, pasteur de l'église de Celle, pour lui donner les secours de la religion.

Les médecins luttaient contre les progrès du mal, mais ils virent bientôt qu'ils étaient impuissants à l'arrêter. L'auguste malade sentit que la vie lui échappait.

Aux approches de la mort, elle songea aux amis, aux serviteurs qui l'entouraient de leurs soins et voulut les recommander au roi son frère. Sa main n'eut pas la force de tenir la plume; sa voix mourante ne put dicter une lettre ; elle chargea le pasteur Lehzen de l'écrire.

Le 11 mai 1775, à onze heures dix minutes du soir, la reine Caroline-Mathilde expirait à l'âge de vingt-trois ans.

Cette mort si imprévue et si rapide donna lieu à de nombreux soupçons. Elle venait trop à propos dans l'intérêt de Julienne pour qu'on n'eût pas la pensée d'un empoisonnement criminel.

Wraxall, désolé d'un événement imprévu qui déconcertait tant d'espérances, demanda un jour à Mantel, valet de chambre de la reine, quelle était la cause de la mort de sa maîtresse.

« Dieu seul le sait ! répondit Mantel, mais je ne crois pas qu'on puisse l'attribuer à un crime. Les habitants de Celle sont aussi convaincus qu'on lui a fait prendre du poison, que s'ils avaient vu la reine l'avaler. On raconte qu'un Italien, criblé de dettes, d'une immoralité notoire, s'était chargé de débarrasser la cour de Danemark de toute crainte de contre-révolution. Cet homme, disait-on, était arrivé dans la ville mystérieusement et avait tout à coup disparu. »

Cette accusation d'empoisonnement, évidemment sans fondement, nous avertit de nous mettre en garde contre les inventions des partisans de Caroline contre Julienne et des partisans de Julienne contre Caroline-Mathilde.

La jeune reine a succombé à une fièvre scarlatine bien caractérisée.

Tous les auteurs sont d'accord qu'une fièvre contagieuse sévissait à Celle. Malgré toutes les observations que l'on fit à la reine, n'écoutant que son cœur, elle voulut aller visiter elle-même un de ses serviteurs qui se mourait et c'est ainsi qu'elle prit le germe de la maladie qui devait l'emporter.

Brown s'exprime ainsi : « Caroline-Mathilde périt victime de sa sensibilité. Le pauvre Alexandre Stuart tomba malade d'une fièvre contagieuse. Les médecins de la reine la prévinrent de ne pas approcher de sa chambre; elle négligea ces avis et voulut revoir une fois encore son fidèle domestique. Il n'a fallu qu'un instant pour qu'elle gagnât la maladie et elle mourut peu de jours après (1). »

D'après Lascelles Wraxall (2), c'est en entrant dans la chambre d'un jeune page qui venait d'expirer que la reine prit la fièvre.

Caroline-Mathilde était d'un embonpoint peu naturel

(1) *Les Cours du Nord*, trad. de Cohen, t. I, p. 238.
(2) *Life and times of Caroline-Matilda*, t. III, p. 243.

pour son âge; sa santé avait été ébranlée par des souffrances morales, par des agitations violentes, par des maladies récentes, rien donc d'étonnant qu'elle n'ait pu résister à une fièvre contagieuse qui faisait des victimes jusque dans son château.

La vertu dominante de la reine infortunée, c'était la charité, nous l'avons déjà dit. Aussi était-elle adorée dans la petite ville de Celle. Les nobles étaient attirés vers la sœur du roi d'Angleterre par le charme et la distinction de son esprit; les pauvres par son affabilité et sa générosité. Sa mort causa un deuil universel.

Elle aimait à faire du bien et savait le bien faire. Elle donnait aux indigents qui tendaient la main; elle donnait aussi aux nécessiteux qui tombaient dans la misère sans oser se plaindre. Lorsque surtout un militaire, ou un pasteur, qui nourrissait ses enfants du fruit de son travail, venait à manquer à sa famille, dénuée tout à coup de ressources, la bonne reine, comme une seconde Providence, était toujours prête à secourir les misères apparentes ou cachées.

Le 13 mai, les funérailles furent célébrées avec une pompe royale et lorsque les dépouilles mortelles furent ensevelies dans le caveau consacré aux sépultures des anciens ducs de Celle et de Luxembourg, on eût entendu l'éloge de la reine dans toutes les bouches et vu des larmes couler de tous les yeux.

Le grand maréchal du Hanovre, le baron de Lichtenstein, qui avait tant désiré la restauration de Caroline-Mathilde sur le trône, présida à la cérémonie funèbre et à la déposition du corps dans le tombeau!

Deux monuments furent élevés en l'honneur de la reine; l'un au *Jardin anglais* par un prince de Mecklembourg-Strélitz, gouverneur de Celle; l'autre au *Jardin français*, sa promenade de prédilection, par les États du pays dont le roi s'empressa de sanctionner la délibération.

Georges III montra combien il aimait sa sœur par les regrets que lui causa sa perte. Une double députation de la chambre des lords et de la chambre des communes vint lui présenter des compliments de condoléance. Le roi, en les remerçiant de la part qu'elles prenaient à sa juste douleur, leur dit, d'une voix émue, que la mort de sa sœur, la reine de Danemark, était un vif sujet d'affliction et une grande perte pour toute sa famille.

Il fit notifier le décès à la cour de Danemark. La nouvelle arriva un jour où il devait y avoir bal au château. La fête ne fut pas contremandée, et cependant si Caroline n'avait plus le titre d'épouse du roi, on n'avait pu lui ôter celui de mère du prince royal.

A la nouvelle de sa mort tous ses amis de Danemark gardèrent le silence. Julienne triomphait. Plus tard les manifestations en faveur de la reine infortunée se firent entendre lorsque son fils prit les rênes du gouvernement et les plus grands poètes danois Baggesen et Œhlenschläger chantèrent Caroline-Mathilde.

La reine était-elle coupable ou innocente ?

Cette question semblerait devoir être résolue depuis que toutes les passions qui agitèrent la cour de Danemark au dernier siècle se sont éteintes.

Au moment où j'écris, la question a été encore soulevée en France, et résolue en sens contraire.

Le comte E. de Barthélemy, en publiant la correspondance de M. de Blosset, ne met pas en doute, ainsi que le ministre de France, qui était sur les lieux quand les événements se sont passés, que « la reine, rebutée dès l'origine par son royal époux, froissée par sa froideur constante et douée d'un tempérament très ardent ne repoussa pas cette occasion de se consoler et de se venger ; Struensée était jeune, galant et spirituel (1). »

M. Xavier Marmier, de l'Académie, s'exprime ainsi : « On a dit et répété que Caroline-Mathilde avait trahi son devoir conjugal. Beaucoup de gens encore le croient. Le fait n'est pourtant nullement démontré et plus on étudie cette malheureuse affaire, plus il apparaît contestable (2). »

L'opinion de M. de Blosset ne nous étonne pas.

Il avait peu de sympathie pour Struensée le *médecin*. Il n'a eu des renseignements que par le comte d'Osten. Il trouve tout ce qui s'est passé très naturel. « Depuis quelques mois, dit-il, la reine Julienne était indisposée du mépris avec lequel la jeune reine et M. de Struensée la traitaient. M. de Rantzau n'était pas moins choqué du peu de cas qu'on faisait de lui, mais ils dévoraient en secret leur chagrin et n'osaient éclater. » Il ajoute plus loin : « La fermeté de cette princesse (Julienne) étonne tout le monde et l'étonne elle-même, » du moins à en juger par des propos qu'elle insinue à M. de Blosset le lendemain de la révolution : « Auriez-vous cru, lui dit-elle en l'abordant que moi qui suis si timide et si tremblante, j'aurais eu tant de courage ! J'en suis toute surprise moi-même ; sans doute que l'amour que j'ai pour mon roi, ma patrie, et mon fils m'a élevée au-dessus de moi-même !... »

Les aveux de Struensée et de la reine sont regardés par M. de Blosset comme des preuves irrécusables de culpabilité, et cependant il s'exprime ainsi dans une dépêche de

(1) *Revue d'histoire diplomatique*, 1887, p. 90.
(2) *Souvenirs d'un voyageur*, 1887, p. 269.

mars 1772 : « On dit que M. le comte de Struensée n'est pas revenu de la frayeur qu'on lui a fait en le menaçant de la question et que les juges tirent de lui tous les aveux qu'ils veulent tirer. »

Il ne vient pas à la pensée de M. de Blosset qu'un aveu arraché par la torture n'est pas une preuve.

Le gouvernement de Julienne avait le plus grand intérêt à persuader aux cours étrangères la culpabilité de Struensée et de la reine ; il réussit facilement auprès de M. de Blosset qui paraissait fort disposé à accepter tout ce qu'on lui disait sans s'inquiéter le moins du monde de ce que Caroline-Mathilde avait pu dire pour sa défense. Son devoir était d'être en bons termes avec le nouveau gouvernement qui lui faisait des avances, et il aimait mieux avoir des rapports avec un noble seigneur comme le comte d'Osten qu'avec Struensée auquel il ne pardonne pas d'avoir été simple médecin.

M. Marmier a tout lu, et les documents longtemps cachés dans les archives secrètes ont de nos jours révélé des détails ignorés de M. de Blosset qui semblait charmé d'accepter les faits accomplis.

M. Marmier dit avec raison : « Quand Mathilde a-t-elle été formellement accusée ? C'est lorsqu'elle était déchue de son trône, enfermée à Kronborg ne pouvant plus ni punir une trahison ni récompenser un dévouement. Par qui a-t-elle été accusée ? Par qui a-t-elle été jugée ? En tout cela pas une preuve sérieuse, pas un témoignage important. »

Nous comprenons que le double aveu de Struensée et de la reine ait suffi pour tromper les esprits, mais nous avons dit par quel moyen cette confession nécessaire au gouvernement nouveau avait été obtenue. Struensée avait été effrayé par des menaces de tortures et avait cru se sauver en associant son sort à celui d'une reine qui ne pouvait être jugée que par le roi. Un noble sentiment avait poussé Caroline-Mathilde à ne pas laisser périr dans les supplices un serviteur dévoué.

D'après la loi danoise un crime commis par la reine, nous l'avons dit, ne pouvait être jugé que par le roi, or si le roi avait entendu Caroline et Struensée, il ne les eut jamais condamnés.

Nous avons démontré que la décision rendue par des juges incompétents, sans aucune preuve légale, était une monstruosité judiciaire.

Mais si la justice ne pouvait prononcer la culpabilité de Caroline-Mathilde, l'histoire peut-elle proclamer son innocence ?

Nous allons jusque-là.

Caroline-Mathilde élevée dans des principes sévères de vertu, n'a jamais montré ce *tempérament ardent* qu'on lui a attribué sans preuve.

Dans sa famille, à Copenhague durant la longue absence de son mari, à Celle où elle était libre, elle a mené une vie exemplaire.

Pour la distraire des ennuis qui l'entouraient, un médecin, choisi par son mari, lui a commandé l'exercice à cheval et des distractions.

Si elle eût été coupable, il est possible qu'elle eût été plus prudente.

Les légèretés qu'on lui a reprochées, les imprudences qu'elle se reprochait elle-même, quand elle en comprit la portée, se passaient sous les yeux de son époux, publiquement, sans le moindre mystère.

« Le roi, dit M. Marmier, ne s'offusqua point des familiarités de sa femme et de son ministre. Au contraire, il s'en amusait et les encourageait. Dans l'infirmité de son esprit le sigisbéisme de Struensée lui semblait une chose du meilleur ton. »

On reprocha quelquefois à la reine son air hautain et son orgueil britannique. Elle était trop honnête pour avoir un amant, elle eût été trop fière pour choisir un bourgeois, un simple médecin.

Si une passion effrénée l'eût poussée à ce qui aurait été regardé comme un avilissement de sa royale personne, elle eût été jalouse de celui à qui elle aurait sacrifié sa dignité et son honneur.

Le libertinage de Struensée n'était un mystère pour personne ; il ne le cachait pas ; il choisissait sa maîtresse parmi les dames de la reine, et il ne se gênait nullement pour mener avec Brandt, au château même, la vie scandaleuse la plus notoire.

Mais voici un document que M. de Blosset ignorait et qui nous paraît d'une grande importance pour la solution de la question.

A Celle où la reine mena la vie la plus régulière elle n'aimait pas à rappeler le passé. La pensée qu'elle avait été condamnée pour adultère la faisait rougir ; et elle était trop fière pour s'abaisser à se justifier.

Cependant lorsqu'elle sentit les approches de la mort, l'idée, qu'elle allait laisser une mémoire flétrie, déshonorée, ne cessa de la tourmenter. Elle crut devoir à ses enfants, à son royal frère, une protestation d'innocence ; l'affirmation d'un mourant, en présence de Dieu, qui va le juger, a quelque chose de solennel et de sacré.

A l'heure où la vie va finir, les illusions, les vanités, la fausse honte s'évanouissent et l'âme près d'abandonner le corps semble pressée de se dégager des sentiments terrestres.

Caroline-Mathilde écrivit à son frère Georges III une protestation dont l'accent de vérité devait le toucher et l'intéresser à la réhabilitation de la mémoire d'une sœur aimée si persécutée et si malheureuse.

Voici cette lettre :

« Sire,

« A l'heure solennelle de la mort, je viens vous adresser, mon royal frère, mes remerciements pour les bontés que vous avez toujours eues pour moi et particulièrement dans les grandes calamités que j'ai éprouvées. Je meurs sans regret. Rien ne saurait me rattacher à la vie ; ni ma jeunesse, ni l'espérance d'aucune joie éloignée ou prochaine qui pourrait m'arriver ici bas.

« Quel charme peut avoir l'existence pour la femme qui est séparée de tout ce qu'elle aime, de son mari, de ses enfants, de sa famille ?

« Issue du sang des rois et reine moi-même, j'ai vécu dans les angoisses, et je puis servir de nouvel exemple que la couronne et le sceptre ne sauraient garantir du malheur.

« Je suis innocente ; c'est d'une main tremblante, et déjà couverte des sueurs de la mort que je vous l'écris, je suis innocente !

« Que Dieu que j'implore, qui m'a créée, qui me juge, soit le témoin de mon innocence ! Qu'il daigne, lorsque je ne serai plus, convaincre le monde que je n'ai mérité aucune des accusations horribles par lesquelles la perversité de mes ennemis a souillé mon caractère, flétri ma réputation, mis en doute mon honnêteté et foulé aux pieds ma dignité.

« Croyez-moi, sire, c'est votre sœur mourante, c'est une reine, c'est une chrétienne qui parle et qui n'oserait sans frissonner d'épouvante porter ses regards au delà de ce monde, si sa parole dernière était un mensonge !

« Je meurs avec joie, n'en doutez pas, car le malheureux bénit la mort, mais ce qui m'est plus douloureux que les angoisses de l'agonie, c'est de ne voir autour de mon lit de souffrance, aucun de ceux que j'aime qui puisse me consoler par un serrement de main, par un regard compatissant, par l'espoir qu'un ami me fermera les yeux !

« Cependant je ne suis pas seule ! Dieu, le seul témoin de mon innocence, abaisse ses regards sur mon lit de douleur !

« Mon ange gardien étend sur moi ses ailes et s'apprête à me transporter dans un autre monde où je pourrai prier pour mes amis et mes persécuteurs !

« Adieu donc, mon royal frère, que Dieu vous bénisse ! qu'il bénisse aussi mon mari, mes enfants, l'Angleterre, le Danemark, le monde entier ! Accordez à ma dépouille mortelle une place dans la tombe de nos ancêtres et maintenant pour la dernière fois ! adieu ! Recevez le long adieu pour l'éternité de

Votre malheureuse,

Caroline-Mathilde. »

Ma traduction, parfaitement exacte, est faite sur une copie de la lettre originale écrite en allemand. En 1846, le roi de Hanovre donna cette copie à S. A. R. Christian-Auguste, duc de Schleswig-Holstein, dont la mère était la princesse Louise de Danemark fille de Caroline-Mathilde.

La fille du duc Christian, Son Altesse la princesse Amélie de Schleswig-Holstein, m'a remis elle-même la copie que j'ai traduite et ce n'est pas le seul renseignement que je doive à l'exquise bienveillance dont m'honore l'arrière-petite-fille de Caroline-Mathilde.

J'aurais voulu retrouver l'original de la lettre que le roi de Hanovre possédait. Je me suis adressé à son fils et héritier monseigneur le duc de Cumberland et de Brunswick-Lunebourg. La réponse ne me fournit d'autre renseignement que celui-ci : « Nos archives sont restées au Hanovre et par conséquent il nous est impossible d'y faire des recherches. » Ces recherches ont été faites par un savant allemand qui nous a répondu qu'il n'avait pas su découvrir la pièce que je désirais. Qu'est-elle devenue ? Je ne pourrais répondre à cette question que par des conjectures, dont je crois devoir m'abstenir.

Julienne a pu croire de bonne foi que Caroline était coupable quoiqu'elle fût innocente.

Les mécontents qui se réfugiaient chez elle ne manquaient pas de dire des horreurs sur Struensée et sur Caroline. Celle-ci même avoue qu'elle a fait des imprudences, mais qu'elle n'a jamais commis de crime. Il est si facile à un ennemi de faire passer les légèretés d'une jeune femme pour des fautes graves !

On a fait deux objections contre la lettre de la reine mourante.

Cette pièce, dit-on, fut fabriquée pour donner satisfaction au patriotisme anglais, froissé par une accusation d'adultère contre une princesse royale d'Angleterre.

Georges III n'eût pas toléré une pareille invention, et si la lettre avait eu pour but de satisfaire un sentiment populaire, pourquoi, au lieu d'être livrée à la publicité, serait-elle restée longtemps oubliée dans des archives secrètes de famille ?

On a fait une autre objection qui ne repose que sur une confusion.

La reine était trop faible pour écrire une pareille épître, elle chargea le pasteur Lehzen de la composer.

Dès le premier moment de l'invasion de la maladie, la reine ne se fit aucune illusion sur la gravité de son état. Sa première parole à son médecin fut de lui dire : « Cette fois-ci le mal sera plus fort que votre science. »

Elle lutta d'abord contre la souffrance, et laissa voir que sa dernière préoccupation était la réhabilitation de sa mémoire. Le temps ne lui manqua pas pour accomplir son désir. C'est elle seule, c'est elle-même qui devait écrire à son frère son affirmation d'innocence, sa protestation suprême, en présence de Dieu qu'elle prenait pour témoin de sa sincérité.

Plus tard, quand la maladie eut brisé ses forces, elle se souvint qu'elle avait omis de recommander à son frère de payer sa dette de reconnaissance envers ceux qui l'avaient entourée à ses derniers moments de tant de soins et de dévouement. Cette recommandation n'avait rien de secret, elle chargea le pasteur de l'écrire. Celui-ci eut pu l'ajouter à la précédente lettre s'il l'eût écrite lui-même. Mais ce sont deux pièces bien différentes et qu'on a eu tort de confondre.

Dans les protestations d'innocence, c'est une sœur qui parle à son frère sans autre témoin que Dieu. Caroline-Mathilde a soin de dire : *Je vous écris de ma main tremblante déjà trempée des sueurs de la mort*, et elle signe : *votre malheureuse Caroline-Mathilde.*

Son écriture est bien connue. Le roi de Hanovre n'a pu se tromper ; certes il n'aurait pas voulu tromper son parent, le petit-fils de Caroline, en lui donnant cette copie de lettre comme un précieux monument de famille.

Le style de Caroline-Mathilde est facile à reconnaître, et on voit bien que le pasteur Lehzen aurait écrit d'une autre manière ; il n'eût pas signé son œuvre d'un nom qui n'était pas le sien.

Nous avons dit que la Reine sembla se repentir en mourant de n'avoir pas eu le courage de protester contre une accusation qui la faisait rougir de honte. La preuve de ce fait nous est fournie par M. Roques, prédicateur à Celle de l'Église réformée française, dans une déclaration qu'il fit en 1780 à M. de Falkenskiold.

Il avait, dit M. Roques, l'occasion de voir souvent la reine qui aimait à causer avec lui et à le consulter sur les pauvres de la paroisse. Il la visita surtout pendant sa maladie et recueillit son dernier soupir. Au moment suprême elle lui dit d'une voix faible et mourante : « Monsieur Roques ! je suis près de paraître devant Dieu. Je proteste contre une fausse accusation ; je déclare que je suis innocente et que je n'ai jamais manqué à la fidélité que je dois à mon mari ! »

Ce cri d'innocence, échappé des lèvres d'une reine loyale, d'une mourante, adressé à son frère, à son pasteur, à son Dieu ne peut être que le cri de la vérité !

CHAPITRE XXVI.

FRÉDÉRIC VI FILS DE CAROLINE-MATHILDE.

Ministère de Guldberg. — Frédéric, comme régent et puis comme roi exerce le pouvoir de 1784 à 1839. — Conclusion.

L'histoire de Caroline-Mathilde est achevée. Comme épilogue, disons, en quelques mots, ce que sont devenus après sa mort Julienne, l'objet de toute sa haine, et le prince royal son fils, objet de toute sa tendresse.

Julienne, arrivée au pouvoir qu'elle avait tant ambitionné, se montra digne de l'exercer. Elle le conserva de 1772 à 1784 et se retira noblement pour faire place au prince royal devenu majeur.

Julienne régnait en réalité sous le nom de Christian VII et sous celui de son fils Frédéric, le plus insignifiant des princes, le plus docile des fils. Elle gouvernait avec l'aide de son fidèle Guldberg.

Le roi, dont l'intelligence disparaissait chaque jour de plus en plus, figurait encore avec dignité dans les grandes cérémonies et parfois on eût dit qu'il avait, dans un intervalle lucide, la conscience du rôle qu'on lui faisait jouer.

Ainsi un jour, si l'on en croit un voyageur français, il s'amusait à signer un décret commençant par ses mots : « Christian VII, par la grâce de Dieu roi de Danemark, « etc., *assisté par la grâce du diable, de Julienne et com-* « *pagnie, etc...* »

Il demandait parfois à voir son fils le prince royal ; l'enfant arrivait. Son père, au lieu de l'embrasser et de lui parler, le regardait, se promenait à grands pas dans la chambre, et le renvoyait sans lui avoir dit un mot.

Le prince Frédéric avait épousé une princesse mecklenbourgeoise. Tous deux, ainsi que la reine Julienne, montraient une grande ardeur à favoriser les lettres, les sciences et tout ce qui était danois. La langue du pays fut d'autant plus vivement protégée qu'elle avait été négligée sous Struensée qui ne la parlait pas. Les acteurs français furent congédiés. L'idiome national régna seul au théâtre et à l'armée où les commandements ne se firent plus en allemand mais en danois. Guldberg devint l'*âme du gouvernement*, selon l'expression d'un historien de Danemark. Parti d'aussi bas que Struensée, il arriva aussi haut. L'un avait tout dû à la faveur dont il jouissait auprès de Caroline-Mathilde, l'autre devait tout à la faveur de Julienne. Après avoir été sans pitié pour Struensée qu'il avait lui-même condamné à mort, Guldberg n'hésita pas à commettre des actes qu'il avait considérés comme des crimes de lèse-majesté. Il subjugua la volonté du roi plus qu'elle ne l'avait jamais été, parce qu'elle n'avait jamais été aussi affaiblie. Il commença par écarter ou faire congédier successivement les hommes qui par leur naissance et leur haute position auraient pu le dominer; le comte de Rantzau, le comte d'Osten, Koller et de grands personnages furent éconduits et trompés dans leurs espérances. Il se fit nommer secrétaire du cabinet privé, puis secrétaire d'État; il se fit enfin anoblir et créer ministre intime d'État.

Il commença par renverser tout ce que Struensée avait fait, sans rechercher si c'était bon ou mauvais, et s'il conserva quelque chose ce fut de préférence ce qui était mal plutôt que ce qui était bien. Ainsi il maintint la loterie tandis qu'il rétablissait la corvée indéterminée quant à la durée et à la mesure, ordonnant qu'elle serait faite *selon l'ancien usage et coutume de chaque lieu.*

Allen dit qu'un des plus beaux ornements du ministère Guldberg fut André-Pierre Bernstorff, neveu de l'ancien homme d'État qui avait illustré ce nom.

Le choix de Bernstorff comme ministre des affaires étrangères (1) en remplacement du comte d'Osten était excellent. Mais ce choix, fait par le prince Charles, landgrave de Hesse et par Julienne, fut imposé à Guldberg, qui eut l'air de l'approuver malgré les sentiments de jalousie et de déplaisir qu'il en éprouvait intérieurement.

Bernstorff était un homme d'État éminent. Il dirigea avec sagesse les affaires dans les circonstances difficiles où se trouva le Danemark. Ceux qui auraient dû le soutenir ne cherchaient qu'à le dégoûter de sa tâche en lui suscitant des obstacles. Il fut congédié au mois de novembre 1780. Comme Cincinnatus, dit Wolffe (2), il prit en main la charrue et se retira, sans un murmure en faisant les vœux les plus ardents pour le Danemark. Il disait un jour à son ami Munther : « Ils peuvent me renvoyer dix fois et me rappeler autant de fois, je suis toujours prêt à revenir tant que mon pays aura besoin de mes services. »

Ce ne fut pas Guldberg qui le rappela.

L'éducation du prince royal avait été confiée à Eickstedt qui était peu capable de le diriger. Cet homme était brutal et plus occupé de plaire au ministre puissant qu'à se faire aimer de son élève. Il obligea un jour le jeune prince à

(1) *Histoire du Danemark*, t. II, p. 204.

(2) *Voyage dans le Nord*, par Jens Wolffe. Voir le chapitre : *Caractère et vie politique du comte de Bernstorff, premier ministre de la couronne de Danemark.*

faire par écrit l'éloge de Guldberg qu'il s'était permis de critiquer.

Le prince royal grandissait. Enfin le 14 avril 1784, à l'âge de 17 ans, il reçut la confirmation et eut le droit de siéger au conseil d'État où, d'après la loi, il aurait pu être admis à 14 ans.

Le roi en personne présidait la séance du conseil d'État le jour de l'installation de son fils. Le jeune prince royal, malgré la résistance du prince Frédéric, s'approcha avec fermeté de Christian VII et lui fit signer un décret qui lui conférait la régence.

Bien courte avait été la durée de la puissance de Caroline-Mathilde ; bien longue fut celle de son fils, qui comme régent et puis comme roi gouverna le Danemark de 1784 à 1839. Le prince royal succéda à son père qui mourut en 1808, et à son avènement au trône, il prit le nom de Frédéric VI.

Le régent, malgré sa jeunesse avait plus d'intelligence et de sagesse qu'on ne l'eût voulu. Il prit en main les rênes du pouvoir : il renvoya son gouverneur Eickstedt et les principaux ministres. Il fit tout avec fermeté, mais sans violence. En congédiant Guldberg il lui dit qu'il lui conserverait ses bonnes grâces, qu'il voulait oublier le passé et ne garder rancune à personne : il l'envoya comme gouverneur à Aarhuus. Guldberg ne fit plus parler de lui et finit paisiblement sa vie en 1806.

La reine Julienne et son fils se résignèrent à la perte du pouvoir, et ne tentèrent aucun effort pour le reprendre. Ils respectaient la loi qui réglait en Danemark la succession au trône, et cette loi fut plus tard respectée pour le petit-fils de Julienne qui devint le roi Christian VIII, après le roi Frédéric VI décédé sans postérité.

L'âge, l'exercice du pouvoir, dont elle comprit les ennuis et supporta le poids pendant tant d'années, avaient calmé l'ambition ardente qui tourmenta longtemps la reine douairière.

Si les partisans de Caroline-Mathilde ont pu lui reprocher les moyens employés pour arriver au pouvoir ; on doit cependant rendre justice à la sagesse avec laquelle elle sut choisir ses ministres et gouverner l'État.

Elle survécut douze ans à la perte de sa puissance. Elle n'eut pas l'air de la regretter et sut se maintenir en bons termes avec la nouvelle cour. Le jeune régent ne manqua pas à sa parole d'oubli du passé, et il ne fit jamais sentir à la reine douairière qu'il savait qu'elle avait été cruelle pour sa mère. Julienne habitait ordinairement Fredéricsborg mais il lui était permis de venir au palais royal d'où elle ne fut obligée de sortir que par l'incendie du palais de Christiansborg en 1794.

Julienne et son fils en restant étrangers à la direction des affaires continuèrent à se poser surtout comme les protecteurs des lettres.

Lorsqu'ils vinrent à mourir, leur mort ne fit pas grand bruit. Un superbe mausolée fut élevé à la reine douairière dans la cathédrale de Roeskilde. Mais le voyageur Wolffe, qui parle de ce monument, dit qu'il n'est *pour le passant qui le regarde que l'objet d'une indifférente curiosité.*

Le jeune régent, aidé par le comte de Bernstorff, sans vouloir faire de réaction, se garda de détruire ce que Guldberg avait fait de bien, mais il reprit les réformes de Struensée, qu'on avait eu tort de rejeter parce qu'elles venaient d'un ministre tombé.

Dès 1786, la liberté que Struensée avait voulu donner aux paysans et que Guldberg leur refusait d'une manière impitoyable, commença à leur être rendue par le régent sur la proposition de Bernstorff qui avait déjà donné l'exemple par la libération des paysans de ses terres.

Malgré les efforts de Frédéric et de ses ministres, ils eurent peine à faire disparaître les abus féodaux trop profondément enracinés dans le pays. Ce n'est qu'en 1804, qu'une ordonnance du régent, en date du 19 décembre, parvint à abolir complètement en Danemark le servage qui faisait des paysans attachés à la terre la propriété des seigneurs.

Bernstorff au commencement de la révolution française, qui avait fait trembler la vieille Europe en ébranlant ses fondements, sut résister à tous les entraînements, et garder une neutralité qui fit parvenir le Danemark à un haut degré de prospérité et de force intérieure.

Frédéric, qui aimait sa patrie, comprenait les services que Bernstorff rendait à l'État, et ne cessait de lui donner des preuves de sa satisfaction personnelle et de la reconnaissance nationale. Il fit frapper deux médailles d'or, l'une en 1795, l'autre en 1796 en l'honneur de son ministre et les lui offrit, chaque année, le 28 janvier, fête anniversaire de sa naissance.

Il ne manqua pas un seul jour de venir en personne voir Bernstorff durant la maladie à laquelle le grand ministre succomba en 1797.

Les sympathies du régent pour l'éminent homme d'État étaient partagées par la nation entière.

Elle serait trop longue à raconter la vie de Frédéric durant cinquante-cinq ans de régence ou de règne, et d'ailleurs cette histoire serait inséparable de celle de l'Europe dans cette grande période de 1784 à 1839.

Le petit royaume de Danemark entouré de grands

États, eut beau vouloir garder sa neutralité au milieu de leurs conflits et de leurs guerres, il ressentit terriblement le contre-coup des formidables commotions que le règne et la chute de Napoléon Ier firent éprouver au monde entier.

Deux événements graves affligèrent surtout Frédéric; le bombardement de sa capitale, la perte du royaume de Norvège.

En 1807, en pleine paix, sans déclaration de guerre, une flotte anglaise débarqua sur la côte une armée commandée par le général Cathcars, et Copenhague, assiégée par terre et par mer, bombardée de tous les côtés, fut obligée de livrer aux Anglais les bâtiments de guerre et toutes les provisions navales contenues dans le port et les arsenaux.

La Russie avait promis en 1812 à la Suède la Norvège en dédommagement de la Finlande qu'elle lui avait enlevée. Charles-Jean accomplit en 1814 la réunion des deux royaumes de la péninsule scandinave.

Le roi de Danemark fut consolé de ses tristesses par l'affection que ses fidèles Danois lui conservèrent toujours dans les malheurs de la patrie.

« En 1814, dit M. X. Marmier, Frédéric VI se rendit au congrès de Vienne et y conquit par sa mansuétude et sa bonne grâce une sympathie universelle.

« Un jour l'empereur d'Autriche lui disait : « Vous « gagnez ici tous les cœurs. — Tous les cœurs ! répliquait- « il, mais pas une âme ! »

Copenhague brûlée par les Anglais n'a pas manqué de renaître de ses cendres plus brillante que jamais. Les vieilles constructions détruites par les bombes ont fait place à de plus beaux édifices. La capitale du Danemark rajeunie et embellie a gagné en résultat au désastre qui lui avait tant fait de mal.

La perte de la Norvège semblait devoir surexciter les haines éternelles des Danois contre les Suédois avec lesquels ils ont été toujours en état de guerre permanente.

Jamais ces peuples voisins n'ont joui d'une paix aussi constante; jamais réconciliation n'avait aussi bien fait disparaître les antipathies qui séparaient les deux nations.

Un jour les poètes danois, suédois et norvégiens se mirent à chanter ensemble la parenté des peuples scandinaves, leur communauté d'origine et la gloire de leurs ancêtres. Alors naquit vers 1830 le scandinavisme prônant l'unité du Nord et la réunion des trois couronnes scandinaves.

Les rois de Suède et de Norvège, au lieu de s'opposer au courant des idées populaires, eurent la sagesse de suivre le mouvement pour le diriger.

Oscar Ier qui avait fait ses premières armes dans la conquête de la Norvège fut acclamé avec enthousiasme à Copenhague en 1846. Le roi de Danemark répondit par son accueil aux ovations faites au monarque voisin et lui fit rendre sa visite par le prince royal qui fut à son tour acclamé à Stockholm.

La petite-fille d'Oscar, la princesse royale de Suède, épousa plus tard le prince royal actuel de Danemark.

La sagesse des souverains du Nord a conjuré ce que le scandinavisme aurait pu offrir de dangers, et jamais deux nations voisines, qui semblaient irréconciliables, n'ont été plus unies qu'elles ne le sont aujourd'hui.

BIBLIOGRAPHIE.

SIR C. F. LASCELLES WRAXALL, *Life and times of Caroline-Matilda,* in three vol.; London, 1864.

Dr VON JENSEN TUSCH, *Die Werschwörung gegen die Königin Caroline-Mathilde und die grafen Struensee und Brandt;* Leipzig, in-8°, 1864.

J.-K. HÖST, *Grev Struensee og hans ministerium;* Copenhague, 1824; 3 vol. (Traduit en allemand, 1826.)

Mémoires d'une reine infortunée; Londres, 1772. In-12.

Memoirs of an infortunate queen; Londres, 1776.

Histoire de la dernière révolution arrivée en Danemark, écrite de la propre main de la reine Caroline-Mathilde; Rotterdam, 1772. In-8°.

BROWN; *Northern Courts.* Cet ouvrage a été traduit en danois, en suédois et en français par Cohen : *Les Cours du Nord;* 3 vol. in-8°; 1826, Paris.

Authentische aufklarungen über die geschichte der Grafen Struensee und Brandt; 1788. (Cet ouvrage, tiré des manuscrits du *Prince de Hesse,* beau-frère de Christian VII, a été publié par *Sturtz* et traduit en anglais par *Latrobe.*)

Mémoires de mon temps, dictés par S. A. R. LE PRINCE DE HESSE, tiré à petit nombre pour le roi de Danemark.

Mémoires authentiques et intéressants ou Histoire des comtes Struensée et Brandt, édition faite sur les manuscrits tirés du portefeuille D'UN GRAND; Londres, 1788. In-8°. (Ce grand était Falkenskiold.)

Mémoires pour servir à l'histoire de la reine Mathilde, reine de Danemark, par Sénèque OTHON DE FALKENSKIOLD, publiés par Philippe Secrétan; Paris, 1826. In-8°.

Game Erindringer og Falkenskiold, 1 vol.; Kjöbenhavn, 1847. (Nielsen.)

Struensée à la cour de Copenhague.

Mémoires de REVERDIL, *conseiller d'État du roi Christian VII*; Paris, 1858. (Cet ouvrage a été traduit en danois par Moltke, 1859.)

G. DE FÉLICE. — *Le comte Struensée*; 1838. In-8°, Paris.

GIESSING. — *Struensée*; 1848, Paris. In-12.

SIR R. MURRAY-KEITH. — *Memoirs and correspondance.*

N.-W. WRAXALL. — *Private journal.*

N.-W. WRAXALL. — *Historical narrative of the attempt to restore the queen.*

A. GIESSING. — *Struensee og Guldberg*; Kjöbenhavn, 1849.

FOURNIER ET ARNOULD. — *Struensée* (roman); Paris, 1834.

KARL WITTICH. — *Struensée*; Leipzig, 1879.

X. MARMIER, de l'Académie. — *Souvenirs d'un voyageur*; Paris, 1887.

E. DE BARTHÉLEMY. — *Struensée, d'après les dépêches du ministre de France. Revue d'histoire diplomatique*; Paris, Ernest Leroux, 1887.

L.-J. FLAMAND. — *Christian VII's Hof, eller Struensee og Caroline-Mathilde*; Kjöbenhavn, 1854.

C.-W. CHRISTIANI. — *Geschichte der danischen Rebellion von* 1772; Hambourg, 1844.

EDW. GSÖNBLAD. — *Statshvälfningen i Danmark d.* 17 *januer* 1772. *Litteräre Föredrag.* Helsingfors, 1850.

C.-A.-J.-H. SMEDBERG (under inscense af J.-H. Schröder), *Bidray till historien om Statshvalfningen i Danmark* 1772. 1° Stockholm, 1851. — 2° Del af *C.-J. Austrin F. Schiern Bidreg til Oplysning af catastrophen d.* 17 *januer* 1772; Kjöbenhavn, 1871. (*Historisk Tidsskrift*, 4 Rokke, II.)

CHRIST. DE LOVENCRONE. — *Lettre d'un Danois impartial au chevalier Meanvell, à York, en forme de réplique à un libelle infâme intitulé Mémoires d'une Reine infortunée*; Bréda, 1776. (Trad. en allemand; Hamburg, 1777.)

H.-CHR. HEIMBÜRGER. — *Caroline-Mathilde königin von Danemark, nach ihrem Leben u. Leiden, aus zum Theil ungedruckten Quellen dargestellt;* Celle, 1851.

JOH. JÖRGENSEN JONSTON. — *Caroline Mathildes livshistorie;* Kjöbenhavn. (2 éd. 1858.)

CHRIST.-ADOLPH ROTHES (pseudonyme). — *Les vues réelles et le système politique de la régence de Danemark développées, déduisant les causes de la dernière révolution à Copenhague, publié originairement en français à Hambourg et supprimé immédiatement par l'autorité de la reine douairière.* Londres, réimprimé en 1772 en français et en anglais, traduit en allemand et en hollandais 1772.

JENS KRAGH HÖST. — *Droning Caroline-Mathilde, tre sidste aar.* Kjöbenhavn, 1820.

BALTH. MÜNTER. — *Bekehrungsgeschichte des vormaligen grefen Joh. F. Struensee.* Kopenhague, 1772. (Cet ouvrage a eu plusieurs éditions et a été traduit en danois, en suédois, en français, en anglais et en hollandais.)

Joh. Fr. Struensees livnets-Beskrivelse og skiebre udi de sidste aaringer. Danmark hoorudi findes der viglhigste af det vet Hoffet ogi Regjeringen Passerede; Kjöbenhavn, 1772.

Besondere Nachrichten von den opfern der Staaten so wohl als auch von den opfern der Gerechtigkeit dieses 18ten Jahrh, besonder aber von Struensee und Brandt. I, II theil; Pelim, 1772.

JOH. JÖRGENSEN JONSTON. — *Struensée;* Kjöbenhavn, 1852.

DESESSART. — *Procès fameux,* t. XI, Paris, 1796, p. 72-132.

A. VAN HALMAEL Jr. — *Mathilde et Struensée,* Trenspeel; Lieuwarden, 1837.

D. B... N. (Boraschein). — *Friedrich graf von Struensee oder das danische Blutgerast dramatisch bearbeitet.* I-II Bd. Kopenhagen, Flensburg u. Altona, 1793.

MICH. BEER. — *Struensee, trauerspiel in 5 aufzägen,* Stuttgart, u. Tubingen, 1829.

HEINS. LAUBE. — *Struensee, tragödie in 5 acten.* Leipzig 1887.

Nachrichten einer unglücklichen königen; 1 vol. Boston, Simon, 1777.

Sentence. Copenhague; Steinmann l'aîné, 1772. 1 vol.

Advocats Bang Iudlæg.

Majesterets advocats Uhldahls do dom; Kjöbenhavn, 1 vol.

Ludwig d'Yves. — *Geheime Hof-und Stäätsgeschichte der Königreiche Danemark;* 1790.

C. MOLBECH. — *Bemarkninger om Christian den VII de hofstat og Struensee.*

TABLE DES MATIÈRES.

CHAPITRE IV.

CAROLINE-MATHILDE, REINE DE DANEMARK.

CHAPITRE V.

RANTZAU, BRANDT ET STRUENSÉE.

CHAPITRE VI.

VOYAGE DU ROI.

CHAPITRE VII.

CHRISTIAN VII A LONDRES.

CHAPITRE VIII.

CHRISTIAN VII A PARIS.

CHAPITRE IX.

RETOUR DE CHRISTIAN VII.

CHAPITRE X.

CAROLINE-MATHILDE TRIOMPHE.

CHAPITRE XI.

MINISTÈRE DE STRUENSÉE.

CHAPITRE XII.

LES POINTS NOIRS.

CHAPITRE XIII.

LE COMPLOT.

CHAPITRE XIV.

LA REINE JULIENNE TRIOMPHE.

CHAPITRE XV.

STRUENSÉE EN PRISON.

CHAPITRE XVI.

CAROLINE-MATHILDE EN PRISON.

CHAPITRE XVII.

CAROLINE-MATHILDE ET STRUENSÉE ACCUSÉS D'ADULTÈRE.

CHAPITRE XVIII.

LE PROCÈS DE LA REINE.

CHAPITRE XIX.

PROCÈS DE STRUENSÉE.

CHAPITRE XX.

PROCÈS DE BRANDT.

CHAPITRE XXI.

LE DOUBLE SUPPLICE.

CHAPITRE XXII.

CAROLINE-MATHILDE AU CHATEAU DE CELLE.

CHAPITRE XXIII.

RÉCONCILIATION DE CAROLINE-MATHILDE AVEC LE COMTE DE RANTZAU.

CHAPITRE XXIV.

PROJET DE RESTAURATION DE CAROLINE-MATHILDE SUR LE TRÔNE.

CHAPITRE XXV.

MORT DE CAROLINE-MATHILDE.

CHAPITRE XXVI.

FRÉDÉRIC VI FILS DE CAROLINE-MATHILDE.

FIN DE LA TABLE DES MATIÈRES.

www.ingramcontent.com/pod-product-compliance
Ingram Content Group UK Ltd.
Pitfield, Milton Keynes, MK11 3LW, UK
UKHW022049260726
13993UKWH00001B/8